Yvonne Ferger

Wir Kinder der Unendlichkeit

Yvonne Ferger

Wir Kinder der Unendlichkeit

In der Bewusstwerdung des Wirklichen

Chalice Verlag

Erstausgabe

Chalice Verlag, Xanten, 2024

Druck: Libri Plureos GmbH, Hamburg

ISBN 978-3-942914-69-7

Inhalt

Denn das ist der einzige Ort,
wohin uns eine wirklich spirituelle Lehre
jemals führen kann – ins eigene Bewusstsein.[1]

Joel S. Goldsmith

1. Joel S. Goldsmith: *Ein Intervall in der Ewigkeit,* Band 1, Argenbühl-Eglofstal: Heinrich Schwab Verlag, 2009, Seite 14.

Dieses Buch
ist allen gewidmet, die den Mut haben,
wahrer Mensch zu werden

Prolog

Vom Wunder der Stille

Seid stille und erkennet,
dass Ich Gott bin.

Psalm 46.11

Stille. Frieden. Kein Ich mehr da, das hofft und bangt und wünscht. Kein Ego mehr, das lärmt. Nur noch ein Verweilen, ein Ruhen in Gott – eine Inschrift, die man sonst nur auf Grabsteinen findet: »Hier ruht in Gott...« Diesen Frieden aber, diese Stille schon bei lebendigem Leibe erfahren zu dürfen, das ist nicht nur ein Wunder – das ist Gnade.

— · —

Da hatte er jahre-, jahrzehntelang meditiert, stets in der Hoffnung auf Stille. Hatte sämtliche Ratschläge beherzigt, die er kannte, um die Gedanken zur Ruhe zu bringen, das so flatterhafte Mental zum Schweigen zu zwingen. Er hatte seine Gedanken wie Wolken vorüberziehen lassen; nur nicht darauf anspringen, bloß nicht dabei verweilen! Aber statt eines unbekümmerten hellen Himmels zogen dunkle Gewitterwolken herauf, als wollten sie mit ihm ihre Kräfte messen und jetzt erst recht ihre Daseinsberechtigung demonstrieren. Er hatte versucht, die Widerspenstigen von außen auf sich zutreiben zu sehen, um ihnen so, gleich von Anfang an, den Eintritt zu verwehren. Aber die Gedanken prallten nicht an der imaginierten unsichtbaren Grenze ab, sondern überrannten sein Nein und drangen doch in ihn ein oder schienen sogar – diese Verräter! – aus seinem eigenen Innern zu stammen! Auch einen See hatte er vor seinem inneren Auge heraufbeschworen, mit einer Oberfläche, so glatt und unberührt wie ein Spiegel. Silberne Reiher darüber in elegantem Flug. Er hatte über heilige Worte kontempliert, murmelnd Mantras rezitiert – alles ohne bleibenden Erfolg.

— · —

Aber dann, eines Tages, war sie auf einmal da! Die Stille. Einfach so, inzwischen unerwartet; er hätte sie beinahe gar nicht bemerkt. Alle Gedanken verschwunden, als hätte es niemals welche gegeben, und mit den Gedanken auch alle sonstigen Empfindungen. Er selbst war ledig von allem und nicht mehr da: welche Befreiung! Und nun, plötzlich, war es mit der Stille *so* einfach! Denn die Stille ist die natürlichste Sache der Welt. Sobald das menschliche Ich sich verabschiedet, ist das wahre ICH da: das ICH BIN – und mit ihm die Stille. Weil sie immer schon da ist, nur eben verborgen, als des Menschen Innerstes, als seines Wesens Sein und Grund. Es gibt nichts, das dem Menschen näher wäre als die Stille, und doch bleibt sie so oft unentdeckt!

— · —

Aus dieser Stille heraus offenbarte sich ihm nun auch Gott. Diese Entdeckung war anders nicht zu bezeichnen. Auch Er, Gott: immer schon da. Aber jetzt, in der Stille, wurde er Seiner ansichtig, Seiner gewahr. Ein großer Schritt auf dem Weg zur Verwirklichung. Denn wird man Gottes in sich gewahr, ist man am Ende aller Wege angekommen. Zu wissen, zu fühlen: GOTT IST, mehr braucht es von da an nicht mehr. Weil alles andere dann, aus dieser Stille, dem geistigen Zentrum im Menschen, strömt und dieses Strömen kein Ende mehr kennt. Denn Gott ist unendlich. Stille ist der Quell allen Lebens, die Nulldimension, der alles hier auf Erden entspringt. Stille ist der Klang der Unendlichkeit. Wo Stille ist, ist »Er«, ist »Sie«, ist »Es«: ist Gott, ist Seele, ist Leben – da ist Unsterblichkeit.

— · —

Dabei konnte er Gottes plötzliche Anwesenheit zunächst nur als ein vages »Etwas« spüren. Wohl aber als eine Gewissheit, dass da jemand oder etwas ist: ein lebendiges Etwas, einfach nur da, still und wartend im Hintergrund, beharrlich, ruhig, unveränderlich. Noch unbekannt und doch vertraut. Und unbenannt, weil es dafür, trotz aller menschlichen Bemühungen, doch niemals einen Namen geben kann. Bald aber erwuchs aus diesem Etwas eine deutliche Präsenz, eine mystische Gegenwart, die nicht mehr abließ von ihm. Er brauchte nur für einen Moment die Augen zu schließen – und sie war da! Zuverlässig im eigenen Innern, wie ein immerwährendes lautloses Rauschen. Diese Anwesenheit wandelte sich alsbald in eine Macht, die mit jedem Mal anschwoll, wenn er seine Aufmerksamkeit auf sie lenkte. Und es wurde ihm bewusst, dass diese Macht nicht nur *eine Macht* ist, sondern *die All-Macht* selbst: die dem Menschen ewig innewohnende Allgegenwart. Manche nennen sie »Immanuel«: »Gott-mit-uns«, »Christus« oder »das innere Licht«. Für andere ist sie »die göttliche Mutter«, »Liebe« oder, ganz einfach: »die Wahrheit«. Es war, wie wenn über einem ruhigen Meer mit warmem Glanz die Sonne aufgeht und über alles die Verheißung eines neuen Tages legt.

— · —

Gemeinsam *mit* dieser Stille, *aus* dieser Stille tauchte ein neuer Bewusstseinszustand auf. Oder vielmehr der eine und einzige, den es in Wirklichkeit gibt. Jener, nach dem sich vermutlich ein jeder – ob bewusst oder noch unbewusst – sehnt. Und der, in seiner unauslotbaren Unendlichkeit, doch für immer unfassbar bleibt, obwohl man auch ihn mit den verschiedensten Begriffen zu fassen versucht: Dieser Bewusstseinszustand ist das dem Menschen verkündete »Himmelreich«, die »neue Welt« oder das »All-eins-Sein«. Man findet dieses geheimnisumwobene Reich aber nur in der Stille, ganz tief in sich drinnen, denn die Stille und das Innen sind eins. Dieser Bewusstseinszustand öffnet den Blick wieder für die unsichtbare geistige Welt hinter der sichtbaren, materiellen: die Welt der Wirklichkeit, der unwandelbaren Wahrheit. Und ist man dort, ist alles gut. Alle Sorgen und Nöte verhallen. Alle Gedanken, Gefühle, Empfindungen lösen sich darin auf, bis nichts mehr da ist, das sich noch in irgendeiner Form oder Gestalt widerspiegeln könnte. Dann ist nichts mehr da außer Leere. Einer Leere, in die sich nun der Geist in seiner ganzen Fülle ergießt, mitsamt seiner Liebe, seiner Glückseligkeit und seinem Frieden.

— · —

Von da an war er nicht mehr allein. In der Stille erkannte er Gott und wusste sich von Gott erkannt. Und ihm wurde klar: Diese Allgegenwart würde ihn von nun an für immer begleiten. Egal, wohin das Leben ihn auch verschlagen würde, egal, wohin er ging: »Seid gewiss: Ich bin bei euch alle Tage bis zum Ende der Welt« (Mt 28.20). Kein Wunder, dass man diese Omnipräsenz auch »Gott-mit-uns« nennt! Gott war immer da, ist immer da, wird immer mit dem Menschen sein; nur dass dieser es erst dann begreift, wenn der Ewige in ihm selbst erwacht. Und noch etwas geschah: Aus der Stille heraus erhielt er nun auch eindeutig Führung. Er fand im Schweigen Gottes Wort.

— · —

Je öfter es ihm gelang, in der Stille wie in einem Heiligtum zu verweilen, umso weiter und weiter wurde er. Bis er nur noch Offenheit war: grenzenlos, ein einzig Herz, durch das das Leben strömte – in einer unaufhörlichen, unerschöpflichen Prozession. Indem er selbst nichts und niemand mehr war, wurde er alles: Da war nun ein ganzes Weltall in seiner Brust. Von da an gab es für ihn nichts mehr zu tun. Außer still zu sein und Gott zu bezeugen. Ihn aus seinem Innersten heraus Sich entfalten zu lassen, als Welt, als Leben, als seine Seele. Oder wie einen wundersamen Baum, der von dort, aus der Mitte allen Seins, hier zur Erde hinüberwächst, um zu erblühen und reichlich Früchte zu tragen. Und so brauchte er nur noch stiller Betrachter zu sein – und zu staunen: Wie die Stille selbst für alles sorgt. Da wurde ihm das In-der-Stille-Verweilen zu einem Zustand des Wunders, aus dem heraus nun Wunder über Wunder geschahen.

1 Die Auferstehung der Welt

Das Wunderbare ist immer göttlich und neu.[2]

SRI AUROBINDO

Wie anders schaut er seither auf die Welt! Die Schöpfung sieht er unbefleckt da liegen, so rein und hold, als sei – mit seinem schattenwerfenden menschlichen Ich – ein jeglicher Schatten nun auch von ihr gewichen. In ihrer ganzen Anmut gibt sich die Schöpfung hin, als biete sie sich der Menschheit dar – somit auch ihm! Das ist es, was er in diesem Moment stillen Betrachtens empfindet und das ihn zugleich erschrocken innehalten lässt. Wer ist er, solch eine Vermessenheit zu empfinden: die Schöpfung, wie sie sich ihm darbietet, so wie einst ihrem göttlichen Geliebten! Ist das nicht Größenwahn, gar Blasphemie? Zumal er doch seit geraumer Zeit, auch dies seinem Empfinden nach, selbst nicht mehr ist, ein Nichts, ein Niemand – und zugleich doch jeder und alles!

Am ehesten ist er nur noch »er«: der Mensch an sich und Teil der Menschheit insgesamt, der keinen persönlichen Namen mehr braucht oder alle Namen tragen könnte wie ein stetig wechselndes Kleid. Dies Wechselhafte ist er aber nur dem äußeren Anschein nach. In seinem Innersten hat er sich inzwischen als einzigartiges geistiges Wesen im Zustand von ICH BIN erkannt, allein der Sichtbarkeit halber in die physische Gestalt eines Menschen gehüllt. Und dort, wo sich früher sein kleines menschliches Ich befand, befindet sich jetzt eine zu sich selbst erwachte, leuchtende Seele, die ihre eigene Unendlichkeit bereist.

—·—

Wenn jemand ihn fragt, wie alt er sei, antwortet er gern: »Bald 14 Milliarden Jahre alt.« Und freut sich jedes Mal wie ein Kind, wenn

2. SRI AUROBINDO: *Savitri,* Pondicherry: Sri Aurobindo Ashram, 2005, Seite 182.

seinem Gegenüber – nach einer Sekunde der Begriffsstutzigkeit – die Gesichtszüge entgleiten! Dabei ist der andere doch stets genauso alt wie er und hat dies über all die Jahrmilliarden bloß vergessen! In Wirklichkeit jedoch hat er selbst gar kein Alter; aber *das* sagt er nicht. Denn man könnte womöglich daraus schließen, dass er unsterblich sei, und darüber spricht man nicht.

Die Altersangabe von »bald 14 Milliarden Jahren« bezieht sich daher allein auf jenen kosmischen Anbeginn, an dem er, ein leuchtender Götterfunke, sich erstmals mit Materie umhüllte und eine allererste Form annahm. Und zu dem Seinszustand von zuvor lassen sich sowieso keine Zeitangaben machen, weil Zeit ja erst gemeinsam mit dem physischen Universum begann. Welches, mit seinem Koordinatensystem von Zeit und Raum, nur eine winzige Blase von Endlichkeit inmitten der Unendlichkeit ist. Aber auch das sagt er lieber nicht, um keinen zu verschrecken. Und schon gar nicht, dass jeder Mensch, obwohl er ein Individuum ist, das ganze Universum in sich trägt. Das sich mit seinen sämtlichen Kräften im Menschen widerspiegelt, sodass der Mensch – kennt er sich selbst – das ganze Universum kennt. Was jedoch nur dann geschehen kann, wenn ein solcher Funke göttlichen Lichts aus allen Formen und Gestalten, in denen er sich je verbarg, um still und unsichtbar seiner wahren Größe entgegenzureifen, in den Vordergrund tritt: als ausgewachsene, erwachte Seele nun und MENSCH.

— · —

Und überhaupt, so ist ihm bekannt, ist alles hier auf Erden ein einziges, ungeheuerliches Abenteuer: Ein großer göttlicher Plan, bei dem nicht nur der Einzelseele Licht, sondern die Schöpfung selbst aus ihrem langen Schlaf erwacht – zu ihrer Göttlichkeit in einer neuen Zeit und Welt. Und er selbst, diese Erinnerung taucht jetzt in aller Klarheit in ihm auf, ist genau *hierfür* zur Erde gekommen: um dieses kosmische Erwachen mitzuerleben und, zusammen mit all den anderen erwachenden Seelen, eine neue Welt mitzugestalten!

So gesehen war das, was er soeben empfunden hatte, dann vielleicht doch nicht allzu vermessen: dass die Schöpfung sich dem Menschen, somit auch ihm, genau zu diesem Zweck darbietet! Und hatte nicht Gottvater selbst, nachdem Er den Menschen erschaffen hatte, diesem die folgenden Worte mit auf den Weg gegeben: »Macht euch die Erde untertan«? Nur hatte der Mensch dies bisher wohl gründlich missverstanden. Macht es doch einen gewaltigen Unterschied, ob der Mensch sich eigenmächtig in den Stand eines Gottes erhebt, um alles, was ihm untersteht und das er hätte behüten sollen, zu eigenen Zwecken auszunutzen und sich zu unterjochen. Oder ob er sich einzig und aus freier Entscheidung heraus Gottes Willen für diese Vollendung der Evolution zur Verfügung stellt und all seinen Mitgeschöpfen in Liebe und mit Freuden dient. Denn nur ein Dienender vermag die Welt zu beherrschen, nur Gottes Knecht darf König sein.

— · —

Und während er die Schöpfung noch immer vor sich ausgebreitet da liegen sieht, so anmutig, so makellos, so schön, da erscheint sie ihm wie die noch unberührte Leinwand eines Künstlers, bereit, aus dessen geweitetem Geist heraus neue Bilder zu empfangen: göttliche Wahrheiten aus tiefster Quelle. Und da nimmt er, der Mensch, sich vor, die Hingabe der Schöpfung an ihn mit all seiner Liebe und Fürsorge für sie zu beantworten. Denn schließlich kann nur sie in ihm und er in ihr zum wahren LEBEN auferstehen.

2 Materie: zu Form verdichteter Geist

Das All ist das Walten eines
Mysteriums. Erst ward ein
absonderlicher Boden gelegt,
ein Leer, eine Ziffer von irgend geheimem Ganzen,
wo Null in ihrer Summe Unendlichkeit hielt und Nichts
und Alles ein und dasselbe waren, ein ewiges Negativ,
ein Matrixhohl: in seine Formen gebiert sich ewig das Kind,
das in den Weiten Gottes auf ewig lebt.[3]

SRI AUROBINDO

Unser Leben findet in einem physischen, einem materiellen Universum statt. Die typischen Merkmale von Materie sind Dauerhaftigkeit, Stabilität und Substanz. Materie ist etwas den Sinnen Greifbares, sodass der Mensch die Welt, in der er lebt, be-*greifen* kann. Materie ist somit etwas Grundsolides. Doch mit dieser Solidität ist es, wie so oft, nicht allzu weit her, denn Materie ist nicht so solide, wie sie sich gibt. Genau genommen ist sie sogar eine exzellente Täuscherin: besteht Materie doch, anstatt aus festem Stoff, aus so gut wie nichts! Am ehesten aus gähnender Leere.

Früher glaubte man, Materie bestünde aus Molekülen und diese wiederum aus Atomen, welche nicht weiter teilbar seien. Weshalb man sie auch *atomos* (altgriechisch: »unteilbar«) nannte. Inzwischen jedoch ist längst bekannt, dass sich im Innern der Atome noch weitere Bestandteile, so genannte »Elementarteilchen«, befinden. Aber auch diese sind nicht wirklich »elementar«, im Sinne einer *grundlegenden* oder *Ur*-Substanz, und lösen sich eher in Wohlgefallen auf, sobald man ihrer habhaft zu werden versucht.

3. SRI AUROBINDO: *Savitri,* Seiten 100–101.

Von wegen »stabil«! Mal sind sie da, dann wieder nicht, mal als Teilchen, mal als Welle. Unzuverlässig wie Schrödingers Katze, die sich auch nicht entscheiden kann, ob sie denn nun lebt oder nicht. Vage Wolken von Wahrscheinlichkeit, die sich keineswegs wie ein festes »Ding« verhalten, sondern vielmehr wie Energie, Bewusstsein, Schwingung. So nähern wir uns der Erkenntnis, dass Materie ganz offensichtlich vor allem eines ist: Bewusstsein beziehungsweise Geist, ein bestimmter *Zustand von Bewusstsein* und keine eigenständige Substanz. Materie ist zu Form verdichteter Geist.

— · —

Das, was sich unseren Sinnen – oder vielmehr unserem Verstand, der der eigentliche »Betrüger« ist, wozu wir später noch kommen,↑ – als Materie darstellt, ist in Wahrheit also etwas Geistiges. Es existiert »da draußen«, außerhalb von uns, keine körperhafte, materielle Welt, sondern nur eine geistige, die wir *als materiell erfahren.* Denn es gibt in Wirklichkeit nur Geist oder Bewusstsein. Wobei Bewusstsein immer der Ausdruck von dahinter befindlichen geistigen Kräften und Wesen beziehungsweise Wesenheiten ist. Bewusstsein, Geist, ist die einzige Wirklichkeit, die es gibt. Und alles darin ist eins – eine Erkenntnis, die heilige Schriften wie beispielsweise die indischen Upanishaden, ganz ohne Quantenphysik, vor Jahrtausenden schon verkündeten: »*Brahman* ist in allen Dingen, alle Dinge sind in *brahman,* alle Dinge sind *brahman.*«[4] Somit war Bewusstsein schon lange vor dem Menschen da, in dem es schließlich zur Erkenntnis seiner selbst gelangt, genau genommen schon immer. Denn Bewusstsein, Geist, ist immerwährend, ungeboren, unvergänglich: ewig.↑↑

— · —

Ergo gibt es auch keine zwei voneinander getrennten Welten – eine materielle *und* eine geistige –, wie die Menschen früher glaubten (und viele immer noch glauben). Es gibt nur eine einzige: Die Welt des Geistes, eines göttlichen Bewusstseins, in der Gott jedoch hin und wieder, allein zum Zweck des freudigen Spiels mit Sich selbst,

↑ Siehe hierzu Kapitel 4, »Wie wirklich ist unsere Wirklichkeit?«, Seite 23.

4. Zitiert nach Sri Aurobindo: *Das Göttliche Leben,* Band 1, Gladenbach: Hinder und Deelmann, 1991, Seite 164.

↑↑ Siehe auch Kapitel 6, »Bewusst zu sein ist alles – alles ist Bewusstsein«, Seite 34, sowie Kapitel 38, »Das Geheimnis der Freiheit«, Seite 169.

physische Gestalt annimmt. Sodass Der an Sich Unsichtbare, damit sichtbar werdend, in einer vermeintlich aus physischem Stoff bestehenden Welt in Erscheinung tritt. Weshalb man diese (materielle) Welt auch die »Welt der Erscheinungen« nennt – im Gegensatz zur (geistigen) »Welt der Wahrheit«.

— · —

Eine Erscheinung, nämlich, muss nicht gleichzeitig auch wahr sein. Denn *wie* etwas erscheint, hängt vom Betrachter ab, *dem* es erscheint. Daher sind Welt und Betrachter nicht zu trennen. Es existiert keine objektive Welt unabhängig vom Subjekt des Betrachters. Wir können diese äußere Welt immer nur so erleben, wie sie sich uns aufgrund unseres eigenen jeweiligen Zustands darstellt, denn sie ist der Spiegel unseres Bewusstseins. Und alles, was sich jenseits dieses Spiegelkabinetts – von dem wir überzeugt sind, es sei *die* »Wirklichkeit« – befindet, sehen wir zunächst nicht.

Je dumpfer oder herabgedunkelter dabei das eigene Bewusstsein ist, desto dunkler, grobstofflicher – und somit materieller – erscheint auch die äußere Welt. Ein helles und klares Bewusstsein hingegen lässt – hinter oder inmitten der physischen Welt – eine helle, lichtvolle, ja immer transparenter werdende Wirklichkeit aufscheinen. Was keineswegs wertend zu verstehen ist. Ist doch der Mensch respektive sein Verstand so konstruiert, dass er die Welt zunächst nur über seine physischen Sinne begreifen kann. Erst sehr viel später, wenn das höchste Bewusstsein im Menschen wieder zu sich selbst erwacht, erkennt er den göttlichen Spirit in allem und die Schöpfung als die Bühne für Gottes Offenbarung.

— · —

Die Welt der Materie wird auch »Erde« genannt, die geistige Welt »Himmel«. Und da es in Wirklichkeit nur Letztere gibt, leben wir möglicherweise längst schon in einem »Himmel auf Erden« und haben dies bloß noch nicht gemerkt! Und haben das Paradies – unser Seelen-Welt-Inneres – vielleicht auch niemals verlassen, allerdings sehr wohl von den falschen und allzu verführerischen Früchten genascht… ↑

· · · · · · · · · · ·

↑ Siehe hierzu auch Kapitel 8, »Das Himmelreich ist inwendig in euch«, Seite 44.

3 Und dort, in diesem inneren Land

Trachtet zuerst nach Gottes Reich und Seiner Gerechtigkeit, alles andere wird euch zufallen.

Matthäusevangelium 6.33

Diese Freiheit, oh diese Freiheit: um seine ewige Existenz zu wissen und seine Geborgenheit im Unendlichen! Nie hätte er gedacht, dass es *so* sein würde, das wirkliche LEBEN! Es ist, als wolle man einem Menschen die Liebe erklären. Aber die Liebe erklärt sich ganz von allein, sobald man nur liebt, so wie auch das göttliche Licht sich selbst erklärt, sobald es im Menschen entbrennt. Und immer ist es anders als gedacht, weil sich das LEBEN wie auch das LICHT und die LIEBE nicht denken, sondern nur erfahren lassen.

— · —

Ihm ist, als habe er soeben überhaupt erst begonnen *zu leben.* Was aber war dann sein Leben von zuvor? Ein langer, tiefer Schlummer! Ein Traum davon, was Leben *sei,* aber nicht, was Leben *ist;* und oft genug eher ein beängstigender Traum als ein schöner. Ein Zustand einer gewissen halbwachen Bewusstheit, in dem das Gesetz von Ursache und Wirkung den Verlauf des Lebens bestimmt; manche nennen es »Karma«. Ein ehernes Gesetz, bei dem Gedanken, Gefühle, Taten zu zwingenden Konsequenzen führen – manchmal aber erst viel später – und so dem Menschen oft ein Rätsel bleiben. Eine reibungslose Maschinerie, mechanisch und gnadenlos, bei der in Stein gehauene Gesetze unerbittlich walten. Die Entwicklung, die diesen Gesetzen unterliegt, ist wie eine schleppende Kette von Ereignissen und deren Resultaten, anhand derer der Mensch nur mühsam lernt, weil er die Zusammenhänge und seine Verstrickung darin nicht versteht. Das dieser Entwicklung unterworfene Leben ist nichts anderes als eine Masse großer Turbulenzen, ausgelöst von kleinlichen Motiven, die, unbefriedigt und besinnungslos, einem ebenso kleinen Ziel zueilen, durchsetzt von raren Momenten eines Glücks, das nicht hält. Und Gott, so es Ihn in diesem Zustand denn gibt, scheint Sich irgendwo jenseits von all dem zu befinden – der Welt abgewandt, unerreichbar, stumm.

— · —

Aber seitdem er, der Mensch und Teil der Menschheit insgesamt, in der wiedergefundenen Stille sein eigenes Inneres – dieses geheimnisvolle Land – betreten hat, da ist, wie auf einen Schlag, alles anders! Denn ist der Mensch dort angelangt und lebt im inneren Licht, sind Karma und damit Schicksal für immer aufgehoben. Nicht länger von erdrückenden Gesetzen geknechtet, findet er sich wieder in einem Zustand der Freiheit, der eine unermessliche Gnade ist.↑ Eine Gnade, die er sich niemals hätte verdienen können, weil der Mensch sie nur gewährt bekommen kann. Weshalb auch immer... Vielleicht war es seine ihn verzehrende Sehnsucht nach sich selbst gewesen, die ihn unermüdlich und doch unbemerkt einen Stollen nach innen hatte treiben lassen – durch sein Ich wie durch einen harten Felsen hindurch mitten hinein in sein Herz.

— · —

Und dort, in diesem inneren Land, da umfängt ihn ein weißgeflügelter Frieden: ein Frieden, der ihn still durchs Leben trägt, ein transparenter Block aus Schweigen. Denn alles dort besteht aus Licht, so rein und klar wie ein Diamant, mal mit blauem, mal mit goldenem oder gar leicht rosigem Glanz. Und bleibt, egal, in welchen Farben es schimmert, doch immer eines: die Intensität des *einen* göttlichen Seins. Es strahlt aus der Mitte desjenigen heraus, der sein eigenes inneres Land betritt, erleuchtet alles von innen und durchdringt und umhüllt ihn selbst wie auch die Welt, in der er lebt. Denn dort, in diesem inneren Land, da ist auch die Seele nicht länger wie lebendig begraben. Sie ist so frei und wach, wie sie es seit jeher ist und war, und breitet federleicht ihre eigene Grenzenlosigkeit vor sich aus, durch die er, der Mensch, nun abenteuert. In einem Flug, so wie ein Adler fliegt: in tiefe Schluchten

↑ Siehe hierzu auch Kapitel 33, »Ein Leben in Gnade«, Seite 150, sowie Kapitel 11, »Frei!«, Seite 55.

hinab, zu schweigenden hohen Gipfeln hinauf – schneebedeckt und sonnengoldbehaucht. Immer wieder aufs Neue, bis alle Höhen, alle Tiefen, Geist und Materie sich verweben zu *einer* Substanz: dem strahlenden Stoff der wahren Erde, einer lichtvollen neuen Welt.

—·—

Und dort, in diesem inneren Land, verspürt er neben dem erhaben schweigenden Frieden doch auch eine geradezu unerhörte Lebendigkeit. Eine Lebendigkeit, die er so bisher nicht kannte. Es ist, als würde jede einzelne Zelle seines Körpers vibrieren und alle Zellen zusammen jauchzen in einem gigantischen Chor. Da ist ein lustvolles Prickeln im ganzen Körper, eine erquickende Frische, als bade er in einem zuhöchst belebenden Meer, ja im Wasser des Lebens selbst, mit dessen unerschöpflicher Quelle er sich nun für immer verbunden weiß.

Denn dort, in diesem inneren Land, da wohnt DAS LEBEN selbst. Und alles, was er wahrnimmt, sieht er jetzt aus einer einzigen, allem gemeinsamen Mitte heraus. Nicht mehr nur aus der eigenen, die ihn früher – scheinbar getrennt von allem anderen – distanziert auf die Dinge blicken ließ.

Eine völlig neue Dimension mit einer immens gesteigerten Tiefe des Erlebens tut sich ihm damit auf. Denn dort, in diesem inneren Land, da ist der Betrachter nicht, wie zuvor, nur ein Betrachter, sondern zugleich das Betrachtete selbst und ebenso der Vorgang der Betrachtung. Alles ist nun eins und flirrt und schwingt in ihm und um ihn herum im unmittelbaren, ungetrübten Glück der Vereinigung. Und inmitten dieser brausenden Ekstase – wie im Auge eines Zyklons – doch immer getragen von der unbewegten Ewigkeit mit ihrem sanften, weißgeflügelten Frieden.

—·—

Denn dort, in diesem inneren Land, da breitet sich die unermessliche Weite des erwachten Gottes aus. Welche weder einen geografischen Ort auf Erden noch einen fernen Himmel meint, sondern eine einzigartige Qualität von Bewusstsein selbst: die des eigenen wahrhaftigen Seins.

Dies alles nun in sich und am eigenen Leibe erfahren zu dürfen, ist wie ein Wunder. Dabei ist das, was ihm soeben widerfährt, keineswegs nur wenigen erlebbar und »elitär«, sondern jedem Menschen möglich, dessen Seele sich sanft zu regen beginnt und der daher nur *einen* Wunsch noch kennt: mit allen Wesen in Liebe und Frieden vereint zu leben – als *wahrer Mensch* auf Gottes *wahrer Erde.* Und der Durchgang dorthin – so zumindest hat er gehört – soll inzwischen allen Menschen offenstehen.↑ Diesen »Tunnel« dorthin haben andere Wesen, die unvergleichlich größer sind als er, längst schon durch das verhärtete Gestein des Erdbewusstseins getrieben. Sodass die Menschheit jetzt nichts anderes mehr zu tun braucht, als freudig vereint, Hand in Hand, die Schwelle in dies innere Land, in die geistige Welt zu überschreiten.

↑ Siehe hierzu Kapitel 29, »Das Supramental: neues Bewusstsein und uraltes Wissen«, Seite 132.

4 Wie wirklich ist unsere Wirklichkeit?

So wollen wir nun
zu verstehen beginnen, dass
die Welt, in der wir leben,
keine Scheinwelt, sondern vielmehr das Reich
der Wirklichkeit ist, von welcher der Mensch
nur eine falsche Vorstellung hat.[5]

JOEL S. GOLDSMITH

Für spirituell ein wenig Bewanderte ist es längst keine Frage mehr, sondern Fakt, dass auf unserer Erde ein neuer Wind weht mit einem neuen Bewusstsein, aus dem irgendwann später ein neues Zeitalter hervorgehen wird. Wir befinden uns zwar, und entgegen der Meinung in manch esoterischen Kreisen, noch nicht darin – in diesem neuen Zeitalter –, erleben aber ganz gewiss schon seine Vorboten. Und diese sind in ihren Auswirkungen auf Erde, Mensch und Welt schon erstaunlich genug... Sodass wir spüren, wie das, was wir bisher für »die Wirklichkeit« hielten, gewaltig zu flackern, ja durchsichtig zu werden beginnt. Dahinter blitzt überall, immer öfter, immer machtvoller, schon etwas überraschend Neues auf: jene andere Wirklichkeit, von der Weise und Mystiker aller Zeiten schon immer als der einen und einzig wahren Wirklichkeit sprachen. Und in Anbetracht dieses sich abzeichnenden immensen Umbruchs darf man daher schon einmal fragen: »Wie wirklich ist eigentlich unsere Wirklichkeit?«

—·—

Das für uns Menschen charakteristische, so genannte mentale Bewusstsein ist darauf spezialisiert, die physische Welt, in der wir

5. JOEL S. GOLDSMITH: *Der Weg zum Unendlichen,* Gelnhausen: Heinrich Schwab Verlag, 1966, Seite 24.

leben, zu erfassen. Sein Fokus ist somit auf das rein äußerliche (materielle) Erscheinungsbild der Welt gerichtet. Es sieht nur die oberflächliche Außenansicht der Dinge; das, was sich in deren Tiefe verbirgt, sieht es nicht. Die *wahre Wirklichkeit* aber befindet sich im Innern von allem, was ist.

Auch unsere physischen Sinne können diese Wirklichkeit nicht wiedergeben, weil sie sie nicht unmittelbar, sondern nur indirekt über den Verstand erfassen, der mit seinen Bewertungen und Kommentaren ständig dazwischenfunkt. (Deshalb hieß es zuvor, dass unser Verstand der eigentliche »Betrüger« sei, eben weil er die Wahrnehmung der Welt permanent verfälscht.) Er überlagert die an sich neutralen Sinneseindrücke mit alten Gefühlen, Gedanken und vorgefertigten Meinungen, die er zu den beobachteten Objekten, Wesen oder Umständen hegt, sodass wir in einer immer wieder in die Zukunft projizierten wiedergekäuten Vergangenheit leben. Zumindest so lange, wie wir uns vom Verstand (ver-)leiten lassen... Wir nehmen die Welt daher aus einem massiv eingeschränkten und verzerrenden Blickwinkel und mittels einer Masse von *Vorstellungen über die Wirklichkeit* wahr, aber eben nie *die Wirklichkeit selbst.* Nichts erkennen wir so, wie »Gott es schuf«, sondern immer nur als das, was unser kleiner, besserwisserischer Verstand aus den Dingen und Geschehnissen macht. Auf diese Weise erschafft und lebt jeder in seiner eigenen (Schein-)Realität. Denn das, wovon ein Mensch aufgrund seiner Glaubenssätze und seines Weltbildes überzeugt ist, erfährt er als »seine« Wirklichkeit, so wie aus dem kollektiven Bewusstsein der Menschheit auch eine entsprechende gemeinsame »Wirklichkeit« entsteht. Es ist uns daher zunächst erst gar nicht möglich, für eine unberührte, reine Gegenwart offen zu sein und für ein Jetzt voller Wunder, das sich unweigerlich aus ihr ergäbe.

— · —

Aber dennoch gibt es sie: *die wahre Wirklichkeit – die Welt der Wahrheit!* Denn das Universum, in dem wir leben, ist an sich keineswegs eine Illusion.↗ Es ist vielmehr die Widerspiegelung eines allumfassenden wahren und unendlichen geistigen Seins und Bewusstseins. Welches man die »höchste Wirklichkeit« nennt. Und da diese wirklich ist, muss alles, was aus ihr hervorgeht,

↗ Siehe hierzu auch Kapitel 23, »Alles nur Illusion?«, Seite 102.

wesenhaft ebenfalls wirklich sein. Der große indische Weise und Philosoph Sri Aurobindo, der – zusammen mit seiner spirituellen Gefährtin Mirra Alfassa – als einer der bedeutendsten Wegbereiter des neuen Bewusstseins gilt, führt in einem seiner Bücher das logische Beispiel eines goldenen Gefäßes an, das nicht weniger wirklich sein könne als das rohe Gold, aus dem es geschmiedet wurde. So betrachtet entstammt unsere physische Welt in ihrem Ursprung nicht nur einer *wahren* und *wirklichen Welt,* sondern *Gottes Welt.* Gott ist der Schöpfer von allem, was ist, deshalb ist alles Erschaffene ein Teil von Ihm und bleibt in Ihm geborgen bis in alle Ewigkeit.

—·—

An dieser Stelle müssen wir jedoch zwischen dieser göttlichen Schöpfung und dem, was der Mensch daraus macht, unterscheiden. Da Gott nicht nur der Allmächtige, sondern auch der Allwissende und das All-Gute ist, kann Er grundsätzlich nur Wahres und Gutes erschaffen. Da ist kein noch so kleiner Platz für Irrtum, Illusion oder gar das Böse. Weshalb es in der Schöpfungsgeschichte der Bibel ja auch heißt, dass Gott am sechsten Tag Seine Schöpfung betrachtete und sah, dass alles »sehr gut« war. Die Bewusstseinsebene, aus der heraus Gott erschafft, ist – der Begrifflichkeit Sri Aurobindos zufolge, der sich damit auf die Veden bezieht – das sogenannte »Wahrheitsbewusstsein«, das sich jenseits des menschlichen mentalen Bewusstseins befindet. Wir Menschen können aufgrund unseres durchweg noch beschränkten Bewusstseins diese Ebene der wahren Wirklichkeit jedoch noch nicht erfassen. Daher schleichen sich zwei grundlegende Ursachen für Irrtümer ein, die die ursprüngliche Schöpfung verfälschen. Sie sind die Basis für eine Unzahl sich daraus fortsetzender Illusionen und Irrtümer, die sogar so weit gehen, dass irregeleitete (Un-)Menschen versuchen, aus Gottes Himmel eine Hölle zu machen.

—·—

Die erste Ursache des Irrtums liegt darin, dass das mentale Bewusstsein nicht in der Lage ist, die wahre Wirklichkeit zu erfassen, eben weil sie eine *spirituelle* oder *geistige* Wirklichkeit ist, der Mensch sich aber in einer *physischen* Wirklichkeit, einer *Welt der Materie* wähnt. Deshalb versucht der Verstand, geistige Wahrheiten in eine physische Bildersprache zu übersetzen, wodurch viel

Wahrheitsgehalt verloren geht: »Wir sehen die Wirklichkeit durch die Unwirklichkeit hindurch.«[6] Man kann dem mentalen Bewusstsein zugutehalten, dass es zwar nicht fähig ist, die Wahrheit an sich zu begreifen, sich aber immerhin um eine Annäherung bemüht. Es ringt darum, mit endlichen Mitteln die Unendlichkeit zu erfassen. Aber so, wie ein zweidimensionales Bewusstsein ein dreidimensionales Objekt eben nur zweidimensional wiedergeben kann und daher anstelle einer Kugel einen Kreis sieht und statt eines Würfels ein Quadrat, wird auch hierbei etwas anderes wiedergegeben. Bei dieser »Transkription von Wirklichkeit«[7] werden neue, noch unbekannte Inhalte einer (höheren) Wirklichkeit in schon vorhandene, vertraute Bilder und Symbole einer (niederen) Wirklichkeit übersetzt, was unweigerlich zu Einschränkungen und Verzerrungen führt. Aber auch wenn unser Verstand somit vieles verzerrt, verbergen sich hinter all den irdischen Bildern und Symbolen doch ursprüngliche wahre Wirklichkeiten und Ideen. Daher ist nur das physisch wirkende beziehungsweise als körperhaft gedeutete *Erscheinungsbild* eine Täuschung, nicht aber die göttliche Wahrheit, die sich darin widerspiegelt. Es gibt also keine ursprüngliche kosmische Illusion, sondern nur eine unvollkommene oder noch unwissende Interpretation des menschlichen Verstandes. Und dies bedeutet im Umkehrschluss, dass nur ein Bewusstsein, welches das mentale Bewusstsein transzendiert – ein »Überbewusstes« –, fähig ist, die ganze und wahre Wirklichkeit von allem zu erfassen.[↗]

— · —

Die zweite Ursache für Irrtümer, und sogar für ein sich daraus ergebendes Böses, besteht darin, dass der menschliche Verstand – solange er noch ungeläutert ist – vom Ego mit seiner Selbstbezogenheit gesteuert wird und daher dazu neigt, die Dinge so zu sehen, wie er sie sehen *will.* Oder aber auch als das, was er fürchtet, nur um seine Angst selbstgefällig bestätigt zu bekommen, nach dem Motto: »Wusste ich's doch!«

6. Sri Aurobindo: *Das Göttliche Leben,* Band 2, Teil 1, Gladenbach: Hinder und Deelmann, 1991, Seite 170.

7. Ebenda, Seite 154.

↗ Siehe hierzu auch Kapitel 47, »Bis zum Horizont und weit darüber hinaus«, Seite 203.

Solange der Mensch Gottes wahre Schöpfung in ihrer unermesslichen Schönheit, ihrer überwältigenden Sinnhaftigkeit und ihrer einzigartigen kosmischen Harmonie noch nicht erkennt, dient sie ihm somit als eine Art »Leinwand«, auf die er seine noch unerlösten Bewusstseinsinhalte projiziert: seine Hoffnungen ebenso wie seine Befürchtungen, seine Kleinheit und seinen Größenwahn. So entsteht – gewissermaßen um die *innere* Wirklichkeit herum – eine *äußere* illusorische und künstliche Welt, die der Mensch allerdings so lange als seine Wirklichkeit erfährt, wie er von ihr überzeugt ist. Und die in ihrer Unwirklichkeit als digitale und übertechnisierte Welt inzwischen sogar so weit entartet ist, dass für diejenigen, die ihrem verführerischen Sog allzu sehr erliegen, die Gefahr besteht, sich vollends darin zu verlieren. Einem solch endgültigen Unheil ist jedoch zum Glück dadurch vorgebeugt, dass vom menschlichen Möchtegern-Schöpferlein nichts erschaffen werden kann, das nicht ursprünglich auf einer göttlichen Wahrheit beruht: »Nichts Wirkliches kann bedroht werden. Nichts Unwirkliches existiert. Hierin liegt der Frieden Gottes.«, wie es das Buch *Ein Kurs in Wundern* so einzigartig formuliert.[8]

— · —

Und so ist diese unwirkliche Wirklichkeit zwar in der Lage, mit lautem Säbelgerassel, mit Kriegsgetöse und all ihren sonstigen Schrecknissen manchmal eine fast maßlose Mächtigkeit vorzutäuschen, wahre Macht jedoch besitzt sie nicht. Denn *wirk*lich Machtvolles *wirkt* immer still und leise. Nur das in seinem Grunde Unwirkliche hat es nötig, nach außen hin Macht zu demonstrieren, weil es weiß, dass es – früher oder später – wie ein müder Schatten in den Strahlen der ewig lächelnden Sonne verlischt.

— · —

Ein weiteres Glück ist, dass es nicht nur von der Welt zwei Varianten gibt, sondern auch vom Menschen selbst. Auch hier gibt es den äußeren, physischen Menschen und den inneren, geistigen. Der eine ist sichtbar, der andere nicht. Nur der innere Mensch, den man auch »die Seele« nennt, ist fähig, die ewige, göttliche Wahrheit jenseits der Erscheinungen zu erkennen, da er selbst ewig, göttlich und wahrhaftig ist. Je mehr diese Seele in einem

8. *Ein Kurs in Wundern,* Freiburg i. Br.: Greuthof Verlag, 2016, Vorwort, Seite xviii.

Menschen erwacht, umso weiter dehnt sich dessen zuvor »unbewusstes« Bewusstsein in das bereits erwähnte »Überbewusste« hinein aus. Denn die Seele steigt in immer höhere Bewusstseinsebenen empor, aber auch in immer tiefere hinab, die sie dann von noch unerlösten alten Ablagerungen reinigt und klärt.↑ Ein solchermaßen geläuterter Mensch betritt damit immer wirklichere Sphären des Lebens und der Erfahrung, bis er schließlich – auf der höchsten Höhe wie in der tiefsten Tiefe seiner selbst – das allgegenwärtige, absolute Sein entdeckt und sein wahres, göttliches Selbst. Und wer das Göttliche in sich wiedergefunden hat, findet sich wieder in der wahren, göttlichen Welt, denn sein Selbst ist ja zugleich das eine Selbst von allen und allem. – Und genau *dies* ist es, wovon sich derzeit die ersten hoffnungsvollen Anfänge zeigen: die der *wahren Wirklichkeit,* die jetzt allen, die schon mit erwachenden Seelenaugen schauen, aus den verblassenden Schatten irrwitziger Illusionen heraus die Ahnung des goldenen Lichtes eines neuen Zeitalters offenbart…

• • • • • • • • • • • •

↑ Siehe hierzu auch Kapitel 27, »Auf der Suche nach der verlorenen Sonne«, Seite 123.

5 Kind der Unendlichkeit 1 **Die Geschichte vom Ego**

Du träumst von einem getrennten Ego und glaubst an eine Welt, die auf ihm beruht.[9]

Ein Kurs in Wundern

Es war einmal ein Kind der Unendlichkeit, ein Gotteskind, das wie alle Kinder Gottes im Himmel wohnte. Immer und ewig sah es Gottvater in tiefster Versunkenheit ruhen, Sein allsehendes Auge geschlossen, mit einem seligen Lächeln auf Seinem leuchtenden Gesicht. Und weil dieses Kind der Unendlichkeit ein sehr vorwitziges war, besah es sich Gottvater, wie Er entrückt da lag und schlief – während Er in Wirklichkeit in höchster Ekstase ganze Universen erschuf –, und dachte bei sich: »Ei, solch selige Träume will ich auch!« Vorwitzig, wie es war, näherte es sich leise seines Vaters Angesicht, berührte mit einem seiner Fingerchen Dessen alles schauendes Auge und lupfte, ein klitzekleines Bisschen nur, das geschlossene Lid, um sich einen Seiner Träume zu stehlen. Da wurde es mit einem Donnerschlag von einem grellen Blitz erfasst, der es bis ans andere Ende von Gottes Unendlichkeit trug. – Verwirrt blinzelte es mit

9. *Ein Kurs in Wundern,* Textbuch, Freiburg i.Br.: Greuthof Verlag, 2016, Seite 54.

verklebten Äugelein, öffnete ein rosiges Mündchen und tat quäkend seinen ersten Schrei.

—·—

Nun hatte unser Gotteskind das Glück, bei guten irdischen Eltern gelandet zu sein, die es innigst liebten. Es war das erste Kind von neun, die noch folgten, und auch es hatte seine Eltern und Geschwister lieb. Doch als es älter wurde und Vater und Mutter es öfter baten, auf die kleineren Geschwister aufzupassen, da stellte es eines Tages fest, welch Wohlgefühl es ihm bescherte zu erleben, wie brav und treu ergeben diese ihm, dem Ältesten von ihnen, folgten. »Ei«, sagte unser Kind der Unendlichkeit sich da, »ist das nicht fein: Sie machen doch tatsächlich alles, was ich will!« Und so fing es an, mit dem, was es von seinen Geschwisterchen verlangte, mehr und mehr bis an die Grenzen zu gehen, um sich – und nur für sich allein – einen Vorteil nach dem andern zu verschaffen. Es war, als legte sich ein Schatten über es, der sein Wesen verdunkelte, vor allem aber sein Herz. Und der es allmählich kalt und berechnend werden ließ, ignorant gegenüber dem Kummer all jener, die es – inzwischen weit über seine Geschwisterschar hinaus – allesamt ausnahm wie die berühmte Weihnachtsgans, berauscht und besessen vom Gefühl der eigenen Macht.

Was andere besaßen, wollte unser Gotteskind auch, denn es hatte vergessen, dass in Wirklichkeit doch alles allen gehört und nur ein gegenseitiges Schenken und Teilen wahren Reichtum beschert. Es wurde immer mehr wie zu einem gierigen schwarzen Loch, das alles, was ihm zu nahekommt, verschlingt. Aber je mehr dieses Kind der Unendlichkeit fraß und fraß, umso größer wurde das Loch und die innere Leere in ihm. Denn es hatte mit seinem erkalteten Herzen den Zugang zu seiner inneren Quelle verloren, die jedem Kind Gottes doch freiwillig alles in Hülle und Fülle beschert, dessen es bedarf.

—:—

Je älter unser Kind der Unendlichkeit wurde, umso schlimmer wurde es mit ihm. Sein erster selbstbezogener Impuls — noch droben im Himmel, Gottvater einen Seiner seligen Träume zu stehlen —, setzte sich in erschreckendem Ausmaß fort. Wie ein finsteres Segel blähte sein Schatten sich, senkte sich über die Welt, bis das Gotteskind seine Menschlichkeit fast völlig verlor, von seiner Göttlichkeit ganz zu schweigen. An seinen himmlischen Vater dachte es kaum noch, und wenn, dann nur mit einem spöttischen Lächeln im kalten Gesicht und dem Gedanken: »Was Der kann, kann ich auch!« Und heimlich mit dem Zusatz versehen: »Und noch besser als Er…« Denn wozu braucht es einen Gott, wenn man selbst in seinem Wollen und Tun doch so mächtig ist?!

Auch war es diesem Gotteskind unmöglich, Dinge und Umstände hinzunehmen, wie sie waren oder sich von alleine fügten. Denn so, wie sie sich fügten, befand es sie nicht für gut. Alles musste es in seinem Sinne, nach seinem Dafürhalten verändern und berauschte sich an dem großartigen Gefühl, es selbst habe all dies in seiner All-Macht getan. Irgendwann — viele Jahre, Jahrzehnte waren vergangen — hatte unser Kind der Unendlichkeit daher nicht nur eine Familie, ein Dorf, eine Stadt, sondern sogar ein ganzes Land unter sich, besessen von dem Wahn, nun auch noch Herrscher über die ganze Welt zu werden.

Die Zeit schritt weiter voran, das Gotteskind war inzwischen alt und grau, der einst so stolze Rücken gebeugt von der Last der Macht. Denn es hatte es tatsächlich geschafft, sich zum Herrscher seiner Welt aufzuschwingen und sich alles zu unterjochen. Da aber kam eines Tages und völlig unerwartet ein Moment der Klarheit über es, was vielleicht an seinem fortgeschrittenen Alter lag. Es war, als reiße der dunkle Schatten, der über ihm lag, ein wenig auf und ließe einen Strahl des Himmels hindurch mit seinem läuternden, hellen Licht. In diesem kurzen, so kostbaren Moment besah sich unser Kind der Unendlichkeit, jetzt plötzlich mit nüchternem Blick, seine Welt – die Welt, die es erschaffen hatte. Und ihm war, als erwache etwas längst Vergessenes in ihm, und voller Entsetzen musste es sich eingestehen: Wohin es auch schaute, überall gab es nur Hass, Streitereien und Leid. Es sah die Habgier, die es gesät hatte, mit ihrem unstillbaren schlingenden Hunger, die Selbstgerechtigkeit, die es vermehrt hatte, mit ihren tausend Lügen und abertausend Kriegen: die einst so paradiesische Erde – um ein Haar ruiniert!

–·–

Da kam unser Kind der Unendlichkeit zur Besinnung und schrie: »Oh Gott, mein Vater, was habe ich getan! Das hab' ich so doch niemals gewollt!« In seiner Not und der nun panischen Angst, dass Gottes schöne Erde schon nicht mehr zu retten sei, fiel ihm ein kleines Gebet wieder ein, das seine Eltern es einst lehrten. Und in seinem abgrundtiefen Erschrecken stammelte es sogleich: »Und hab' ich Unrecht heut' getan, so sieh es, lieber Gott, nicht an!« Ein wahrlich kindliches Gebet, das an sich lachhaft war angesichts der Schandtaten dieses Gotteskindes in seiner Verblendung, es könne sein wie Gott! Aber da nun mal selbst der leiseste aufrichtige Ruf nach Gott schon wirkt, so fand auch dieses kindliche Gebet Gehör und unser Gotteskind sich daraufhin prompt im Himmel wieder…

—·—

Alle Schrecknisse von zuvor verpufften im selben Augenblick wie ein böser Traum, von dem nichts, aber auch gar nichts übrigblieb. Noch immer hockte das Kind der Unendlichkeit neben dem selig ruhenden Gottvater – weil es in der Ewigkeit ja nur die Ewigkeit gibt –, gerade im Inbegriff, mit einem seiner Finger vorwitzig Dessen Augenlid anzuheben, um Ihm ein wenig Seiner Seligkeit zu stibitzen: einen Strahl der Sonne, der leuchten sollte nur für es allein. Da überkam unser Gotteskind jäh die Erinnerung an einen entsetzlichen Traum; schnell zog es sein Fingerchen zurück und dachte still bei sich: »Ach nein, ich tu es doch lieber nicht! Das, was Gottvater mir in Seiner doch so unendlichen Güte an Seligkeit zukommen lassen will, sei mir genug.« – Und der Himmel freute sich, und die Sonne lachte.

6 Bewusst zu sein, ist alles – alles ist Bewusstsein

Ehe die Berge geboren
wurden, die Erde entstand
und das Weltall, bist Du,
oh Gott, von Ewigkeit zu Ewigkeit.

Psalm 90.2

Sobald wir begreifen, dass alles göttlicher Geist mit seinem göttlichen Bewusstsein ist, haben wir den wichtigsten Schlüssel in der Hand, um innerhalb der Welt der Erscheinungen aus einem nur traumähnlichen Leben zum wahren Leben, und damit zur Welt der Wahrheit, zu erwachen. Bewusstsein kann, wie wir schon feststellten, unmanifestiert und formlos sein oder manifestiert, indem es sich als Formen zeigt.↑ Es ist und bleibt jedoch in seiner »Ur-Substanz« Bewusstsein: Was auch immer im Universum existiert, ist eine Offenbarung von Bewusstsein in einer ganz bestimmten Gestalt. Ohne diese Ausgestaltung könnten wir nichts wahrnehmen, gäbe es für uns gar keine Welt. (Anmerkung: Es sei an dieser Stelle darauf hingewiesen, dass sich Bewusstsein in der Interaktion mit dem Menschen zwar dessen Gehirns *bedient,* keineswegs aber dort als ein »Epiphänomen« des Gehirns entsteht, wie das rein materialistische Weltbild der Naturwissenschaften uns glauben machen will. Bewusstsein an sich übersteigt bei Weitem den menschlichen Verstand!) So gesehen bringt sich tatsächlich die Schöpfung dem Menschen dar, ist die Welt uns geschenkt, um, wie Nektar sammelnde Bienen, Erfahrungen darin zu machen und diese dann im »Bienenstock« – dem kollektiven Bewusstsein der Menschheit – zusammenzutragen. (Und je glücklicher und reiner diese Erfahrungen sind, umso süßer und goldener ist auch der »Honig«, an dem die Götter sich dann laben.)

↑ Siehe hierzu Kapitel 2, »Materie: zu Form verdichteter Geist«, Seite 16.

Diese Ur-Substanz von Bewusstsein wurde von Mystikern und Wissenden aller Zeiten als ein Ozean klaren Wassers oder flüssigen Lichts beschrieben. In diesem bildet sich alles ab, was erschaffen ist. Es handelt sich um eine einzige unteilbare Substanz, die jedoch, sobald sich etwas in ihr manifestiert, in unterschiedlicher Höhe oder Tiefe schwingt. Es sind diese verschiedenen Schwingungen oder Zustände von Energien, die jegliche Form erzeugen. (Wobei, wie an anderer Stelle bereits erwähnt, die jeweiligen Schwingungen von Energien immer Ausdruck des Wirkens geistiger Wesen und Wesenheiten sind. Diese tiefere Ebene der Betrachtung noch hinzuzunehmen, würde allerdings den Rahmen dieses Buches sprengen.) Die materielle Welt, die wir wahrnehmen, ist somit »auskristallisiertes« Bewusstsein, wie es unter anderem auch der spirituelle Lehrer Neville Goddard nennt: »Die Welt ist ein Ozean aus flüssigem Licht mit unzähligen verschiedenen Zuständen der Kristallisation.«[10] Die grundlegende Einheit des Bewusstseins bleibt aber trotz seiner Ausgestaltung gewahrt. Wir können dies mit dem Betrachten eines Gemäldes vergleichen, zum Beispiel eines Stilllebens aus verschiedenen Früchten: Hier nehmen wir die einzelnen Früchte ja auch nicht als voneinander getrennte Einzelgemälde wahr, sondern als Bestandteile eines Ganzen. Genauso ist es mit der physischen Wirklichkeit auch. Nur dass sich deren Formen nicht auf einem zweidimensionalen, sondern einem drei- beziehungsweise vierdimensionalen Hintergrund abbilden: dem Koordinatensystem von Zeit und Raum.

— · —

Wer oder was aber lässt den Urstoff von Bewusstsein in seine mannigfachen Formen und Gestaltungen auskristallisieren? Die Antwort mag überraschen: ein jeder von uns – *wir!* Unsere übliche Überzeugung ist, dass die Geschehnisse in der Welt Ursachen seien, die etwas bei uns auslösen und bewirken. Entweder, indem sie uns als gut erscheinen oder als schlecht, woraufhin wir uns dann als Opfer der Umstände empfinden. Von einer höheren Warte aus betrachtet ist es jedoch genau umgekehrt: *Wir selbst* sind die Ursache dessen, was um uns herum geschieht. Denn das, was wir in der physischen Welt als vermeintliche Tatsachen wahrnehmen,

10. NEVILLE GODDARD und DAVID DADDEH: *Bewusstsein ist die einzige Realität: Das Lebenswerk des Neville Goddard,* Amazon Fulfillment, 2019, Seite 117.

sind die Auswirkungen unseres eigenen Bewusstseins. Wo immer wir auch hingehen, es werden uns überall nur unsere eigenen Bewusstseinsinhalte begegnen. Somit bestimmt unser eigenes Bewusstsein unsere Erfahrung: Was immer wir glauben, befürchten, hoffen (einzeln wie kollektiv) – man könnte auch sagen: welche »Geister« wir ins Leben rufen –, wird zu unserer Realität. Die Annahmen und Vorstellungen, die wir in unserem Inneren hegen, finden ihren konkreten Ausdruck in der und als die äußere Welt und als unser Leben. Das Leben entfaltet sich somit von innen nach außen, denn in unserem Inneren befindet sich seine unsichtbare Quelle, der alles entspringt. So sind Mensch und Welt nicht voneinander zu trennen.

— · —

Dabei verhält sich die Welt unseren – zumeist unbewussten – Impulsen gegenüber völlig neutral. Dies meint, dass das Bewusstsein all das völlig unvoreingenommen in Bilder und Geschehnisse umsetzt und verwirklicht, was wir als Realität annehmen, um es uns dann – ebenso unumstößlich und neutral – zurückzuspiegeln. Damit wird in aller Konsequenz deutlich, dass wir selbst die Verantwortung für unser Leben tragen und ebenso für die Welt, wie sie ist beziehungsweise uns erscheint.

Jeder von uns weiß, wie es sich anfühlt, verliebt zu sein. Wie verwandelt, ja verzaubert plötzlich alles ist: Die Menschen um uns herum sind auf einmal alle so freundlich, die Sonne lacht, selbst wenn es regnet, und alles Gute fällt uns, funkelnden Sterntalern gleich, in den Schoß. Man hat das Gefühl, als befände man sich in einer anderen Welt. Aber es *fühlt* sich nicht nur so an, wir *sind* dann auch in einer anderen Welt! Begreifen wir diesen Zusammenhang, dann sind wir auf dem Weg in die Freiheit!

— · —

Das, was bereits sichtbare Realität geworden ist, seien es Lebensumstände oder Dinge, lässt sich allerdings nicht mehr verändern. Ändern können wir immer nur das, was noch unmanifestiert in unserem Bewusstsein ruht. Neville Goddard vergleicht diese Tatsache anschaulich mit dem Bild eines Spiegels: Wenn einem das, was man im Spiegel sehe, nicht gefalle, versuche man ja auch nicht, am Spiegelbild herumzuwischen. Man könne in diesem Fall nur an sich selbst etwas korrigieren, woraufhin dann auch der

Spiegel ein neues Bild reflektiert. Wenn die Welt auskristallisiertes Bewusstsein ist, müssen wir also zuerst uns selbst wandeln, um in eine gewandelte Welt zu gelangen. Diese Arbeit an uns selbst ist die logische Konsequenz. Es gibt keine andere Ursache für die Manifestationen in unserem Leben als das, was wir mit unserem eigenen Bewusstsein ins Leben rufen.[†]

Wobei »unser« Bewusstsein in seinem tiefsten Grund eins mit dem göttlichen Bewusstsein ist; so weit und so unendlich wie Gott ist auch unser Bewusstsein, denn es gibt nur *ein* Bewusstsein oder Bewusstsein an sich. Und nur dadurch, dass alle Dinge in unserem eigenen Inneren latent vorhanden sind, werden sie für uns im Außen überhaupt wahrnehmbar. Das wusste schon Goethe und dichtete so wunderbar: »Wär' nicht das Auge sonnenhaft, die Sonne könnt es nie erblicken. Läg' nicht in uns des Gottes eigne Kraft, wie könnt uns Göttliches entzücken?«

— · —

Wenn wir anerkennen, dass unser eigenes Bewusstsein die Ursache dessen ist, was wir in der Welt der Erscheinungen erleben, dann können wir auch verstehen, wie überaus wichtig es ist, sich um den bestmöglichen, ja einen immer höheren Zustand des eigenen Bewusstseins zu bemühen.[††] Es ist die einzige »Stellschraube« der Transformation, die wir haben – für uns selbst wie für die Welt. Schließlich wird der heutige (subjektive) Inhalt unseres Bewusstseins zu unserer morgigen (objektiven) Erfahrung. Ist unser Bewusstsein noch weitgehend dumpf, unbewusst und dunkel, dann empfinden wir uns als von Gott getrennt und leben daher in einer Welt voller Kummer, Sinnlosigkeit und Mangel. Je höher unser Bewusstsein jedoch schwingt, umso klarer und lichtvoller wird es und umso mehr entfalten sich Freude, Harmonie und Fülle in uns und um uns herum. (Man könnte statt »höher schwingen« auch sagen: Wir öffnen uns mit einem heller werdenden Bewusstsein immer lichtvolleren geistigen Wesen, die dann durch uns wirken.) Daher sollte das zunehmende innere Erwachen, die Erleuchtung, unsere wichtigste Sorge, unser allererstes Bestreben

[†] Siehe hierzu auch Kapitel 19, »Meister der Manifestation – Meister des Lebens«, Seite 86.

[††] Siehe hierzu auch Kapitel 9, »Aufstieg des Bewusstseins«, Seite 47, und Kapitel 34, »Inneres Leben – äußeres Leben«, Seite 155.

im Leben sein! ↑ Denn Erleuchtung ist Wieder-Einswerdung mit Gott und Seinem unendlichen Bewusstsein. Und sind wir erst mit Gott und dem göttlichen Bewusstsein wieder bewusst vereint, ist alles, was im Unendlichen existiert, ebenfalls unser. Dann stehen uns alle, ja sogar bislang unvorstellbare Möglichkeiten offen, denn: »Alles kann werden, wo Gottes Atem weht.«[11]

↑ Siehe hierzu auch Kapitel 22, »Wie schade um die schöne Reise!«, Seite 98.
11. Sri Aurobindo: *Savitri*, Seite 3.

7 Laterna magica

Du, Herr, lässt meine Leuchte erstrahlen, mein Gott macht meine Finsternis hell.

Psalm 18.29

11. November. Bei einem späten Bummel durch seine beschauliche heimatliche Stadt ist er unversehens in einen Lichterumzug geraten. Natürlich: Heute ist ja Sankt-Martinstag! Eine Prozession von Eltern mit ihren Kindern, die in behandschuhten kleinen Fäusten selbst gebastelte Laternen vor sich hertragen wie eine kostbare Monstranz, wälzt sich als träger, leuchtender Strom durch die engen mittelalterlichen Gassen. Vorneweg ein heiliger Martin hoch zu Ross, in hellrotem Umhang und mit einem silbern schimmernden Schwert. Die Laternen der Kinder sind nicht von flackernden Kerzenstummeln erhellt, die beim geringsten Lüftchen verlöschen und wieder angezündet werden müssen, wie in seiner Kindheit, sondern von zuverlässig brennenden LEDs. Das Lied jedoch, das die Kinder singen, ist nach all den Jahrzehnten, die seither vergangen sind, noch immer dasselbe und steigt, von dampfenden Atemwölkchen umhüllt, in der frostigen Abendluft himmelwärts: »Ich geh mit meiner Laterne und meine Laterne mit mir. Da oben leuchten die Sterne und unten, da leuchten wir. Mein Licht ist aus, ich geh nach Haus, rabimmel, rabammel, rabumm!«

— · —

So ist er für eine Weile stehen geblieben, um etwas wehmütig dem Treiben zuzusehen und die Bilder von heute mit seinen inneren Bildern von damals abzugleichen. Als die letzten Nachzügler dahintröpfeln, geht auch er nach Hause, wo er es sich nun in seinem Lieblingssessel gemütlich macht und weiter seinen Erinnerungen nachhängt. Dabei fällt ihm wieder ein, mit welcher Hingabe und Vorfreude er selbst als Kind jedes Jahr im November eine Laterne gebastelt hatte: seine eigene Laterne für den Sankt-Martins-Umzug. Und wie er an dem Tag selbst kaum abwarten konnte, dass es endlich dunkelte und die Mutter mit ihm zum Umzug aufbrach. Die Stunden des Wartens fast wie an Heiligabend so zäh und lang. Aber dann diese Faszination, wenn die kleine goldene Bienenwachskerze angezündet wurde und seine Laterne im Dunkeln zu strahlen begann.

— · —

Als er seine Erinnerung so schweifen lässt, kommt ihm plötzlich in den Sinn, dass er doch eigentlich in seinem ganzen bisherigen Leben auch nichts anderes getan habe, als eine Laterne zu fertigen. Eine unvergleichlich größere freilich – eine Art »Laterne des Lebens«: eine Laterne als Herberge für das innere Licht. Denn ist es nicht so, dass man mit allem, was im Leben geschieht, Formen über Formen, Geschichten über Geschichten aus dem anfangs undurchlässigen Unbewussten herausschneidet wie aus einem dichten schwarzen Karton? Weil der Mensch doch aus jeder Erfahrung lernt, zumindest aus jeder, deren Sinn er versteht. Und damit Öffnungen schafft, durch die Licht fallen kann – das Licht zunehmenden Erkennens. Denn ohne Öffnung kein Licht, ohne Licht keine Erlösung! Und wenn er von *irgendetwas* überzeugt ist, dann von dieser stufenweisen Offenbarung des göttlichen Lichts hier, in dieser irdischen Welt – allem äußeren, oft so widersprechenden Anschein zum Trotz! Und dass dieses Licht irgendwann in jedem Menschen entflammt, der transparent genug und damit empfänglich dafür geworden ist.

— · —

Und in einer Flut vorüberziehender innerer Bilder sieht er sich jetzt wie im Zeitraffer noch einmal diese Laterne des Lebens basteln. Mit dem Herausschneiden der Formen aus schwarzem Grund fängt er vorsichtig an. Ein wenig unbeholfen noch und eher grob, so wie ein Kind. Auch wählt er zunächst nur die vertrauten, schlichten Motive, mit denen auch Kinder ihre Laternen schmücken: die Sonne, den Mond und die Sterne, eine einzelne Wolke, die überdimensioniert und dennoch etwas verloren dazwischen hängt, darunter ein Haus, ein Baum und ein Mensch. Aber dann, im Laufe des Tuns, wird seine Arbeit feiner, umfassender und er immer mutiger. Er sieht sich selber schneiden: immer mehr Geschichten und Bilder heraus aus dem Karton, tatsächlich nicht weniger als sein ganzes Leben.

Und so schneidet und schneidet er, immer drängender, immer tiefer hinein in das Schwarz und Szenen heraus aus den eigenen noch unbewussten Schichten. Jeder Schnitt Wonne und Schmerz zugleich, und er schneidet bis an die Grenze des Erträglichen, inzwischen fast wie im Rausch: Berichte von Hölle und Himmel, die auf dem Grund seiner Seele gelagert hatten wie ein uralter zäher Morast, der im Vorgang des Schnippelns in unzähligen schwarzen Fetzen nun von ihm fließt. Alles fließt dahin: Was *er* erlebt hat, was *Menschen* erleben, und alles, was Menschen im Guten wie im Bösen einander tun. Es ist schon längst nicht mehr nur sein eigenes Leben, das er erzählt, sondern die Geschichte des Menschen an sich. Weil es in Wirklichkeit doch nur einen einzigen, nämlich *den* MENSCHEN gibt, von dem er selbst ein Glied und doch zugleich auch das Ganze ist, so wie jeder andere auch.

— · —

Seine Laterne wächst und wächst in ihren Dimensionen. Manchmal scheint es ihm gar, als würde jemand anderes seine Schere führen, die Themen vorgeben – EINER, Der unvergleichlich größer und weiser ist als er. Die Seiten der Laterne ähneln allmählich üppigen Fresken an endlosen Wänden, die eine ebenso endlose Geschichte ziert. Auch sind sie in ihrer sich ständig mehrenden Zahl nicht mehr rechteckig wie zu Beginn, sondern jetzt sechseckige Waben, die sich nahtlos aneinanderschmiegen und seiner Laterne dadurch eine außerordentliche Stabilität verleihen: einem monströsen runden Insektenauge gleich oder wie unzählbare Waben in einem riesigen summenden Bienenstock. Jede Wabe eine Geschichte und mit jeder Geschichte Jahrhunderte und Jahrtausende ebenso nahtlos aneinandergefügt.

Sie zeigen Menschen, die sich durch die Zeiten wälzen, in einem unablässigen Strom von wechselnden und den doch immer gleichen Leibern. Gesichter mit aufgerissenen Mündern, wie auf dem Gemälde »Der Schrei« von Edvard Munch; vor Entsetzen verzerrt, aber auch vor Lust. Seine Laterne erzählt, wie Menschen rauben, betrügen, morden. Er selbst – Täter wie Opfer – mitten darin;

gefangen in einem Sog von Ohnmacht, Schuld und Vergeltung und tiefer Lebensangst.

Aber je offener und löchriger seine Laterne wird, umso freier und heller wird es auch in ihm. Und es finden sich in seinen erzählenden Bildern jetzt immer mehr das Gute und das Schöne ein: hier eine zärtliche Geste, dort ein aufrichtendes liebevolles Wort. Menschen, die über sich hinauswachsen, sich anderen hingeben, von einer Liebe getragen, die schließlich das Menschsein übersteigt. Und dann – in einem letzten Bild ganz zum Schluss – lässt er seine Laterne noch von dem Wunder berichten, wenn die Seele des Menschen, wie eine Blume am Baum des Lebens, im Licht dieser Liebe erwacht und seine verborgene Göttlichkeit entfacht.

— · —

Als er fertig ist mit dem Herausschneiden aus dem schwarzen Karton, der inzwischen einer feinen Brüsseler Spitze gleicht, da beginnt er, sämtliche Öffnungen mit buntem transparentem Papier zu bekleben. Je nach Szene mit fröhlich-hellen oder dunkleren, gedeckten Farben. Von dem ursprünglich so undurchlässigen Schwarz sind nur noch hauchdünne Stege übriggeblieben, sodass sich der Klebstoff nur ganz vorsichtig mit einer Nadelspitze auftragen lässt. Seine Laterne ist jetzt nicht nur von tausenderlei Öffnungen und Geschichten, sondern von ebenso vielen Farben durchsetzt.

Und dann kommt auch hier der feierliche Augenblick, in dem die Flamme in der Mitte zündet und die mächtige Laterne zu leuchten beginnt. Alle in sie hineingeschnittenen Geschichten projizieren sich nun hinaus in die Welt, auf die Leinwand von Zeit und Raum. Wie die Bilder eines schier unerschöpflichen Kaleidoskops huschen die Szenen vorüber, geht eine in die nächste über, ineinander stürzend – und sind doch nicht mehr als ein Traum: vergänglicher Schein. Und es ist, wie er jetzt staunend begreift, gerade das Zusammenspiel von Hell und Dunkel, von Glück und Leid, das seine Laterne so einzigartig macht und im aufstrahlenden Licht nun zu einem vollendeten Ganzen verschmelzen lässt, als habe sich mit dem Licht eine alles versöhnende Liebe auf die Bilder und Szenen gesenkt – seine Laterne des Lebens ein filigranes Kunstwerk der Transparenz.

Alles ist jetzt vergeben, vergessen, geheilt. Da ist nur noch Frieden und selbst aus dem Dunkeln strömt Licht. »Da oben leuchten die Sterne« und unten, da leuchtet nun er. Und alles, wahrlich alles – so wird ihm bewusst –, was *er* jemals erlebt und erlitten hat, was *Menschen* erleben und erleiden, ist es wert, gelebt zu werden, wenn es zum Schluss nur in dieses erlösende Licht der Liebe mündet. Denn die Liebe, das begreift er jetzt, ist der Urgrund allen Lebens, ist das, was ewig-golden selbst noch hinter der schwärzesten Finsternis wohnt. Erst LIEBE ist Leben, alles andere ist nur ein Traum.

—·—

Aber was ist das? Verwirrt betrachtet er die äußeren Umrisse seiner Laterne. Er ist sich doch *so* sicher gewesen, ein perfektes Rund gestaltet zu haben! So schön und prall und makellos wie eine verwirklichte Seele selbst! Aber dieses Rund hat sich nun, zu seinem Erschrecken und ganz von allein, verformt: Oben ist es von einer Kerbe leicht eingedrückt, und das, was sich oben eingedellt hat, drückt sich unten spitz heraus. Die Laterne scheint dadurch wie aus zwei aneinandergeschmiegten Hälften zu bestehen, die sich am unteren Ende, in dieser Spitze wieder vereinen. – Und da, als er dieses eigenartige Gebilde sprachlos und still auf sich wirken lässt, erkennt er: Diese wundersame Laterne, diese Laterna magica, ist sein eigenes HERZ!

8 Das Himmelreich ist inwendig in euch

Wir leben nicht in Zeit oder Raum; wir leben im Bewusstsein.[12]

JOEL S. GOLDSMITH

Bewusstsein ist also ein Ausdruck der einen und einzigen Wirklichkeit, in der wir leben. Dieses unermessliche Bewusstsein ist Gottes Welt, ist Sein Reich, das man auch den »Himmel« oder das »Himmelreich« nennt. Und wir Menschen sind niemals aus diesem Himmel gefallen, sondern haben – seit Evas und Adams sündigem Biss in die verbotene Frucht – nur eine verkehrte Brille auf. Schließlich hatten die beiden vom »Baum der Erkenntnis von Gut und Böse« gegessen, und das hatte Folgen: Der Mensch begann, die Schöpfung und alles darin nicht mehr aus der ganzheitlich-seelischen Sichtweise heraus zu betrachten, sondern aus der des trennenden Verstandes, dem alles in Schwarz und Weiß, Gut und Böse aufgespalten erscheint. Womit der Mensch sich in einem Netz von Bewertungen, Verurteilungen und Zweifeln verfing und nicht mehr sah, dass doch alles, was Gott gemacht hatte, gut war. Weil Gott als das All-Gute nur Gutes und Wahres erschaffen kann. So schaute der Mensch nicht länger aus dem Zustand der Einheit heraus auf die Welt, sondern aus dem einer illusorischen Trennung.↑ Aus dieser ersten Illusion wurden immer weitere Illusionen geboren. Aber nicht die Welt an sich ist eine Illusion, sondern nur diese irrende Sicht des Menschen, der nicht mehr mit seinem Herzen, der Seele, zu sehen vermag.

12. JOEL S. GOLDSMITH: *Ein Intervall in der Ewigkeit*, Band 2, Argenbühl-Eglofstal: Heinrich Schwab Verlag, 2010, Seite 284.

↑ Siehe auch Kapitel 42, »Kind der Unendlichkeit 5: Die Schizophrenie der Welt«, Seite 189.

Wir haben also weder den Himmel noch Gott jemals verlassen. Wir haben beide nur dadurch aus den Augen und aus dem Sinn verloren, dass wir für unser Leben andere – ichhafte – Schwerpunkte setzten. Gott zu verlassen, ist sowieso ein Ding der Unmöglichkeit, wohnt Er doch in uns selbst und ist, als unsere unsterbliche Seele, unsere eigentliche und wahre Identität. Und so ist auch der Himmel immer noch hier und jetzt – ewig zugegen. Wir tragen ihn in uns und brauchen unsere Aufmerksamkeit nur wieder nach innen zu lenken, ins eigene Seelen-Herz-Innere hinein. Denn das Himmelreich ist unsere ureigenste, tiefste Dimension, das göttliche Zentrum unseres menschlichen Seins. In dieser Mitte sind wir alle eins, eins mit allem und eins mit Gott.[↑]

— · —

Und haben wir erst den Himmel in uns wiedergefunden, ist auch alles andere gut! Denn alle Möglichkeiten, alle Vollkommenheit, alle Schätze befinden sich darin, und wir dürfen dann aus Gottes ganzer Fülle schöpfen. »Trachtet zuallererst nach Gottes Reich« (Mt 6.33), wie Jesus von Nazareth einst den Menschen riet, meint, sein eigenes Bewusstsein zu entwickeln. Es kontinuierlich so weit zu erhöhen und zu klären, bis man den paradiesischen Zustand der Einheit und Vollkommenheit wiedererlangt.[↑↑] Und gewiss ermahnte Jesus die Menschen auch deshalb so eindringlich, zuerst hiernach zu streben, weil nur die geistige Wirklichkeit von Dauer ist. Was immer wir ansonsten an Besitztümern oder Positionen im Leben angesammelt haben mögen, sie lösen sich allesamt im Moment des Todes auf, denn »das letzte Hemd hat keine Taschen«, wie ein altes Sprichwort besagt. Der innere Reichtum aber bleibt, weil er göttlich und damit unvergänglich ist. Aus ihm baut sich, wieder und wieder, eine neue Fülle, ein neues und glückliches Leben auf.

— · —

Und vielleicht war ja mit jener Verkündigung Jesu: »Kehrt um! Denn das Himmelreich ist nahe!« (Mt 4.17), nicht nur eine *zeitliche,* sondern auch eine *räumliche* Angabe gemeint. Eben, dass der Mensch sich *nach innen* umwenden solle, weil sich das Himmelreich doch ewig dort befindet: ganz dicht, ganz *nahe* bei ihm. Der

[↑] Siehe auch Kapitel 51, »Goldene Flut«, Seite 213.
[↑↑] Siehe hierzu Kapitel 37, »Rückkehr ins Paradies«, Seite 164.

wichtigste Schritt, um ins inwendige Himmelreich zurückzukehren, ist somit, um Gott in unserem Innern nicht nur zu *wissen,* sondern Ihn als unser ganzes Sein, als unsere ureigenste ewige Gegenwart *zu erspüren* – was man auch »Gott-Gewahrsein« nennt.↑ Und mit diesem Gewahrwerden Gottes ist keineswegs nur ein abgegrenzter, noch individueller Teil des Göttlichen gemeint, sondern tatsächlich Gott als ALLES: mit Seinem ewigen Licht, Seiner unermesslichen Liebe, Seiner unerschöpflichen Fülle. Und *all dies* wird uns durch unsere eigene Seele zugänglich, durch unseren eigenen Herzensgrund! – Welch unfassbares Mysterium wir Menschen doch sind!

— · —

Sind wir bewusst wieder mit Gott vereint, strömt Sein Licht durch uns hinaus in die Welt: immer kraftvoller, immer heller, so wie auch unser Einssein mit Gott immer umfassender wird. Schließlich ist Gott die Unendlichkeit selbst und ebenso unendlich werden auch wir. Mit Gott vereint, übernimmt Er die Führung über uns und unser Leben. Dann ist unser menschliches Ich zur Seite getreten, und wir haben den frei gewordenen Platz in Demut Gott zu Füßen gelegt. Alle Zweifel, alle Sorgen, alle Unruhe des menschlichen Lebens lösen sich in tiefem Frieden und bedingungsloser Freude auf. Und wir finden den Himmel auf Erden wieder: »Der HIMMEL ist hier. Es gibt keinen anderen Ort. Der HIMMEL ist jetzt. Es gibt keine andere Zeit.«[13]

• • • • • • • • • • •

↑ Siehe Kapitel 12, »Und es ward Licht…«, Seite 60.

13. *Ein Kurs in Wundern,* Handbuch für Lehrer, Freiburg i. Br.: Greuthof Verlag, 2016. Seite 61.

9 Der Aufstieg des Bewusstseins

Jakob zog aus Beerscheba weg und ging nach Haran. Er kam an einen bestimmten Ort, wo er übernachtete, denn die Sonne war untergegangen. Er nahm einen von den Steinen dieses Ortes, legte ihn unter seinen Kopf und schlief dort ein. Da hatte er einen Traum: Er sah eine Treppe, die auf der Erde stand und bis zum Himmel reichte. Auf ihr stiegen Engel Gottes auf und nieder.

Genesis 28.10–12

Das Himmelreich liegt also in jedem von uns, und doch haben wir alle es auf unserer langen Reise auf dieser Erde irgendwann scheinbar verloren. Nun gilt es umzukehren, heimzukehren! Seitdem die Spezies Mensch auf Erden erschien, ist sie Teil der irdischen Evolution. Weshalb ihre Heimreise im Grunde schon mit ihrem ersten Schritt auf diesem Planeten begann. Die »Heimreise« als Metapher für die Transformation des Bewusstseins aus der Dunkelheit völliger Unbewusstheit über eine zunehmende Bewusstwerdung hin zu einem aus sich selbst leuchtenden, höchsten Bewusstsein – »ins Licht«. Dabei transzendiert jede Bewusstseinsebene, die ein Mensch erringt, die vorherige: In dem Maße, in dem sein Bewusstsein in höhere Zustände emporsteigt, wandelt es die Inhalte der darunterliegenden Bewusstseinsebene nach seinen eigenen Gesetzmäßigkeiten um, denn sie können in der zunehmenden Intensität und Helligkeit des neuen Bewusstseins nicht länger bestehen. So wird eine stabile »Treppe« ins Licht gebaut, auf der schließlich die

Engel – als die geistigen Wesen der höheren Bewusstseinssphären – auf- und niedersteigen.

— · —

Dieser allmähliche Aufstieg des Bewusstseins hat allerdings seinen Preis. Er besteht für den Heimkehrenden im vollständigen Hingeben seiner Ich-Persönlichkeit, im Auflösen seiner bisherigen Identifikationen, das heißt, all dessen, was er bisher glaubte zu sein. Denn seine wahre oder göttliche Individualität kann sich erst dann offenbaren, wenn die Schleier der Identifikation sich lüften. Dies aber ist alles andere als ein leichter Prozess und fühlt sich eher an, wie mitten im Leben und im Körper verweilend zu sterben. Er ist das, was das berühmte »Stirb, bevor du stirbst!« besagt oder auch das ebenso bekannte »Stirb' und werde!«. Aber wer auferstehen will, muss nun mal – im symbolischen Sinn – zuvor gestorben sein, zumindest all jenes in ihm, das sein wahres Menschsein noch verdeckt.↑ Dies jedoch vorab zur Beruhigung: Es kann ja nur das im Menschen sterben, was noch sterblich ist – das Göttliche in ihm kennt keinen Tod.↑↑

— · —

So ist das »kleine« menschliche Ich wie die Schale einer Frucht, die den göttlichen Kern so lange in sich verbirgt, bis er zur Reife gelangt. Ist der sich Wandelnde schließlich von allem, was er zu sein glaubte, entkleidet, »nackt und bloß«, muss er in der so entstandenen Leere für einen kurzen Moment nun ertragen, tatsächlich nichts und niemand mehr zu sein. Denn erst aus dieser vollständigen Leere heraus kann sich sodann die Fülle des göttlichen Geistes in ihn ergießen. Man füllt »neuen Wein« ja auch nicht in »alte Schläuche«, wie es in dem viel zitierten Gleichnis des Markus-Evangeliums heißt. Von da an ist das Leben des Betreffenden dann nicht länger im (irdischen) Unbewussten, sondern im (himmlischen) Überbewussten verwurzelt. Die schrittweise Evolution dorthin ist der Weg, Freiheit das Ziel. Und das, was uns zuvor als eine von uns getrennte äußere Welt erschien, offenbart sich nun als unser eigenes Inneres, unsere Seele und schließlich als unser Selbst. Für diesen letzten großen Schritt, der uns auf der Treppe des Lichts endgültig zurück ins Himmelreich führt, bedarf es nur noch

↑ Siehe hierzu auch Kapitel 11, »Frei!«, Seite 55.

↑↑ Siehe Kapitel 48, »Schwarz, schwärzer als Schwarz«, Seite 206.

einer einzigen Aktion: der Anerkennung, dass wir geistige, göttliche Wesen sind. Sie ist der Schritt in die Freiheit und Wahrheit, die uns von der letzten Illusion eines noch Irdisch-Vergänglichen erlöst.

— · —

Anstatt des kleinen menschlichen Ichs regiert dann das göttliche Selbst, das als das Licht des inwendigen Gottes erstrahlt. Mit diesem Licht spürt der Betreffende nun Gottes Gegenwart *in* sich selbst und *als* sein eigenes Selbst, begreift sich als das göttliche Ich bin und kann nun mit Paulus sagen: »Nicht mehr ich lebe, sondern Christus lebt in mir« (Gal 2.20).[1] Er hat nicht nur das Himmelreich wiedererlangt als den Ausdruck einer vollkommenen Welt, sondern auch seine eigene Unendlichkeit und Unsterblichkeit – jene ewige Existenz, die weder Anfang noch Ende hat.

Ins Himmelreich zurückgekehrt begreifen wir auch, dass wir es in Wirklichkeit niemals verlassen haben; nur unsere Vorstellungen über unsere Identität waren zu klein und zu eng. Als rein geistige Wesen hatten wir uns bis in die fernsten Zipfel unseres eigenen Bewusstseins ausgedehnt, uns in eine physische Existenz hineingeträumt und uns in diesem Traum von der Materie dann verloren. Pierre Teilhard de Chardin, ein französischer Jesuitenpater und Evolutionsphilosoph des zwanzigsten Jahrhunderts, formulierte es so, dass wir keine menschlichen Wesen seien, die eine spirituelle Erfahrung machten, sondern spirituelle Wesen, die die Erfahrung des Menschseins durchliefen. – Höchste Zeit aufzuwachen! Weshalb man die Rückkehr in den ursprünglichen lichtvollen Zustand der Einheit ja auch »das Erwachen« nennt. Jeder (subjektive) Bewusstseinszustand offenbart seine eigene (objektive) Welt. Daher korrespondiert das Erscheinungsbild unserer äußeren Realität stets mit dem Ausmaß unseres Erwachens. Erahnen wir allmählich, welch ungeheure Macht uns damit gegeben ist? Wir können die ganze Welt damit erlösen![2]

— · —

Diese allumfassende Bewusstseinstransformation mit ihrer Rückkehr ins Bewusstsein der ungeteilten Einheit, dem »Himmelreich«,

[1] Siehe auch Kapitel 21, »Der geheime Name Gottes«, Seite 93.

[2] Siehe hierzu auch Kapitel 36, »Lieben oder: Das Lächeln der Welt«, Seite 160.

muss jetzt allerdings nicht nur bei wenigen Einzelnen, sondern auch kollektiv erfolgen. Gewiss zunächst noch nicht in der Menschheit insgesamt, aber doch in einer genügend großen Anzahl wandlungsfähiger Individuen, um die Offenbarung des Göttlichen hier, in unserer physischen Welt, in Gang zu setzen:

> Der Weg, die Welt durch Erneuerung der Menschheit zu verändern, beginnt bei uns selbst. Wenn nur ein kleiner Prozentsatz der Weltbevölkerung lernt, in Gott verankert zu sein, wird die Langzeitwirkung auf das Massenbewusstsein zum Guten führen. Das ist der Plan Gottes zur Befreiung der Menschheit.[14]

14. Roy E. Davis: *Wahrheitsstudien,* Bad Homburg Verlag CSA, 1979, Seite 127.

10 Zeig' Du mir den Weg!

»Lasst die Kinder zu mir kommen; hindert sie nicht daran! Denn Menschen wie ihnen gehört das Reich Gottes. Amen, das sage ich euch: Wer das Reich Gottes nicht so annimmt wie ein Kind, der wird nicht hineinkommen.« Und er nahm die Kinder in seine Arme; dann legte er ihnen die Hände auf und segnete sie.

Markusevangelium 10.14–16

Sobald wir unsere abgesonderte, »sündige« Ich-Persönlichkeit überwinden und wieder so unschuldig werden, wie Gott uns erschuf, kehren wir nicht nur »nach Hause«, sondern auch in den Status eines unschuldigen Kindes zurück. Und erst dann steht uns, wie es das obige Bibelzitat besagt, das Himmelreich offen. Aber was ist so anders an einem Kind, dass nur es das Reich Gottes anzunehmen weiß? Sicherlich wollte Jesus von Nazareth die Menschen mit seiner Aussage nicht dazu auffordern, auf eine frühere Entwicklungsstufe zurückzufallen. Er dürfte wohl eher an so etwas wie ein »kindliches Gemüt« gedacht haben, denn da unterscheiden sich Erwachsene und Kinder doch erheblich.

Wir Erwachsenen haben vom Leben zumeist schon so manche Wunde davongetragen, wodurch wir mit den voranschreitenden Jahren misstrauisch und ängstlich werden. Als Konsequenz daraus versuchen wir das, was in unserem Leben geschieht, möglichst in der eigenen Hand zu behalten. Zumal wir sowieso der Überzeugung sind, dass nur wir allein wissen, was gut für uns ist und was wir brauchen. So wird dann jede neue Situation, die an sich »jungfräulich« und unvorbelastet ist und alle nur denkbaren Möglichkeiten in sich birgt, aufgrund früherer Erfahrungen in Blitzeseile »gescannt« und das Verhalten darauf abgestimmt. Dadurch interpretieren wir alles, was sich ereignet, vor dem Hintergrund einer längst entschwundenen Vergangenheit, und etwas wirklich Neues bekommt in unserem Leben erst gar keine Chance. Wir meinen zwar, dies sei doch nur zu unserem Schutz, um weitere Wunden zu verhindern, merken jedoch nicht, wie sehr wir auf diese Weise unsere Offenheit dem Leben gegenüber verlieren.

— · —

Kinder sind da (noch) anders. Wenn sie die ersten Lebensjahre ohne allzu viel »Erziehung« heil überstanden haben, dann sind sie noch aufrichtig, voller Vertrauen und Gutgläubigkeit. Und sind es nicht gerade diese Unschuld und Reinheit, die uns an ihnen so faszinieren? Jesus sprach mehrmals von jenen, die »reinen Herzens« sind und meinte damit vermutlich genau diese freudige Unvoreingenommenheit. In diesem Zustand gibt es weder Berechnung, noch wird ständig etwas Schlimmes erwartet oder gar geplant, nach dem Motto: »Angriff ist die beste Verteidigung.« Wir Erwachsenen hingegen überlassen nichts mehr dem Zufall und bemühen uns ständig, über die Geschehnisse des Lebens, entsprechend unserer Interessen oder Befürchtungen, die Kontrolle zu behalten. Zumal wir ja sowieso alles besser zu wissen meinen. Da werden Flüsse begradigt und Jahrzehnte später wieder renaturiert, weil es durch den Eingriff des Menschen zu verheerenden Überschwemmungen kam. Und so ähnlich verläuft es doch überall...

Unser Eigenwille, auf den wir so stolz sind, führt nur allzu oft zu Elend und Leid, über das wir uns dann als »gottgegeben« beklagen. Aber *wir selbst* haben es verursacht – *nicht Er!* Kommen nicht sogar alles Unglück und alle Enttäuschung daher, weil wir Gott ständig ins Handwerk pfuschen? Aber das, was wir für unsere Freiheit halten, ist viel eher eine Bürde: eine Verantwortung tragen zu wollen, die uns nicht zusteht. Und darüber hinaus: Wie wollen wir das Wesen Christi, der doch die Unschuld verkörpert wie kein anderer, und das Himmelreich jemals begreifen, wenn wir nicht selbst zu einer gewissen Unschuld zurückgefunden haben und das Leben wieder mit offenen Armen empfangen und mit kindlich staunenden, großen Augen?

— · —

Es zeugt von Demut, aber auch von innerer Stärke, wenn wir endlich so weise geworden sind, um sagen zu können: »Nicht mein, sondern Dein Wille geschehe, Herr!« Dann fängt tatsächlich der »Himmel« an, sich in unserem irdischen Leben zu zeigen, indem uns in zunehmendem Maße ebenso Wundersames wie Wundervolles widerfährt. Diese Weisheit kommt allerdings nicht von selbst. Oft ist sie das Resultat äußerst schwieriger Lebensphasen, die einen Menschen dahin bringen, seine Kontrollwünsche endgültig aufzugeben, nicht selten durch den Zusammenbruch des kompletten bisherigen Lebensentwurfs. Aber genau dann – inmitten der scheinbar größten Katastrophe – wird einem auf einen Schlag bewusst, dass man als Mensch nichts mehr tun kann, um sein Leben noch zu retten. Vielleicht weiß man nicht einmal, ob man den jeweiligen Tag überhaupt überlebt. Um was also will man sich da noch sorgen?! Und genau in *diesem* Augenblick kommt die große Befreiung: Man lässt los und legt sich und sein Leben in Gottes Hände. Und im selben Moment ist das Vertrauen da, dass Er als unser Schöpfer, als Vater-Mutter-Gott, ganz gewiss für uns sorgt! Er/Sie tut es ja auch für »die Lilien auf dem Felde«.

— · —

Ist man schließlich zu dieser bedingungslosen Überantwortung an Gott bereit und lässt sich in Seine Arme fallen, kann das Gefühl aufkeimen, als habe Er Sich genauso nach uns gesehnt wie wir uns, im Grunde unseres Herzens, nach Ihm. Es fühlt sich tatsächlich an wie ein langersehntes »Nachhause-Kommen« – und das mitten im Leben und nicht erst nach dem Tod! Zu sein »wie ein Kind« – offen, unschuldig, vertrauensvoll – schließt Weisheit und Reife keineswegs aus. Diese Eigenschaften scheinen sich zu widersprechen und gehören doch zusammen: als der Ausdruck eines Zustands wirklicher Hingabe an Gott, unseres vermutlich größten Liebesbeweises. Und es bedarf gewiss nicht immer eines schicksalhaften »Super-GAUs«, um die Verantwortung für unser Leben ein bisschen mehr, ein bisschen öfter Gott zu übergeben.

Offenheit und Vertrauen lassen sich auch in tausend kleinen alltäglichen Dingen üben: nur hier und da mal von der eigenen Vorstellung, den eigenen Wünschen ein wenig Abstand zu nehmen. Die Dinge sich entwickeln zu lassen, ohne einzugreifen. Sie ganz bewusst in Gottes Hände zu legen. Oder ein Problem, bei dem man selbst nicht weiterkommt, als Bitte an Gott weiterzuleiten, vielleicht mit einem stillen »Zeig' Du mir den Weg!« Und wir können sicher sein: Die Antwort kommt! Auf überraschende Weise und schneller, als wir denken können, denn »schon ehe sie rufen, gebe Ich Antwort, während sie noch reden, erhöre Ich sie« (Jes 65.24). Das Leben wird so leicht, wenn wir es Gott anvertrauen! Denn wir gehen nicht einen einzigen Schritt allein.

— · —

Dann eröffnet sich uns eine andere Welt, und es ist, als ob die ersten Strahlen einer verheißungsvollen Morgenröte in die nächtliche Dunkelheit fallen. Dinge geschehen auf einmal »wie von Zauberhand« – in einer zuvor nie gekannten Weisheit und Harmonie. »Wie ein Kind« zu sein, setzt voraus, Gott als unseren Vater oder unsere Mutter anzusehen. Aber dann, endlich, dürfen wir uns wieder als das erleben, was wir in Wirklichkeit doch alle sind: Gottes geliebte Kinder – Seine Kinder der Unendlichkeit. ↑

↑ Siehe auch Kapitel 52, »Wir Kinder der Unendlichkeit«, Seite 214.

11 Frei!

Unsere Seele ist wie ein Vogel
dem Netz des Jägers entkommen;
das Netz ist zerrissen und wir sind frei.

Psalm 124.7

Wie still es ist! Wenn es nichts mehr zu hoffen, zu fürchten, zu wünschen, zu be- und verurteilen gibt. Dann sind da nur noch Stille und Frieden.

Doch urplötzlich durchstößt diese Stille ein Schrei: ein Jauchzen, ein Jubel. Er selbst, der Mensch, muss ihn ausgestoßen haben, laut und jugendlich ungestüm, trotz seines gesetzten Alters von bald 14 Milliarden Jahren, denn etwas Außerordentliches ist geschehen. Etwas, das sein Leben von Grund auf ändert, etwas, das nicht mehr rückgängig zu machen ist: *Er ist frei!* So viele Male zuvor hatte er diese Freiheit schon für Momente empfunden, ein Ledigsein von allen irdischen Fesseln und Anhaftungen, das unermessliche Glück des Einsseins mit allem, was ist. Verbunden mit der Ahnung, dass tatsächlich etwas vollkommen Neues beginnen könne, mitten im Leben, ohne den physischen Körper dafür abzulegen: eine völlig neue, unendlich größere Existenz, unberührt und rein, da ohne jegliche alte Last. Aber diese Ahnung und dieses Glücksgefühl hatten bisher nie durchgängig Bestand. Jedes Mal tauchten bald danach doch wieder alte Regungen und Fallstricke auf, die seine Seele von Neuem gefangen nahmen, sie wieder überdeckten mit seiner – wenn auch immer löchriger werdenden – Ich-Persönlichkeit.

—·—

Jetzt aber, dieses Mal, ist der Sprung in die Freiheit wahrhaftig geschehen! Da ist kein begrenztes Ich in einem begrenzten Körper mehr, nur noch die Seele pur in ihrem unbegrenzten Zustand von

Ich bin. Denn die Seele selbst ist immer frei, weshalb sie im Grunde auch niemals gefangen genommen werden kann. Schwierige Geschehnisse und für das persönliche Ich noch bittere Erfahrungen gingen dem voraus, die dennoch Klärung und Klarheit brachten. Ein letzter Schleier der Verblendung war gefallen, durch den er, der Mensch, sich und man ihn noch hatte täuschen können. So viele Lügen waren ans Licht gekommen mit ihren Strategien der bewussten Täuschung und Manipulation, durch die sich andere ihren Vorteil verschafften. Nun aber war alles, was in seinem neuen Leben keinen Platz mehr hatte, weil es seiner innersten Wahrheit nicht entsprach, vertrieben, überwunden oder hatte sich gar freiwillig, wie ein Dieb in der Nacht, davongeschlichen. Denn zwielichtige Gestalten, egal ob solche von drinnen oder von draußen, können das immer heller werdende Licht nicht ertragen. Und es erscheint ihm fast, als sei so mancher ungute Zeitgenosse von zuvor auf Nimmerwiedersehen in ein Paralleluniversum entschwunden.

— · —

Sehr viel wahrscheinlicher jedoch ist er selbst derjenige, der in einen anderen Raum, in eine andere Zeit hindurchgebrochen ist, weil er alles *äußere* Ungute inzwischen doch auch als noch unerlöste *innere* Aspekte seiner selbst erkennen kann. Und sobald man diese liebevoll an sich nimmt – diese versprengten, alten Projektionen –, lassen sie sich widerstandslos ins eigene Bewusstsein integrieren, woraufhin dann auch die Spukgestalten im Außen verschwinden.↑ Und so existiert jetzt in ihm zwar noch die Erinnerung an sein bisheriges Leben, aber ohne persönlichen Bezug und damit so neutral, als handle es sich um das Leben eines anderen oder vielleicht sogar nur um einen Traum. Von ihm selbst ist nicht mehr übriggeblieben als ein weißes Blatt, eine unberührte Leinwand – als welche er vor gar nicht langer Zeit doch auch die gesamte Schöpfung empfand – und auf der nun sein ureigenstes, göttliches Selbst sich abbilden darf. Und er spürt mit jeder Faser seines Seins, dass er mit dieser Freiheit jetzt dauerhaft in ein vollkommen neues Leben und in das wahre Menschsein eingetreten ist.

— · —

↑ Siehe auch Kapitel 15, »Die offene Tür«, Seite 73, und Kapitel 41, »Der durch das Feuer ging«, Seite 186.

Dieses neue Leben, das spürt er sogleich, ist auf absolute Hingabe und Vertrauen auf Gott gebaut. Was meint, sich bei allem, was auch geschieht, einer höheren Ordnung gewiss zu sein und des All-Guten, das in allem wirkt. Das Leben freudig und unvoreingenommen anzunehmen, sich um nichts, aber auch gar nichts mehr zu sorgen, wissend, dass Gottes Fürsorge für Seine Kinder ebenso unermesslich wie Seine Liebe ist. Nur so baut sich das Leben dann auf dem Überbewussten und nicht länger auf dem Unter- und Unbewussten auf. Er, der Mensch, hat seine ursprüngliche Gestalt zurückgewonnen, sein wahres Wesen, nicht länger von seinem göttlichen Ursprung getrennt. Und nun, da er um seine eigene Göttlichkeit weiß, soll Gott auch seine unversiegbare Quelle, sein alleiniger Beweger sein.

— · —

Der Schrei aber, den er in seiner Überraschung, nun tatsächlich frei zu sein, ausgestoßen hat, ist nicht nur ein Schrei der Freude, sondern auch der Schrei eines Glücks, das ihn immer heftiger erschüttert. Denn er fühlt sich so, wie ein Mensch sich fühlt, der einen anderen Menschen zutiefst geliebt hatte und ihn verlassen musste in der Überzeugung, den Geliebten nie wieder zu sehen. Ihm dann aber doch wiederbegegnet – zu einer anderen Zeit und in neuer Gestalt. Und es fühlt sich sogar so an, als handle es sich nicht nur um einen einzigen Menschen, sondern gleich um mehrere, die er ebenso innig geliebt und dann hatte verlassen müssen, davon überzeugt, auch sie nie wieder zu sehen. Nun aber tauchen immer mehr von ihnen wieder auf: Seelengefährten, Seelenfreunde!

Ja, es waren sogar nicht nur Menschen, sondern *eine ganze Welt*, die er einst über alles geliebt und ebenfalls hatte verlassen müssen, in der bitteren Vermutung, auch dorthin niemals mehr zurückzukehren. Aber jetzt, in dieser hereinströmenden, gnadenreichen neuen Zeit, die sowieso schon so voller Wunder ist, ist er doch tatsächlich im Begriff, auch diese Welt wieder zu entdecken! Dabei ist nicht *er* dorthin zurückgekehrt, sondern *sie*, seine geistige Heimat, dämmert allmählich an seinem Bewusstseinshorizont herauf, orange und golden und in einem strahlenden Licht. ↑ Wie aus dem

↑ Siehe hierzu auch Kapitel 13, »Erwachen im Seelen-Innenraum«, Seite 64.

Nichts heraus ist sie aufgetaucht, ein wenig zaghaft, als sei sie noch zu scheu, ihre irdische Bühne der Verwirklichung zu betreten. Sie zeigt sich mal hier, mal dort, oftmals eher nur als Anflug einer Ahnung denn anhaltender Gewissheit. Und folgt ihm doch schon auf Schritt und Tritt und befindet sich immer genau dort, wo er ist. Alles um ihn herum, und auch er selbst, fühlt sich jetzt, da sich Himmel und Erde in ihm vermischen, an, wie aus einer noch unbekannten Substanz gewoben: kristallin und unendlich leicht und fließend – dem Stoff der kommenden neuen Welt.

— · —

Innerhalb dieser Substanz, so zumindest nimmt er es wahr, findet eine permanente gegenseitige Durchdringung statt von Materie und Geist, von Mensch und Welt, beide sind nicht mehr zu trennen. Und er selbst ist immer zugleich das, worauf sein Blick gerade fällt: das Gesehene, das sich selbst als Sehender erkennt. Und so kann er jetzt tatsächlich vollbewusst erkennen, dass die irdische Welt keine materielle, sondern eine geistige Wirklichkeit ist, und er lacht, wenn er an sich herabschaut und dort noch einen leiblichen Körper sieht.

Dabei empfindet er es gar nicht so, als habe er die alte, die materielle Welt überwunden, im Sinne von »hinter sich gelassen«. Ihm kommt es vielmehr so vor, als dringe er immer tiefer und tiefer in die vorhandene Wirklichkeit ein, in darin verborgene, geheimnisvolle Dimensionen und in eine Subtilität, in der jeglicher Eindruck von Stofflichkeit und Stabilität schwindet. Es sind auch nicht mehr nur seine physischen Sinne, die sehen, hören, riechen, schmecken, fühlen. Es ist jetzt seine Seele, die wie mit einem eigenen inneren Sinn alles erfasst. Denn Seele erkennt Seele in allem, erkennt Wesen als Wesen und alles als das All-Eine und doch als sich selbst. ↑

— · —

So unendlich viel Zeit schien über die Jahrmilliarden dieser irdischen Welt zäh dahingeflossen, einer Welt unter der Knechtschaft der Materie, und dann hat die Freiheit ihn doch so jäh überrascht! Wobei ihm sehr wohl bewusst ist, dass es zu jedem erlangten Zustand von Freiheit vermutlich eine noch größere, noch umfas-

↑ Siehe hierzu auch Kapitel 46, »Ein neuer Garten Eden«, Seite 200.

sendere Freiheit gibt. Und doch ist es im Grunde *so* einfach! Denn in Wirklichkeit braucht man nur aus dem vermeintlichen Verlauf von Zeit ins immerwährende Jetzt hinüberzuwechseln: In jenen heiligen Augenblick, der ebenso einzig wie ewig ist und in dem der Mensch sich als das wiedererkennt, was er in seinem tiefsten Wesen ist.

Ihm kommt das Bild vor Augen, als sei während dieser unvorstellbar langen Zeit der Evolution ein zartes Pflänzchen in seinem Innersten herangewachsen oder vielleicht auch ein goldenes Küken in einem Ei. Das Pflänzchen hat sich zu einer ansehnlichen Pflanze entwickelt, das Küken zu einem vollendeten Seelen-Vögelein. Jetzt aber ist das Alte aufgezehrt und vergangen, als sei es – einem gelben Dottersack gleich – nur Nahrung gewesen, um das Neue zu füttern und zu seiner Geburt hin zu geleiten. So ist eine prächtige Blume in Gottes kosmischem Beet erblüht, ein strahlender Vogel aus der aufgepickten Schale geschlüpft: er selbst in seiner wahren Seins-Gestalt. Und alles, alles von zuvor – diese Jahrtausende, Jahrmillionen, Jahrmilliarden der kosmischen Evolution – waren nichts weiter gewesen als die Vorbereitung für *diesen einen Augenblick,* in dem der Mensch wahrer Mensch wird und Mensch und Welt sich damit für immer verändern.

— · —

Alles um ihn herum ist jetzt so überirdisch schön, als sei ein Engel ungesehen vorübergeschwebt und habe die ganze Welt mit einer Spur von Gold bestäubt. In diese sich öffnende neue Realität nun hineinzuwachsen, sich frei in ihr zu bewegen, fühlt sich für ihn in der Tat so an, wie zu fliegen – ja, als ob er selbst, der Mensch, ein Teil dieses Engels sei. Denn das, als was er sich jetzt empfindet, ist nichts Kleines, nichts Vereinzeltes mehr – von wegen »Vögelein«! Es ist vielmehr eine riesige Lichtgestalt, ein majestätisches Wesen, das unter seinen Fittichen die ganze Menschheit trägt. – Einen kurzen Moment noch hält er staunend inne, dann breitet er seine Schwingen aus und fliegt…

12 Und es ward Licht...

Auf, werde licht, denn
es kommt dein Licht und
die Herrlichkeit des Herrn geht leuchtend auf über dir.

Jesaja 60.1

Wann hat ein Mensch eigentlich wirklich zu Gott gefunden? Vermutlich wird ein jeder das von sich annehmen, der einer Religion angehört, Gemeinschaft mit anderen Gläubigen und gemeinsame Rituale pflegt oder seinen Glauben im Alltag lebt. Es gibt jedoch *ein* Indiz, das eindeutig anzeigt, ob Gott in einem Menschen tatsächlich lebendig und damit real erfahrbar wurde oder nicht, und das ist – das Licht. Alles andere kann eine gewisse Bekehrung zu Gott hin sein, eine Hinwendung zu Ihm, die als Vorbereitung für die unmittelbare Gotteserfahrung notwendig und unabdingbar ist, aber mehr eben noch nicht. Irgendwann aber kommt für jeden nach Gott Strebenden dieses große Ereignis, das keinen Zweifel mehr daran lässt, dass er an Gott nicht nur glaubt, sondern bis in die tiefsten Tiefen seines Seins hinein spürt, dass Gott *ist.* Weil er Ihn als unumstößliche Tatsache in sich fühlt: als ewige Allgegenwart in ihrer unendlichen Liebe und ihrem unermesslichen Licht! Und alle religiösen und spirituellen Erlösungswege münden in *diese* mystische Erfahrung: das Gewahrwerden des Göttlichen im Seelen-Herz-Innenraum, dem eigenen Daseinsgrund.

— · —

Dieser Überwältigung durch das innere Licht geht eine Zeitspanne voraus, in der man hin und wieder, manchmal nur kurz, manchmal länger andauernd, etwas in sich fühlt, das man zuvor noch nicht fühlte: eine überaus lebendige Anwesenheit, scheinbar unbekannt und doch so vertraut. Das Empfinden verliert sich jedoch zunächst immer wieder, wobei es die Sehnsucht hinterlässt, dieses unbekannte Etwas möge doch für immer bleiben. Denn niemals zuvor hat man etwas Wirklicheres, etwas so Wahres gefühlt!

Und doch kann dieses Etwas auch ziemlich beängstigend sein, besonders zu Beginn, wenn die ungewohnte Macht in ihrer ganzen Allmächtigkeit noch so übermächtig erscheint. Aber dann, irgendwann, ist es tatsächlich so weit: Die innere An-*Wesen*heit ist nun so stark geworden, dass man mit aller Gewissheit erkennt: *Jetzt* kann man sie nie mehr verlieren! Es ist, als ob jemand in uns endgültig erwacht oder aus himmlischen Höhen zu uns hinabgestiegen sei – tatsächlich eine göttliche Wesenheit – und nun für immer in uns lebt. Wodurch auch wir nun für immer leben. Die göttliche Saat ist aufgegangen. Wir werden uns, durchdrungen von dieser Macht, unserer individuellen ewigen Existenz bewusst respektive dessen, was in uns ewig und unsterblich ist: unseres einzigartigen ICH BIN. Diese Präsenz ist jetzt so intensiv, dass etwas in uns wie ein Feuer zündet, vielleicht aber auch ein letzter Schleier fällt, der dieses innerste Licht noch verbarg. Von da an spüren wir in uns das Licht wie eine diamant-weiße oder warm-goldene Flut, denn wir sind vollkommen durchlässig und damit selber licht geworden. Das also ist Gottes Gegenwart im Menschen: vom eigenen Urgrund durchstrahlt!

— · —

Dabei hat dieses Licht nichts mit jenem Licht zu tun, das wir mit unseren physischen Augen sehen, oder nur wenig. Denn es handelt sich dabei nicht um eine visuelle Wahrnehmung, sondern um die innere Gewissheit einer neuen Seinsqualität. Am ehesten könnte man diese innere Gegenwart daher als eine »warm-strömende, gütig-strahlende Ist-heit« bezeichnen. Oder natürlich als »Liebe«. Wobei es sich bei dieser Liebe um einen bedingungslosen Bewusstseinszustand handelt und nicht um jene romantisch verklärten gegenseitigen Besitzansprüche, die wir Menschen üblicherweise unter Liebe verstehen. Erstaunlich bei dieser so einzigartigen Qualität des Göttlichen ist, dass all ihre Facetten nahtlos ineinander übergehen und damit als eins empfunden werden: So ist die Stille, der das Gottgewahrsein entströmt, gleich Frieden, Frieden gleich Sanftmut, Sanftmut gleich Liebe, Liebe gleich Licht und dieses Licht wiederum von Frieden durchtränkt.

Wer dieser Allgegenwart und ihres Lichts in sich gewahr wird, ist von da an nie mehr allein. Denn wo immer er ist, ist das Licht auch. Wohin er auch geht, das Licht geht mit. Es ist die Strahlkraft des uns innewohnenden Gottes – »Gott-mit-uns« –, Der uns zuruft: »Fürchte dich nicht, denn Ich habe dich erlöst; Ich habe dich bei deinem Namen gerufen, du bist Mein!« (Jes 43.1). In Ihm sind wir geborgen, weil wir jetzt bewusst in unserem tiefsten Wesensgrund, dem göttlichen Urgrund, ruhen und dort, wie in einem rettenden Schiff inmitten der rauen See des Lebens, verankert sind. Man verspürt eine nie gekannte innere Stille, einen tiefen Frieden und hat keinen anderen Wunsch mehr, als nur noch schweigend darin zu ruhen. Somit ist dieses Licht wahrlich Befreiung.↑

— · —

Und es gibt nichts mehr zu tun, als sich diesem erwachten Gott hinzugeben und Ihn mit ganzem Herzen zu lieben. So wird man auch niemals »zugrunde gehen«, wie es in der indischen Bhagavad Gita Gott Krishna verspricht und damit auf sein höchstes Geheimnis verweist: »Dies ist mein Wort des Versprechens. Wer mich liebt, wird nicht zugrunde gehen.«[15]

— · —

»Im Anfang schuf Gott Himmel und Erde; die Erde aber war wüst und wirr, Finsternis lag über der Urflut, und Gottes Geist schwebte über dem Wasser. Gott sprach: ›Es werde Licht.‹ Und es wurde Licht« (Gen 1.1–3). Auf jede Finsternis folgt Licht, auf jede Nacht ein neuer Morgen. Ob Weltenmorgen, der Morgen eines neuen Tages oder der Aufgang des Lichts im Menschen selbst – wie sehr die Vorgänge sich doch gleichen!↑↑ Denn mit jedem neuen Licht steigt eine neue Welt empor mit dem Versprechen ihrer Vollendung.

Und so, wie mit jeder Morgendämmerung die Sonne auf der Erde zu leuchten beginnt, leuchtet auch bei der Lichtwerdung des Menschen eine größere Sonne – ein höheres Bewusstsein – in ihm auf, und er wächst in eine immer größere Ordnung und kosmische Harmonie hinein. So wird er wieder und wieder neu geboren. Der

↑ Siehe auch Kapitel 31 »Immanuel: Gott-mit-uns«, Seite 145.

15. Sri Aurobindo: *Essays über die Gita,* Gladenbach: Hinder und Deelmann, 1992, Seite 328.

↑↑ Siehe Kapitel 45, »Frühlingstag«, Seite 199.

Keim neuen Lebens liegt immer im Dunkeln, aber alles Leben strebt zum Licht. Selbst Licht geworden, fangen wir an, aus diesem Licht heraus zu leben, werden zu einem erwachten Punkt göttlichen Seins, durch den sich nun Gottes Güte und Liebe in die Welt verströmen.

Und so, wie wir anderen diese Liebe und Fülle schenken, haben wir den Auftrag unseres Lebens erfüllt, weil Gott Sich jetzt durch uns erfüllt. Von da an braucht es kein anderes Licht mehr, denn: »Bei Tag wird nicht mehr die Sonne dein Licht sein, und um die Nacht zu erhellen, scheint dir nicht mehr der Mond, sondern der Herr ist dein ewiges Licht, dein Gott, dein strahlender Glanz« (Jes 60.19).

13 Erwachen im Seelen-Innenraum

So nähern wir dem
Allwundervollen uns,
seiner Wonne in Dingen
folgend als Wink und Führer; Schönheit ist seine Spur,
die zeigt, wo er ging, Liebe sein Herzrhythmus in sterblicher Brust,
Glück das Lächeln auf seinem holden Gesicht.[16]

Sri Aurobindo

»Es gibt es also tatsächlich: das Erwachen!« Wie gut er sich noch an seinen überraschten Ausruf erinnert, als ihm vor wenigen Jahren dieses Lichtwerden zum ersten Mal widerfuhr. Es hatte ihn abrupt überfallen, unter Lebensumständen, in denen er damit wahrlich nicht gerechnet hatte. Er hatte, genau genommen, mit gar nichts mehr gerechnet und wäre zu dem damaligen Zeitpunkt nie auf den Gedanken gekommen, dass ihm so etwas überhaupt noch widerfahren könne, weil sich sein spiritueller Pfad damals in einer tiefen Talsohle und er selbst sich eher in einer dunklen Nacht der Seele als in einer Bereitschaft zur Erleuchtung befand. Aber ausgerechnet aus dieser Dunkelheit heraus war »es« – das erste Lichtwerden, ein erstes Erwachen im eigenen Innern – geschehen.

— · —

Er war zum damaligen Zeitpunkt für ein verlängertes Wochenende in eine andere Stadt gereist, die er schon immer hatte besichtigen wollen. Denn er liebte schöne, historische Städte. Vielleicht weil sich dort, zumindest seiner Wahrnehmung nach, so viele Zeitschichten und -räume überlagerten und das Vergangene, einst Geschehene dadurch immer noch fühlbar anwesend war. Als sei die

16. Sri Aurobindo: *Savitri,* Seite 112.

Vergangenheit eines Ortes nicht nur in dessen erhaltenen Bauwerken, sondern auch in einer Art Bewusstseinsfeld noch immer lebendig und präsent. Was ihn erahnen ließ, dass im Grunde alle Bewusstseinswelten, alle Zeiten gleichzeitig neben- und miteinander existieren und es allein der Fokus seiner Aufmerksamkeit ist, der einen Menschen eine bestimmte Zeit oder Welt als aktuelle Gegenwart erleben lässt.

— · —

Weshalb er sich ausgerechnet für diese eine Stadt, deren Namen hier keine Rolle spielt, entschieden hatte, weiß er nicht, denn es gab so viele andere sehenswerte Städte, die er ebenfalls noch nicht kannte. Aber er hatte nun einmal, ganz spontan, *diese* Stadt gewählt. Ob die Wahl der Stadt und somit der geografische Ort überhaupt einen Einfluss auf das Erlebte hatten, sei dahingestellt. Möglicherweise war es auch nur die kurze Zeit für sich allein, die wenigen Tage ohne engere soziale Kontakte, welche ihm das In-sich-selbst-Eintauchen erleichterten, sodass »es« geschehen konnte.

Sein Aufenthalt in der wirklich sehr pittoresken und idyllisch an einem schmalen Flusslauf gelegenen Stadt war bereichernd, auch wenn zum Zeitpunkt seiner Reise ein Großteil von ihr eine Baustelle und so manche Sehenswürdigkeit daher geschlossen war. Er hatte jedoch ein ruhiges Hotelzimmer in einem ehemaligen Kloster gefunden, das Beste aus seinem Aufenthalt gemacht und sich nach den drei Tagen dort froh und innerlich beschenkt auf die Heimreise begeben.

— · —

Und da, während der Rückfahrt, war »es« geschehen: Er war fast eine halbe Stunde zu früh am Bahnhof angelangt – seine alte Angst, irgendwohin zu spät zu kommen, dabei war er sein Leben lang immer zu früh – und stand in der kalten, zugigen Eingangshalle herum, die Hände auf den Griff seines Trolleys gestützt. Irgendwann fiel ihm auf, dass er dastand wie ein Block: in völliger innerer und äußerer Ruhe, keinerlei Gedanken im Kopf, seine Beine kraftvoll im Boden verankert, Fußsohlen, die sich öffneten und bis ins Innerste der Erde flossen. Ein Anflug von Lächeln lag auf seinem Gesicht: Wie herrlich war es, einfach so dort zu stehen, voller Frieden, still und fest. Er hätte noch stundenlang reglos auf seinen Zug warten können, denn zu diesem Zeitpunkt war ihm die Zeit schon abhandengekommen.

— · —

Im Zug kippte dann plötzlich noch der Raum, stülpte sich um, von außen nach innen, von innen nach außen, so wie man einen Pullover wendet. Ihn selbst gab es nicht mehr, nur noch einen um ihn herum ausgebreiteten Seelen-Innenraum. Da, wo früher sein kleines Ich war, war jetzt die Welt, und er schaute wie von einer nicht vorhandenen Peripherie aus in sein eigenes Seelen-Welt-Inneres, zugleich vom Mittelpunkt aus nach draußen. Die Welt lag vor ihm und um ihn herum und über und unter ihm in einer aus sich selbst heraus leuchtenden Brillanz: die vor dem Fenster vorüberziehende Landschaft, der blaue wolkenlose Himmel darüber, das quengelnde Kind in der Sitzreihe hinter ihm.

Ihn selbst gab es nicht mehr, er hatte sich in etwas unermesslich Größeres hinein aufgelöst. Es ließ sich nicht mehr unterscheiden, was Welt war und was Mensch, was Beobachtetes oder Beobachter, was Objekt, was Subjekt. Alles war eins. Da verstand er, weshalb die Buddhisten sagen, es gebe kein Ich. Es gab nur noch Durchlässigkeit, Offenheit, Weite, so etwas wie ein Tor, wie ein Fenster ins Nichts, in ein Nirgendwo, durch das das Leben unablässig strömte, so wie das Wasser eines Flusses sich durch eine Stromschnelle hindurch ergießt. Geist ergoss sich in ihn, und nur dadurch, dass er sich aufgelöst, sich hingegeben hatte und nun nicht mehr war, war er alles: war Fluss, war Quelle, war Leere, war Fülle – war selig.

— · —

Am meisten aber beeindruckte ihn schon damals das Licht. Es war, als habe sich zu den Dimensionen von Zeit und Raum eine weitere Dimension hinzugeschaltet: die einer allem innewohnenden sprühenden Lebendigkeit mit einem unvergleichlichen Licht. Alles strahlte aus sich selbst, aus seinem Tiefinnersten heraus und das in einer solchen Intensität, dass irdische Augen allein es niemals hätten schauen können. Es musste etwas anderes in ihm gewesen sein, das all diese Pracht und Herrlichkeit wahrnahm. Selbst Gegenständliches, scheinbar »tote« Materie, war voller Leben und Licht, war Leben pur, ja war DAS LEBEN selbst: ein Vibrieren und Jubilieren in Fülle und Seligkeit. Und alles um ihn herum offenbarte in jeder Sekunde seine ureigenste Essenz und war doch zugleich ein Teil von ihm, sodass er in jedem Augenblick alles wusste, was es darüber zu wissen gab. Fragen wurden beantwortet, bevor er sie stellte. Das ganze Universum war ein einziger Tanz in vollendeter Schönheit und Harmonie – wohin er auch schaute: absolute Perfektion. Er war in seinem eigenen Seelen-Innenraum und dessen strahlendem Gotteslicht erwacht.

— · —

Bis zu diesem Erlebnis hatte er geglaubt, dass »Erleuchtung« oder »Erwachen« sich als eine Art Endzustand der menschlichen spirituellen Entwicklung einmalig ereigne und dann für immer bliebe. Dass diese leuchtende Brillanz für eine gewisse Zeit im menschlichen Geist aufflackern und sich dann wieder zurückziehen könne, hätte er hingegen nicht gedacht. Und als dieser Zustand sich allmählich wieder beruhigte, kam es ihm vor, als habe man ihn für eine Weile aus einer noch schlafumwölkten Nacht heraus in den sonnenüberfluteten Morgen seines eigenen Bewusstseins hineinkatapultiert, wie um ihm zu zeigen: »Schau: *So* sieht das WAHRE LEBEN aus, also halte durch!« Und er hat durchgehalten, und jetzt kehrt DAS LEBEN mit seinem einzigartigen LICHT allüberall zurück.

Da begreift er, dass Erwachen keineswegs ein »Endzustand« ist, sondern Ausdruck davon, dass Bewusstsein selbst sich tiefer und tiefer erkennt und es daher vermutlich auch kein Ende des Erwachens gibt.

14 Allein Wahrheit ist

Wie wir nach dem Bild des
Irdischen gestaltet wurden,
so werden wir auch nach
dem Bild des Himmlischen gestaltet werden.

1. Korintherbrief 15.49

Es gibt nur einen Schöpfer: Gott. Er hat alles aus der einzigen Substanz erschaffen, die es gibt: Seinem eigenen göttlichen Geist und unendlichen Bewusstsein. Dieses göttliche Bewusstsein, das die ganze Schöpfung durchdringt, umschließt und geborgen in sich erhält, hat noch einen anderen Namen: Wahrheit. Das, was wir »die Welt« nennen, besteht aus göttlichen Wahrheiten oder Ideen, die sich in ihr zum Ausdruck bringen. Oder anders formuliert: Die Welt *ist* Gott, der Eine und Einzige, Der Sich in ihr in mannigfaltigen Formen und Gestaltungen manifestiert.

Dabei sind diese ausgestalteten, in Form gebrachten Ideen Gottes genauso wahr und vollkommen wie Gott selbst. Und etwas, das wahr und vollkommen ist, kann niemals unwahr und unvollkommen werden. Wohin wir auch schauen, es ist stets Gott, Den wir sehen; nur eben nicht gestaltlos, sondern als Schöpfung, geformt. Und das Universum, in dem wir leben, ist eine winzige sichtbare Manifestation einer an sich unsichtbaren und unendlichen Wirklichkeit. Man könnte auch sagen, es ist das »Antlitz Gottes«, durch das Er Sich uns zu erkennen gibt. Und da alles, was in diesem Universum existiert, ein Ausdruck Gottes ist, so ist auch jede dieser Gestaltungen *in ihrem Wesen* – nicht unbedingt jedoch auch ihrer Erscheinung nach! – vollkommen, göttlich und wahr.

Auch wenn diese Erkenntnis im Moment vielleicht noch zu groß für uns ist, um sie wirklich zu begreifen, so liegt es doch in der menschlichen Natur, sie früher oder später zu erfassen. Dann nämlich, wenn wir durch Transzendierung unserer selbst in unsere eigene Vollkommenheit hineingereift sind: »Dann werdet ihr die Wahrheit erkennen, und die Wahrheit wird euch befreien« (Joh 8.32).

— · —

Diese göttlichen Ideen, die der Ursprung der gesamten Schöpfung sind, nennt Sri Aurobindo »Real-Ideen«. Er definiert eine Real-Idee als einen göttlichen Keim, aus dem sich – dem Wachstumsvorgang bei einer Pflanze vergleichbar – *das* physisch entwickelt, was in ihm geistig bereits angelegt ist. Jeder Keim trägt das Bewusstsein seines eigenen und einzigartigen Wesens in sich. Daher kann das Ding oder Wesen, das daraus entsteht, letztlich nichts anderes werden als es selbst. So wie aus einem Apfelkern immer ein Apfelbaum und niemals ein Birnbaum wächst und aus einer Rosskastanie eine Kastanie und keine Buche. Die Entfaltung der jeweiligen und ganz spezifischen Wahrheit wird dabei von einem innewohnenden Gesetz gelenkt, welches die gesamte Entwicklung bis hin zur Vollendung schon in sich trägt:

> Darum ist von Anfang an die gesamte Entfaltung im Selbst-Wissen dieser Wahrheit und in jedem Augenblick in ihrem Selbst-Wirken vorbestimmt: Sie ist das, was sie in jedem Augenblick durch ihre ursprüngliche, eingeborene Wahrheit sein muss. Sie bewegt sich auf das hin, was sie im nächsten Augenblick sein soll, eben infolge ihrer ursprünglichen, eingeborenen Wahrheit. Sie wird am Ende das sein, was in ihrem Keim enthalten und wozu sie bestimmt ist.[17]

Wie beruhigend!

— · —

Alles, was ist, strebt somit seiner Selbstwerdung und Selbstvervollkommnung entgegen: jedes Wesen und jeder Mensch, ebenso wie der Kosmos als ein organisches Ganzes. Somit auch die gesamte Evolution. Und es existiert niemals ein anderes Ziel, ein anderer Endzustand als diese Vollendung seiner selbst. Es gibt einen schlichten und doch sehr weisen Spruch im Volksmund, welcher besagt: »Am Ende ist alles gut, und wenn etwas noch nicht gut ist, dann kann es auch noch nicht das Ende sein.«

17. Sri Aurobindo: *Das Göttliche Leben,* Band 1, Seite 157.

Was immer also in unserer Welt in Erscheinung tritt, ist wie in einem göttlichen Samen schon angelegt oder involviert. Es entfaltet oder evolviert sich daraus und setzt damit die in ihm angelegte Idee oder Wahrheit in der irdischen Manifestation frei: Es offenbart sich auf physischer Ebene nach und nach als das, was es auf geistiger Ebene schon immer ist und war. Auf diesem dreifachen Vorgang von Involution, Evolution und Selbstbefreiung baut sich laut Sri Aurobindo die gesamte Schöpfung auf, weshalb er ihn auch den »ganzen Schlüssel des Welt-Rätsels«[18] nennt.↑

— · —

Aber auch wenn das manifeste, sichtbare Universum aus der nichtmanifesten Wirklichkeit, der unsichtbaren Unendlichkeit, heraus entstand, so dürfen wir nicht den Fehler begehen, es durch diesen Vorgang als abgetrennt von seinem Ursprung anzusehen. Unsere Sinne lassen dies zwar so erscheinen, weil der geistig-göttliche Urgrund für sie nicht wahrnehmbar ist. Aber wir würden damit eine physische Welt postulieren, die unabhängig von ihrer geistigen Heimat existiert. Wir mögen dieser unsichtbaren Unendlichkeit (noch) nicht gewahr sein, dennoch ist sie jetzt und hier und immer zugegen: »In und überall um uns herum ist die leuchtende Wirklichkeit des allsehenden Gottes. [...] Der ganze Kosmos, alle Manifestation, alle Materie, der gesamte Raum ist erfüllt von der unendlichen Freude des göttlichen Bewusstseins.«[19]

— · —

Aus der Sicht unseres menschlichen Verstandes dehnt sich der »höchste« Geist beim Vorgang der Manifestation bis in die »unterste« Ebene der Materie hinein aus oder »sinkt« dort hinab, um sich in physischen Gestaltungen auszudrücken. Aber obwohl die ursprünglich geistigen Ideen sich damit zu körperhaften Formen verdichten, sind und bleiben sie ihrem Wesen nach dennoch geistig-göttlich und wahr. Zu keinem Zeitpunkt sind sie von diesem Urgrund getrennt und lassen sich daher auch – in dem Maße, wie das menschliche Bewusstsein die höheren Ebenen wieder erklimmt

18. Ebenda, Seite 135.

↑ Zu dem allem zugrundeliegenden Vorgang von Involution und Evolution sowie zur Evolution des Bewusstseins an sich vergleiche Yvonne Ferger: *Das Feuer der Erde: Ein spirituelles Lesebuch,* Schalksmühle: Pomaska-Brand Verlag, 2023.

19. George Weber: *Das Universum im Menschen – Der Mensch im Universum,* Argenbühl-Eglofstal: Heinrich Schwab Verlag, 2005, Seite 111.

– bis zu diesen zurückverfolgen.↑ Und dann schaut und erfährt man wieder die Einheit, Ganzheit und Wahrheit von allem.

— · —

Jener Aspekt des göttlichen Bewusstseins, der fähig ist, aus der unsichtbaren Unendlichkeit heraus solche sichtbaren, endlichen Formen zu gestalten, wurde – Sri Aurobindo zufolge – von den vedischen Weisen »Maya« genannt. Sie bezeichneten damit, wie er es erklärt, jene spezielle weise Kraft oder Fähigkeit des Bewusstseins, einzelne Teile der Unendlichkeit so voneinander abzugrenzen, dass der Eindruck von individueller Form entsteht. Von »Täuschung« oder »Illusion«, wie man später den Begriff von »Maya« auslegte, war damals offensichtlich noch nicht die Rede. Ganz im Gegenteil: Dieser Begriff enthielt in sich sogar die Freude des All-Einen, Sich in Seiner eigenen Mannigfaltigkeit auszudrücken und Sich schließlich, während der Vollendungsphase der Evolution, in unfassbarer Seligkeit in allem und als alles wiederzuerkennen und zu vereinen.

— · —

Die schöpferische Bewusstseinsebene, der die allen Formen zugrundeliegenden göttlichen Ur-Ideen entstammen, wird in den indischen Veden »das Wahrheitsbewusstsein« genannt; Sri Aurobindo nennt sie »das Supramental«. Dieser Begriff leitet sich davon ab, dass diese Bewusstseinsebene sich *oberhalb,* oder vielmehr *außerhalb,* des menschlichen Mentals befindet.↑↑ Es ist die Ebene der Einheit, des All-eins-Seins, die noch die ganze Unendlichkeit in sich enthält und alles, was irgendwann in die physische Gestaltung übergehen wird – sowohl als Idee als auch in jedem Schritt seiner Entwicklung und Selbstvollendung:

> So wird alles in der Natur, ob belebt oder unbelebt, mental seiner selbst bewusst oder nicht bewusst, in seinem Wesen und in seinen Wirkungsweisen von einer innewohnenden Vision und Macht gelenkt, die für uns unter- oder unbewusst ist, weil wir ihrer nicht bewusst sind, die aber sich selbst gegenüber nicht unbewusst, vielmehr tief und universal ihrer

↑ Siehe hierzu auch Kapitel 38, »Das Geheimnis der Freiheit«, Seite 169.

↑↑ Siehe hierzu Kapitel 29, »Das Supramental: neues Bewusstsein und uraltes Wissen«, Seite 132, und Kapitel 47, »Bis zum Horizont und weit darüber hinaus«, Seite 203.

> selbst bewusst ist. Darum scheint jedes Ding die Werke einer Intelligenz zu tun, auch wenn es selbst keine Intelligenz besitzt, denn es gehorcht in seinem Inneren der Real-Idee des göttlichen Supramentals, ob unterbewusst wie in Pflanze und Tier, ob halbbewusst wie im Menschen.[20]

Wahrheit ist somit stets auch Einheit. Denn das, was als das ungeteilte All-Eine erkannt wird, ist immer ganz und damit wahr. Das Verwirklichen dieser Einheit ist, ebenso wie das der Wahrheit und des Gott-Gewahrseins, das Ziel aller menschlichen Entwicklung. Und dort, im All-eins-Sein, finden wir Menschen auch wieder zur Unendlichkeit zurück. Denn alles, was innerhalb der Schöpfung existiert, ist nicht nur *ein kleiner Teil* der Einheit und Unendlichkeit, sondern – wesenhaft – die *ganze* Einheit und Unendlichkeit selbst. Und etwas, das sich aus einem unendlichen Anfangszustand heraus entwickelt, kann daher am Ende auch nur wieder ein Unendliches werden und kehrt damit in seinen Ursprung der Einheit, Wahrheit und Unendlichkeit zurück.

20. Sri Aurobindo: *Das Göttliche Leben,* Band 1, Seiten 160–161.

15 Die offene Tür

Wie einer, der zwischen dunklen Wänden hindurch,
auf den fernen Schein einer Tunnelmündung zu,
hoffend auf Licht, nun geht mit freierem Schritt
und wehen fühlt den Atem weiterer Luft,
entrann er jener grauen Hierarchie.[21]

SRI AUROBINDO

Es ist noch inmitten der Nacht, als er, der Mensch, etwas erlebt, das ihn doch sehr erschreckt: Er ist aus dem Schlaf erwacht, weil er bemerkt, dass er nicht mehr atmet. Dieses Nichtatmen ist kein Zustand der Beklemmung, der einem schon mal den Atem raubt, auch kein Asthmaanfall, der den Atemfluss hemmt, und schon gar keine Schlafapnoe, eine solche hatte er noch nie. Nein, es ist definitiv etwas anderes: *Da ist kein Atem mehr!* Er erinnert sich noch daran, ausgeatmet zu haben, aber dann kam kein Einatmen mehr. Zwar versucht er, wieder und wieder, neuen Atem zu schöpfen, was jedoch nicht gelingt. Da ist auch nicht mehr die geringste Regung in den Lungen zu verspüren: Nichts. Aus. Finito! Nur eine Sperre irgendwo in seinem Kehlkopf, als habe dort jemand definitiv und unwiederbringlich eine Tür zugemacht. Vor seinem inneren Auge taucht tatsächlich das Bild einer geschlossenen Schiebetür auf, die sich folglich auch durch ein noch so verzweifeltes Dagegendrücken nicht mehr öffnen lässt. Und er begreift – inzwischen voller Panik – sehr wohl, dass es nur der Tod sein kann, den er soeben erlebt und der diese innere Tür, durch die ansonsten der Atem strömt, auf heimtückische Weise zugeschoben hat. Eine Stimme aus seinem Innern beruhigt ihn jedoch, dass er, wenn er

21. SRI AUROBINDO: *Savitri,* Seite 173.

sich nur vertrauensvoll diesem schweigenden Nichtatem anheimgäbe, ganz gewiss einen sanften Übergang haben werde. Und im Moment des stummen Hinübergehens blitzt für den Bruchteil einer Sekunde sein eigenes Antlitz vor seinem inneren Auge auf: ewig jung, vollkommen entspannt, leuchtend und schön.

— · —

Dann aber schiebt sich – urplötzlich und nach undefinierbar qualvoll langer Zeit – diese unsichtbare Tür in seinem Kehlkopf doch wieder auf. Frische Luft strömt herbei, der Atem setzt wieder ein, nur ist er unvergleichlich größer und erquickender als sein Atem von zuvor. In einem ganzen Ozean aus Atem findet er, der Mensch, sich wieder: in einer sprühenden, kristallinen Gischt, die durch ihn hindurchrauscht und ihn belebt. Wie ein in der Fruchtwasserblase geborgener Embryo schaukelt er darin und entnimmt diesem vitalen Meer des Lebens alles, was er zum Leben braucht.

Dieser so ganz andere und so viel erquickendere Atem ist, wie er im selben Moment begreift, der Atem einer neuen Wirklichkeit. Und er selbst scheint soeben, und wie durch einen Sterbeprozess hindurch, dort hinübergegangen zu sein. Sein bisheriges Leben aber, das verspürt er ohne Zweifel, ist auf der alten Ebene der Existenz verloschen. Dort sind im Moment des Hinübergehens, wie in einem Kinosaal am Ende der Vorführung, die Lichter ausgegangen, während seine Seele weiterzog und – was ihn doch ziemlich erschüttert – seinen leeren Körper, ihre bisherige leibliche Hülle, hinter sich ließ. Denn eine neue Ebene der Realität betritt man nackt und bloß; nichts Altes nimmt man mit, nur die Stimme des Herzens und das innere Seelenlicht. Alles andere bleibt zurück. Auch all jene Menschen, die, mitsamt dem alten Leben und aus der eigenen Perspektive heraus, nun für einen gestorben sind. Obwohl *diese* dort, auf der alten Realitätsebene, weiterleben und die eigene hinterlassene Körperhülle trauernd zu Grabe tragen: »Lass die Toten ihre Toten begraben…« (Lk 9.60).

— · —

Und jetzt, da er beschützt und gut behütet in etwas Neuem gelandet ist, fällt ihm wieder ein, dass er nur wenige Momente, nachdem er durch die mysteriöse innere Tür seine bisherige Daseinsebene verlassen hatte, bei vollem Bewusstsein durch dieselbe Tür wieder eingetreten war. Nur eben in einen größeren Raum, in ein größeres Leben und mit einem Tod dazwischen, der kein Sterben, sondern ein Übergang war. So also, begreift er da, wechselt man die Welten... Seine Erfahrung lässt ihn an eine Schlange denken, die sich ja auch von Zeit zu Zeit häutet, um verjüngt und regeneriert aus dem Abstreifen ihrer alten Hülle hervorzugehen. Und sehr wahrscheinlich, so vermutet er still vor sich hin, wächst der Mensch auf diese Weise allmählich in seine eigene Unsterblichkeit hinein; indem er solche Übergänge wieder und wieder bei wachem Bewusstsein vollzieht, in der Gewissheit, dass sich diese einmal geschlossene und dann doch wiedergeöffnete Tür fortan nie mehr verschließt: »Siehe, ich habe vor dir eine Tür geöffnet, die niemand mehr schließen kann« (Offb 3.8). Denn der Tod wird ja nicht durch eine in die Unendlichkeit hinein verlängerte physische Existenz besiegt, sondern einzig und allein durch das innere Überwinden des Physisch-Materiellen als der bisherigen »Hülle« des Menschen. Von da an gibt es keine *vielen* und scheinbar zeitlich aufeinanderfolgenden Leben mehr, die man nur mittels des Ablegens des Körpers, ergo eines physischen Todes, verlassen kann, sondern nur noch eins: DAS LEBEN, durch dessen unzähligen Dimensionen der Weltenwanderer von da an ganz nach Belieben schlendern kann.

16 Von Zeit und Ewigkeit

Die Zeit ist vielleicht nur die Langsamkeit unseres Bewusstseins.[22]

SATPREM

Aber können wir Zeiten und Räume, und damit Realitätsebenen, tatsächlich »mal eben so« wechseln? Und was ist dann überhaupt »Zeit« und was »Ewigkeit«? Uns ist inzwischen schon bekannt, dass alles, was jemals war, ist und sein wird, als reine Möglichkeit innerhalb der Unendlichkeit des Bewusstseins schon immer, zeitgleich und am »selben Ort«, existiert: JETZT und HIER. Dies schließt auch die gesamte kosmische Evolution mit ihren – nach menschlicher Zeitrechnung – fast 14 Milliarden Jahren Dauer mit ein: »Was geschehen ist, wird wieder geschehen, was man getan hat, wird man wieder tun: Es gibt nichts Neues unter der Sonne«, wie es kurz und bündig in der Bibel heißt (Koh 1.9). Denn: »Gott hat dies alles zu Seiner Zeit auf vollkommene Weise getan. Überdies hat Er die Ewigkeit in alles hineingelegt« (Koh 3.11).

So betrachtet kann der Mensch nicht wirklich Neues erschaffen, er kann jedoch wählen, welchen Aspekt der Ewigkeit er jetzt gerade – als *sein* Leben, *seine* Welt, *seine* Realität – erfahren möchte. Indem er sich für einen der unzähligen Aspekte entscheidet, geht dieser dann aus einem ruhenden und bis dahin nur als Möglichkeit existierenden Zustand innerhalb der Ewigkeit in einen sich nun manifestierenden Zustand über und wird – innerhalb von Zeit und Raum – als konkrete Realität erlebt. Wobei »Realität« immer das meint, dessen sich ein Mensch bewusst ist. Wir Menschen sind somit bestenfalls »Mitschöpfer«, die die Potenzialitäten einer un-

22. SATPREM: *Mutter oder: Der Göttliche Materialismus,* Band 1, Gladenbach: Hinder und Deelmann, 1992, Seite 115.

endlichen und unbewegten zeitlosen Ewigkeit zu lebendiger, physischer Wirklichkeit auferstehen lassen. Diese Wirklichkeit gewordenen Potenzialitäten erleben wir als lineare »Fäden«, welche wir »Zeit« nennen und aus denen wir unsere eigene »Lebensgeschichte« wie auch die »Weltgeschichte« und die »Geschichte des Kosmos« weben. Wir können die zeitlose, statische Ewigkeit auch als »Sein« bezeichnen und die zur Realität gewordenen Möglichkeiten als »Werden«.

— · —

Die vermeintliche Bewegung der Zeit mit ihren Abermillionen Ereignissen findet jedoch allein im menschlichen Bewusstsein, genauer gesagt, im menschlichen Geist statt, der das Leben eben nur als aufeinanderfolgende Ereignisse in Zeit und Raum erfahren kann. Daher ereignet sich alles, was uns als äußere Welt erscheint, in Wirklichkeit in unserem Innern, in der Unendlichkeit des eigenen Bewusstseins, und es ist allein unser Verstand, der uns Raum und Zeit vorgaukelt. Sobald dieser stets so rege Verstand einmal zur Ruhe kommt, wie zum Beispiel in der Meditation oder einer tiefen Erleuchtungserfahrung, lösen Raum und Zeit sich auf, und von ihnen bleibt nicht mehr übrig als vor dem still gewordenen Geist vorüberhuschende Bilder eines fernen Traums.

— · —

Das Erfahren von Zeit können wir uns so vorstellen, als seien in der Ewigkeit unendlich viele Filme wie in einem riesigen Archiv abgespeichert, die zunächst in keinerlei Zusammenhang stehen. Wir Menschen wählen, nach und nach, einzelne dieser Filme aus, identifizieren uns mit ihrem Inhalt, wodurch wir ihnen eine persönliche Bedeutung geben und sie damit in eine für uns sinnhafte Reihenfolge bringen, die wir dann »mein Leben« nennen. Alle Filme, die wir schon angeschaut haben, erklären wir zur »Vergangenheit« und alle noch im Archiv lagernden Filme zur »Zukunft«, von der wir glauben, dass sie sich aus unserer Vergangenheit als Ursache ergebe. Aus den vielen Filmen, die wir auf diese Weise während unserer Daseinsspanne auf Erden betrachten, oder vielmehr als Hauptdarsteller durchleben, erwächst unsere Erfahrung, kommt es zu Entwicklung und Wandel. Manchmal beißen wir uns aber auch erstaunlich lange und erstaunlich stur an ein und demselben Film, am selben Thema fest. Dann durchlaufen wir die gleiche Situation wieder und wieder – ein jeweils anderer Mann, eine andere Frau, aber immer wieder dieselbe Katastrophe –, bis wir endlich die »Lektion«, die wir daraus lernen wollten, gelernt haben. Irgendwann treten jedoch so genannte Déjà-vus auf und häufen sich. Dann gemahnt uns etwas aus unserer eigenen zeitlosen Tiefe heraus daran, dass wir diesen scheinbar *einen* Moment sehr wohl so manches andere Mal schon erlebten, und unser so stabil erscheinendes Verständnis von Zeit und Linearität, von Ursache und Wirkung beginnt zu bröckeln.

— · —

In Wirklichkeit birgt jeder neue Film, den wir auswählen, jede neue Realitätsebene, die wir damit betreten, eine andere Vergangenheit in sich wie auch eine andere Zukunft. Je wacher das Bewusstsein eines Menschen wird, umso glücklicher und erfüllender werden seine Filme des Lebens. Letztlich ist es jedoch immer *ein und derselbe* Film des Lebens, nur jeweils aus einer neuen und reiferen Perspektive heraus betrachtet. Dadurch tauchen auch immer neue »Erinnerungen« auf, beziehungsweise werden neue und stimmigere Bewertungen von einst Erlebtem möglich. Mit dieser Neubewertung gehen Vergebung, ein tiefes Einverstandensein und Dankbarkeit gegenüber dem Leben einher. Und vielleicht ist genau *dies* der einzige Ausweg aus dem Hamsterrad der Zeit, die manchmal wie in einer Endlosschleife hängen zu bleiben scheint: den Ereignissen darin eine andere Bedeutung zu geben – eine versöhnliche, um sie dann in Frieden ziehen zu lassen.↑

— · —

Die Erkenntnis, dass alle Lebenserfahrungen und Erinnerungen nur Interpretationen längst durchlebter Filme des Lebens sind, verleiht diesen allmählich die notwendige Relativität. Dann scheint dahinter die große Einsicht auf, dass unsere so real wirkenden Erlebnisse niemals etwas anderes als Bewegungen unseres Geistes waren – schäumende Wogen auf der Oberfläche eines tiefen und an sich ewig stillen Ozeans. Und wir werden wieder dessen gewahr, wer und was wir wirklich sind: unsterblicher göttlicher Geist, der träumt, Mensch zu sein.

Sich als ewiger und unveränderlicher Geist zu begreifen, wäre für einen Menschen, der sich noch als Ich-Persönlichkeit versteht

↑ Siehe hierzu auch Kapitel 41, »Der durch das Feuer ging«, Seite 186.

und sich ausschließlich mit seinen spezifischen Gedanken- und Gefühlsmustern, den Empfindungen seines Körpers und dessen Bedürfnissen identifiziert, allerdings zu bedrohlich. Denn er ist ja noch davon überzeugt, all diese Gedanken- und Gefühlsmuster und Empfindungen seines Körpers *zu sein.* Diese allein machen seine vermeintliche Identität aus. Da ist noch nichts Bleibendes, Tragendes vorhanden! Und der plötzliche Verlust dieser Identität würde ihn hinwegfegen und wäre somit, im übertragenen Sinn, geradezu »tödlich«. Es muss also schon jenseits der kleinen Ich-Persönlichkeit ein Zentrum im Menschen erwacht sein als Träger seiner wahren Identität: seine Seele als individueller Aspekt des nie geborenen und niemals sterbenden Selbsts. Für einen Menschen jedoch, der sich als ewige Seele – als ICH BIN – erkennt, verbleibt von der ganzen und scheinbar so langen Zeit schließlich nur noch das zeitlose Jetzt, in dem sich das Tor zur göttlichen Allgegenwart öffnet. Oder vielmehr wird er selbst zu diesem Tor, einer nun allzeit offenen Tür, durch die der Fluss des Lebens unablässig strömt, ohne sich zu verhaken – nur noch still beobachtendes, seliges Sein: Das ist Ewigkeit, das ist Frieden.

17 Meditation über die Seele

Seele ist: Flamme, Gottesfeuer, die Sonne in uns, das leuchtende Innerste, Herz-Innenraum: der einzige Ort, an dem wir in Wirklichkeit leben – der innere Tempel, ein wahrlich großes Haus.

— · —

Seele ist: Quelle von Fülle, Erfüllung und Frieden. Die Freude eines alles durchdringenden und alles gestaltenden Bewusstseins, das sich selbst tiefer und tiefer erkennt. Seligkeit, Wahrhaftigkeit, Liebe.

— · —

Seele ist: aufsteigende Kraft, der Flügel, der uns höher und höher trägt, näher zu Gott – zu uns selbst. Nicht nur des Nachts, wenn unsere Körper schlafen, oder während des Todes, wenn wir heimwärts ziehen. Sondern schon mitten im Leben, wenn wir mutig den Tod besiegen und – als ein Weltenwanderer dann – von einer Bewusstseinsebene zur anderen hinübergehen.

— · —

Seele ist: das höchste Geheimnis des Menschen, seine leitende Instanz, seine innere Stimme und wahre Identität: ICH BIN! Ein Mysterium der Selbst-Offenbarung und das, was der Mensch während seines Erden-Daseins zu verwirklichen hat – als sein größtes Meisterwerk.

18 Kind der Unendlichkeit 2
Das Feuer der Liebe

Ich bin gekommen, um Feuer
auf die Erde zu werfen.
Wie froh wäre ich, es würde
schon brennen!

Lukasevangelium 12.49

Es war einmal ein Kind der Unendlichkeit, das hatte einen äußerst scharfen Verstand. Ob es sich um dasselbe Kind der Unendlichkeit wie in der ersten Geschichte handelt, wissen wir nicht; es könnte sein oder auch nicht. Denn die Kinder der Unendlichkeit lieben es vor allem zu spielen. Und so zeigen sie sich in immer wieder neuen Variationen und Gestalten – als unzählig viele – und sind in Wirklichkeit doch immer EINS.

–·–

Auch dieses Gotteskind war vom Himmel zur Erde herabgekommen, allerdings weniger abrupt als das zuerst genannte. Es hatte sich, wie die Kinder der Unendlichkeit dies üblicherweise tun, als winziger Funke göttlichen Lichts auf den Weg durch die kosmische Evolution begeben, um herauszufinden, was wohl das größte Geheimnis des Lebens sei.
In dem Leben, von dem wir nun berichten wollen, war dieses Gotteskind, wie gesagt, überaus klug. Es brauchte nur irgendetwas – ein Wesen, eine Pflanze, ein Ding – anzuschauen, schon konnte

es diese in seine Bestandteile zerlegen und diese genau analysieren. Auch war es gut darin, ausgeklügelte Pläne zu schmieden, neue Konstruktionen zu erfinden, oder über Gott und die Welt mittels etwas verstiegener Gedanken zu spekulieren. Dieses Kind der Unendlichkeit war daher sehr stolz auf seinen Verstand, zumal ein scharfer Verstand sich ja oft mit Stolz, wenn nicht gar Überheblichkeit jenen gegenüber paart, die nicht so klug sind wie derjenige selbst.

— · —

Niemanden gab es, der ihm das Wasser reichen konnte. Und so sah es alsbald auf die anderen herab, belächelte sie in ihrer »geistigen Minderbemitteltheit«, wie es diese spöttisch nannte, oder verachtete sie sogar. Die Menschen um dieses Gotteskind herum, die zwar nicht so klug wie es, aber beileibe nicht blöde waren, spürten seine Überheblichkeit sehr wohl und zogen sich immer mehr von ihm zurück. Und so kam der Tag, an dem unser Kind der Unendlichkeit feststellen musste, dass es ganz alleine zurückgeblieben war. Da wurde es traurig und weinte. Es fragte seinen so brillanten Verstand, was es nur tun könne, um seine missliche Lage zu ändern, aber er wusste diesmal keinen Rat. Seine Seele aber, die seit Anbeginn still und unsichtbar in der Mitte seines Herzens ruhte und nur auf ihre Chance, sich bemerkbar zu machen, gewartet hatte, flüsterte dem Gotteskind zu, dass die Welt doch voll mit seinen Brüdern und Schwestern im Geiste – ergo seinesgleichen – sei, und es nur lernen müsse, sie als solche zu erkennen. Es dürfe sich nur nicht, wie bisher, vom äußeren Erscheinungsbild täuschen lassen! Da war sein Interesse geweckt: Eine neue Aufgabe gab es zu meistern! Und noch dazu eine, die es von seiner Einsamkeit erlösen könnte...

— · —

Und während unser Kind der Unendlichkeit bis dahin bei jeder Begegnung mit anderen diese sofort nach seinen Maßstäben beurteilt hatte, was sie konnten oder vielmehr nicht und weshalb sie ihm als Gesellschaft nicht genügten, ging es jetzt offenherzig auf sie zu, denn der- oder diejenige konnte ja ein Kind der Unendlichkeit sein. Und siehe da: Die anderen zeigten sich in einem neuen Licht, und es gab auf einmal viel Schönes und Berührendes an ihnen zu entdecken! Mit der Zeit meinte unser Gotteskind sogar, in ihnen dasselbe Feuer aufflammen zu sehen, das auch in ihm plötzlich immer heller brannte. Und aus einem weiteren Impuls seiner Seele heraus fing es an, einen jeden, der des Weges kam, jetzt auch noch zu segnen: »Gesegnet seist du,« flüsterte es dann heimlich, »langlebig, glücklich und vollkommen! Denn ich sehe, dass du ein Kind Gottes bist. Du selbst magst das vielleicht noch nicht erkennen, aber ich!« (Diesen letzten Hauch von Überheblichkeit wollen wir unserem Kind der Unendlichkeit als charmanten Charakterzug zugestehen...)

— · —

Zuerst segnete es natürlich die Menschen, die es auf Anhieb mochte. Dann nahm es jene hinzu, die es weniger mochte und schließlich sogar die, die es bisher abgelehnt und, aus seiner Kritiksucht heraus, verurteilt hätte. Und etwas Wundersames geschah: Mit jedem Segen wandelte sich sein Gegenüber und wurde frei: frei von vermeintlicher Unvollkommenheit und Unzulänglichkeit, frei von Sünde und Schuld. Es war, als würde durch das liebevolle Segnen jegliche negative Sichtweise dieses Menschen, auch dessen eigene, gelöscht. Übrig blieb der Gesegnete in seinem reinsten Wesen, heil und neu.

— · —

Und genauso, wie unser Kind der Unendlichkeit auf einmal die anderen sehen konnte — vollkommen, gut und rein —, begannen auch die anderen, es und einander zu erkennen und zu segnen, und der Segen kehrte zigfach multipliziert zu unserem Gotteskind und all den anderen zurück. So flutete der Segen zwischen den Kindern der Unendlichkeit hin und her wie ein sich ausbreitendes Meer, das schließlich das ganze Universum durchschwappte. Und überall dort, wo der Segen hin schwappte, wurde es Licht und hell. Denn bei den Segnenden und Gesegneten war das Feuer ihrer Seele nicht mehr auf das Innere ihrer Herzen beschränkt, sondern sie saßen jetzt mitten darin, wie in einer in den Kosmos hinein flammenden Aureole, in einer goldenen Corona.

— · —

Unser Gotteskind freute sich übrigens jedes Mal sehr, wenn im Leben jener, die es im Stillen gesegnet hatte, mal wieder Wunder geschahen und keiner deren Ursprung kannte. Dann fühlte es sich wie das Christkind mit seinen Gaben, bei denen ja auch niemand weiß, woher der plötzliche Segen stammt. Aber trotz seiner Freude wäre es nie auf den Gedanken gekommen, sich selbst für den Verursacher all dieser Wunder zu halten. Denn inzwischen wusste unser Kind der Unendlichkeit selbst nicht mehr, wer eigentlich mit all diesem Lieben und Segnen begonnen hatte: War wirklich es selbst es gewesen?

Oder war es ein anderes von ihnen gewesen und es hatte das Segnen nur aufgeschnappt, für gut befunden und weitergegeben? Oder war es nicht gar ein heimlicher Ruf der Seelen aller Kinder Gottes gewesen? Weil doch nur die Seelen noch darum wussten, dass einander zu segnen der schnellste Weg ist, das Himmelsfeuer in den Herzen zu entzünden. Aber eigentlich hatte diese Frage inzwischen auch gar keine Bedeutung mehr, denn längst war auf der Erde ein nicht mehr aufzuhaltender Flächenbrand der Liebe ausgelöst.

— · —

Damit fand auch die ursprüngliche Frage unseres Gotteskindes, was wohl das größte Geheimnis des Lebens sei, ihre Antwort – es ist: das Feuer der Liebe. Denn der Verstand, und sei er noch so brillant, kann mit seinen Urteilen jederzeit irren. Die Liebe jedoch nicht. Denn sie ist die Kraft, die die Wahrheit in allem schaut und damit sichtbar werden lässt. – Ein Märchen, ein Traum noch, mag sein... Aber aus diesem Grund sind die Kinder der Unendlichkeit doch zur Erde herabgekommen: um hier ihre Träume zu verwirklichen und der Erde den Himmel zu bringen.

19 Meister der Manifestation – Meister des Lebens

Menschen glauben an die
Realität der externen Welt,
weil sie nicht wissen, wie sie
ihre Macht fokussieren
und komprimieren können,
um die dünne Kruste der externen Welt zu durchdringen.[23]

Neville Goddard

Wir haben uns an mehreren Stellen dieses Buchs schon damit befasst, dass alles, was existiert, Bewusstsein ist. Wenn aber – oder vielmehr da – alles Bewusstsein ist und *das* Bewusstsein immer zugleich auch *unser* Bewusstsein meint, so folgt daraus als logische Konsequenz, dass wir selbst alles mitgestalten, was sich in der Welt oder als Welt manifestiert. Ein Weisheitslehrer, der diesen Vorgang jeglicher Manifestation besonders gründlich und facettenreich ausgearbeitet hat, ist der US-amerikanische Autor Neville Goddard. Man muss nicht mit allen seinen Gedankengängen und Empfehlungen zu einer selbstbestimmten Manifestation konform gehen, aber seine Grundgedanken, die im Folgenden zusammengefasst werden, sind ebenso wertvoll wie überzeugend.

So zeigt er auf, dass sämtliche Geschehnisse und Umstände im Leben eines Menschen ihre Ursache in dessen eigenem Bewusstsein haben und durch seine bewussten wie unbewussten Überzeugungen entstehen. Die Welt der Erscheinungen ist demnach nichts anderes als ein Spiegel, der – völlig neutral und zuverlässig – die subjektiven Bewusstseinsinhalte eines Menschen reflektiert, ist somit »objektiviertes« oder »verdinglichtes« Bewusstsein: »Die Welt

23. Neville Goddard und David Daddeh: *Bewusstsein ist die einzige Realität,* Seite 224.

ist mein verdinglichtes, konditioniertes Bewusstsein. Das, was ich fühle und über mich selbst für wahr halte, ist jetzt in den Raum projiziert – als meine Welt. Die Welt, mein gespiegeltes Selbst, legt für immer Zeugnis ab von jenem Bewusstseinszustand, in dem ich lebe.«[24] Diese Aussage gibt die uralte Weisheit wieder, dass das Außen der Spiegel des Innen ist.↑ Wir können vor uns selbst daher niemals davonlaufen. Unser eigenes Bewusstsein holt uns ein, wohin auch immer wir gehen! Wir können uns nur weiterentwickeln und auf diese Weise uns und unsere Wirklichkeit verändern.

— · —

Wie viele andere Weisheitslehrer und Mystiker beschreibt auch Goddard den Urgrund der Welt als einen Ozean aus Licht. Dieses flüssige Licht gilt als die »Substanz« des Bewusstseins und wird durch die Vorstellungen und Überzeugungen, Wünsche und Befürchtungen des Menschen geprägt oder konditioniert und kristallisiert dadurch zu den als *wahr angenommenen* und daher für uns *wahrzunehmenden* Dingen und Umständen aus: »Alle Dinge sind kristallisiertes, flüssiges Licht.«[25]

Da dieser leuchtende Bewusstseinsozean aus einem Meer von Energien besteht, ist alles Manifestierte eine unterschiedlich hohe Schwingung einer bestimmten Energie. Und alles, was existiert, zieht wie ein Magnet wiederum genau das an, womit es in Übereinstimmung schwingt; es tritt damit in Resonanz. Dabei bringt die an sich neutrale Bewusstseinssubstanz jeweils das in einen materiellen Ausdruck, womit sie geistig imprägniert wurde. Und dies ist, so Goddard, der Vorgang einer jeden Schöpfung oder Manifestation. Was auch immer ein Mensch sich also in seinem Geist vorstellt beziehungsweise für wahr hält, nimmt in seiner physischen Realität Wirklichkeit an. Die jeweilige *Vor-Stellung* wirkt wie ein Prisma, das man *vor* das (objektive) weiße Licht des Bewusstseins *stellt,* sodass die »gebrochenen« (subjektiven) Farben oder Aspekte des Bewusstseins in Erscheinung treten.

— · —

Dieser unendliche Ozean des Bewusstseins enthält, noch ungeformt, schon alles in sich, was jemals Wirklichkeit werden kann.

24. Ebenda, Seite 148.
↑ Siehe hierzu auch Kapitel 34, »Inneres Leben – äußeres Leben«, Seite 155.
25. Ebenda, Seite 117.

Die unermesslichen Möglichkeiten der Manifestation sind darin keimhaft, als die bereits erwähnten Ur- oder Real-Ideen, schon angelegt. Und die Schöpfung offenbart sich dem sich evolvierenden Bewusstsein des Menschen in immer größerer Wahrheit und Tiefe. Bei diesem Vorgang wird stets das, was ein Mensch für wahr und daher beständig in seiner Aufmerksamkeit hält, ins Leben gerufen und zu der von ihm erfahrenen Realität. Dabei arrangiert das Leben anhand von Geschehnissen alles genau so, wie es durch das Bewusstsein des Betreffenden – seine Hoffnungen ebenso wie seine Befürchtungen – verfügt wurde. Mit jedem manifestierten Bewusstseinszustand betritt man somit eine eigenständige Welt der Erfahrung, die erst dann wieder verschwindet, wenn die Aufmerksamkeit von ihr abgezogen wird und der Glaube daran erlischt. So kommen und vergehen Welten...

— · —

Begreift man diese Hintergründe des Vorgangs von Manifestation in seiner ganzen Tragweite, dürfte klar werden, dass es keinen Sinn macht, sich über sein Schicksal zu beklagen oder gar dagegen aufzubegehren. Denn alles, was geschieht, ist leider hausgemacht. (Oder vielleicht auch »zum Glück«, denn nur so gibt es die Chance, die Dinge zu verändern!) Im Zuge der Evolution haben wir jedoch unsere eigene Macht nach außen projiziert, uns selbst dadurch geschwächt und von äußeren Erscheinungen abhängig gemacht. Aber die Dinge und Umstände »draußen in der Welt« haben für sich genommen keine wirkliche Kraft.↑ Sie sind nur die Auswirkungen und Widerspiegelungen unseres eigenen Bewusstseins und keine Ursachen, die uns beeinflussen oder beeinträchtigen könnten. Und es ist eine amüsante, ja geradezu absurde Vorstellung, gegen die eigenen Spiegelbilder ankämpfen zu wollen. Und so können wir die Dinge auch nur an *dem* Ort verändern, an dem sie entstehen: in uns selbst! Das setzt allerdings die Bereitschaft voraus, Verantwortung für das eigene Leben zu übernehmen. Und in der Aufforderung, die Welt nicht dem äußeren Anschein nach zu beurteilen, sondern sich auf das innere Empfinden, Fürwahrhalten und die eigene Intuition zu verlassen, liegt sicherlich Goddards wichtigste Botschaft für jeden »Schüler des Lebens«.

— · —

↑ Siehe hierzu auch Kapitel 23, »Alles nur Illusion?«, Seite 102.

Und dann braucht es noch den Glauben an eine neue Idee, damit sich die entsprechende Realität auch tatsächlich physisch manifestieren kann. Deshalb ist es zurzeit für uns Menschen auch so elementar wichtig, die große Chance zu be- und ergreifen, dass uns allen ein neues respektive höheres Bewusstseins zur Verfügung steht. Mit dem wir die ganze Welt verändern können! Auf diese Weise kann man sich in jedem Augenblick für ein neues Leben auf einer höheren Realitätsebene – und damit für eine »neue Welt« – entscheiden. Denn eine neue und bessere Zukunft entsteht »wie aus dem Nichts« heraus, indem man sich selbst verändert und neue, stimmigere Bewusstseinsinhalte pflegt. Und der rechte Zeitpunkt für eine solche bewusste Transformation ist immer JETZT! So betrachtet bringt sich tatsächlich die Schöpfung dem Menschen dar, damit er ein neues Paradies aus ihr erschaffe – den uns verheißenen »Himmel auf Erden«.

— · —

Können wir also alles Wirklichkeit werden lassen, was wir für möglich halten und woran wir glauben? Nicht nur Neville Goddard, auch Sri Aurobindo sagt, mit Blick auf die indische Bhagavad Gita, hierzu eindeutig Ja: »Was ein Mensch in festem Glauben für möglich hält und worum er ringt, das kann er auch erschaffen und werden.«[26] Und er zitiert weiter aus der Gita, die sogar den Menschen mit seinem Glauben gleichsetzt: »Was der Glaube eines Menschen ist, das ist er selber.« Aber auch unsere christliche Bibel bestätigt diese Überzeugung: »Alles kann, wer glaubt« (Mk 9.23). Oder: »Wie ihr geglaubt habt, so soll es geschehen« (Mt 9.29). Wir Menschen verfügen also über eine ungeheure Macht, ohne darum zu wissen, geschweige denn, sie weise zu nutzen!

— · —

Wäre es daher nicht eine wundervolle Aussicht, die Dinge und Umstände unseres Lebens ganz bewusst und nach unserem höchstmöglichen Ideal zu gestalten, anstatt sie unbewusst und scheinbar ohnmächtig über uns ergehen zu lassen und damit zu »erleiden«? Kein Opfer des Schicksals mehr zu sein, sondern freudiger und kraftvoller Meister der Manifestation und Meister unseres Lebens? Der Vorgang der Manifestation an sich ist für den Schüler des

26. SRI AUROBINDO: *Die Synthese des Yoga,* Gladenbach: Hinder und Deelmann, 1976, Seite 779.

Lebens nämlich gar nicht so schwer. Denn jeder Traum, jeder Wunsch trägt – wie wir anhand der Ausführungen zur Real-Idee schon sahen – wie ein Samen die Kraft zur eigenen Verwirklichung und Vollendung schon in sich. Daher brauchen wir an das, was wir zu sein oder zu haben wünschen, nur fest genug zu glauben in der Gewissheit, dass unser Wunsch bereits erfüllt ist: »Und alles, was ihr im Gebet erbittet, werdet ihr erhalten, wenn ihr glaubt« (Mt 21.22). Allein durch dieses tiefe Vertrauen wird aus Glauben handfeste Realität.↑

—·—

Die Wege jedoch, *wie* diese Verwirklichung gelingt, kennt und ebnet nur Gott allein. So dürfen wir alles beanspruchen, was wir zu sein wünschen, und all das Realität werden lassen, was uns lohnens- und lebenswert erscheint. Für Neville Goddard sind Wünsche absolut erstrebenswert und legitim. Versteht er sie doch als Versuche des Menschen, sich selbst – dieses zunächst so unbekannte, rätselhafte Wesen – immer tiefer und umfassender zu begreifen. Und vielleicht sind all diese »legitimen« Wünsche, die der Mensch hegen kann, ja sogar Geschenke des Himmels und gar nicht dazu da, die eigenen, sondern Gottes Träume wahr werden zu lassen? Denn: »Der rechte Wunsch könnte ein Echo aus dem Unendlichen genannt werden. Er ist schon vollkommener Gedanke im göttlichen Geist.«[27] Und es ist letztlich doch immer Gott, Der Sich durch uns zur Erfüllung bringen will!

—·—

Nun könnte möglicherweise der Eindruck entstehen, die bisherigen Ausführungen seien geradezu eine Aufforderung zu hemmungslosem, ichhaftem Wünschen und damit das reinste »Wunschkonzert«. Aber auch Goddard geht es beim Erlernen des Manifestierens um sehr viel mehr als nur unablässig zu wünschen. Es geht ihm vor allem um das wichtigste und letztlich einzige Ziel auf jedem spirituellen Weg: die Erinnerung des Menschen an sein Einsseins mit Gott. Für Goddard ist der Glaube das »Geheimnis der Schöpfung«, durch das Gott durch den Menschen all jenes entstehen lässt, was noch nicht ist. Seiner Ansicht nach ruhen unend-

↑ Siehe hierzu auch Kapitel 32, »Pfad zum Leben«, Seite 146.

27. Florence S. Shinn: *Das Lebensspiel und seine Regeln,* Engerwitzdorf/ Mittertreffling: Freya Verlag, 1992–2021, Seite 249.

liche Möglichkeiten in den unergründlichen Tiefen des menschlichen Bewusstseins und warten nur darauf, Wirklichkeit zu werden. Sie wurden von Gott als dem einzigen Schöpfer wie Samen angelegt. Ins Leben gerufen werden sie jedoch durch das Vertrauen des Menschen – eine gelungene Zusammenarbeit von Mensch und Gott, bei der dennoch die rechte Hierarchie gewahrt bleibt, denn: »Kein Mensch kann etwas nehmen, wenn es ihm nicht vom Himmel gegeben ist.«[28]

— · —

So nähern sich Gott und Mensch, göttliches und menschliches Bewusstsein in einem erstaunlichen Maße an. Denn alles, so Goddard, was jemals über Gott gesagt wurde, beziehe sich in Wirklichkeit ebenso auf das menschliche Bewusstsein. Das große göttliche Bewusstsein (der »Vater«) und das individualisierte göttliche Bewusstsein (das »Ich«, der »Sohn«) seien letztlich ein und dasselbe, weshalb auch Jesus von Nazareth von sich sagen konnte: »Ich und der Vater sind eins« (Joh 10.30). Und die wahre Identität des Menschen ist, wenn er alle anderen Selbstbilder losgelassen, alle Vorstellungen von sich gelöscht hat, ebenfalls dieses göttliche Ich oder Ich bin.

In diesem Ich bin als seiner ureigensten spirituellen Essenz ist der Mensch eins mit Gott und kann zu einem wahren Meister seines Lebens werden, indem er stets aus dieser Einheit heraus lebt und schöpft. Denn Gott wurde Mensch, damit der Mensch seine Göttlichkeit wiedererlangt und begreift, welch unermessliches Mysterium sein eigenes Bewusstsein ist: »Der Mensch entdeckt sein Bewusstsein als den unerschöpflichen Schatz des Universums. An dem Tag, an dem der Mensch diese Entdeckung macht, stirbt er als Mensch und erwacht als Gott.«[29]

28. Neville Goddard und David Daddeh: *Bewusstsein ist die einzige Realität,* Seite 201.

29. Ebenda, Seite 133.

20 Weiß, weißer als Weiß

Da ist ein unfassbares Leuchten weit oberhalb von ihm, das seinen Kopf durchdringt, welcher darin verlischt. Kein Kopf mehr da, nur weißes Licht – greller, gleißender Schein. Und alles, was eben noch war, wird ebenso gleißend grell und verlischt: keine Welt mehr da, kein er, kein Ich. Nur hellstes Licht, übermächtig, allmächtig und weißer noch als Weiß: reines Sein in seiner höchsten Intensität. Selbst die geschlossenen Augenlider schützen davor nicht. Es gibt kein Entrinnen vor der weißen Unendlichkeit, die ihn übermannt, sodass er, wie ohnmächtig werdend, in ihr versinkt...

21 Der geheime Name Gottes

Dieses Ich in meinem Innern ist ewiges Leben. Dieses Ich, das in mir wohnt, ist Er, Der da mächtig ist.[30]

Joel S. Goldsmith

Es gibt ein über Jahrhunderte, Jahrtausende gut gehütetes Geheimnis, das in der Seele eines jeden Menschen ruht. Allmählich aber dringt es aus seiner Verborgenheit hinaus in die Welt, denn genügend Menschen sind inzwischen reif genug, um es in seiner ganzen Tragweite zu erfassen: jenes mystische Ich, welches individuell erscheint und doch alle Menschen als das eine göttliche Selbst in ihrem Wesen eint. Es wohnt in unserem Innersten, dort, wo wir Gott als unsere eigene ewige Präsenz erfahren und bezeugen: Gott ist – Ich bin. Denn Gott ist immer da, wo Ich bin. Dies zu verwirklichen, gilt als das Ziel jeglicher spirituellen Entwicklung und als der große Schritt in die Freiheit: »Das ist das Ende der Suche. Ich bin das Ich bin, und ich bin frei.«[31]

— · —

Wir werden uns dieses Ich bin in der Regel jedoch erst am Ende eines langen Entwicklungsweges bewusst, auf dem wir uns vom bisherigen Verständnis unserer selbst, unserem persönlichen »Ich«, verabschiedeten. Denn erst wenn das menschliche Ich nicht mehr ist, gibt sich das göttliche Ich als unsere wahre Individualität zu erkennen. Hierfür muss der Mensch, wie ein zu entrümpelndes Haus, aber erst vollständig von sämtlichen Vorstellungen über sich selbst, von allen persönlichen Inhalten entleert worden sein. In

30. Joel S. Goldsmith: *Das mystische Ich,* Argenbühl-Eglofstal: Heinrich Schwab Verlag, 2016, Seite 14.

31. Paul Gorman: »Die Kunst des Seins 2« auf der Homepage »Der Unendliche Weg«.

dieses leer gewordene Haus zieht dann das höchste Bewusstsein ein; so wird der Mensch zu einem Tempel für Gott. Man sollte sich aber nicht vertun und sich hiermit schon am Ende von allem wähnen. Zwar ist man am »Ende« menschlichen Werdens angelangt, aber erst am »Anfang« des Seins. Wobei das Sein weder Anfang noch Ende hat, vielmehr unendlich ist, und so liegt mit dem Gewahrwerden des Ich bin die ganze Unendlichkeit vor uns! Weshalb diese Verwirklichung Gottes als das Ich bin wiederum nur der Beginn unzähliger weiterer Verwirklichungen Gottes ist...

— · —

Ich bin ist die eine Wahrheit, die immer war, immer ist, immer sein wird und uns versichert, dass sie ebenso auf immer und ewig bei uns ist. An diesem heiligen Ort des Ich tritt die göttliche Transzendenz in individualisierter Form in Erscheinung, womit sie sich als göttliche Immanenz, als »Gott-mit-uns«, erweist. So werden Transzendenz und Immanenz, der christliche »Vater« und der »Sohn«, eins. Gott lässt Sich daher nur – als das eigene göttliche Ich, als der »Christus in uns« – im eigenen Herzensgrund erkennen und nicht in irgendeinem fernen Himmel.

Die tiefe Wahrheit des allem innewohnenden Ich bin kennt man – Joel Goldsmith, einem US-amerikanischen christlichen Mystiker, zufolge – nahezu auf der ganzen Welt: »Die Universalität der Wahrheit kann nicht besser verstanden werden als durch den Immanuel der Hebräer, das Tao der Chinesen, den Christus unserer christlichen Ära. [...] Das bedeutet für mich Immanuel, Tao oder der Christus: Gott in mir. Es ist meine Gewissheit, niemals allein zu sein.«[32] Es ist dieses Ich, das bei uns ist, wohin wir auch gehen. Und nichts und niemand, weder Zeit noch Raum, nicht Tod noch Teufel könnte uns jemals davon scheiden.↑

— · —

Diese Allgegenwart erstmals in ihrer ganzen Allmacht *in* sich selbst und *als* man selbst zu erfahren, kann allerdings sehr erschütternd sein. Erschütternd vor Ehrfurcht angesichts ihrer unermesslichen Größe, jedoch nicht vor Furcht. Denn bei aller Ehrfurcht angesichts dieses überwältigenden Geschehens, das erwachte göttliche

32. Joel S. Goldsmith: *Die Welt ist neu,* Argenbühl-Eglofstal: Heinrich Schwab Verlag, 2015, Seite 243.

↑ Siehe auch Kapitel 31, »Immanuel: Gott-mit-uns«, Seite 145.

Ich nun in sich selbst zu verspüren, wird einem doch gleichzeitig bewusst, dass man von da an nichts und niemanden mehr zu fürchten braucht. Denn gibt es einen besseren Schutz, eine größere Geborgenheit, als sich für immer in Gottes Armen zu wissen? Und welch andere Kraft wollte den allmächtigen, all-einen Gott in uns niederzwingen? Welcher Mangel könnte Ihn treffen, Der doch aus der Fülle der Unendlichkeit schöpft! Und welcher Tod könnte Ihn vernichten, Der doch ewiges Leben ist?

— · —

Wird man sich dieses Ichs als der ureigensten Individualität gewahr, lösen sich nach und nach die Fesseln auf, die einen noch an die irdischen Begrenzungen banden, auch die von Zeit und Raum. Und man erkennt sich selbst als Jenes wieder, das unendlich, unveränderlich und unsterblich ist. Die eigene Existenz dehnt sich in eine unsagbare Weite hinein aus. Ebenso wird man der Zeit enthoben, Vergangenheit und Zukunft verblassen, und man stellt mit Erstaunen fest: Sie haben in Wirklichkeit nie existiert! Nur die Gegenwart des Jetzt verbleibt, die sich im »bin« von Ich bin widerspiegelt als die einzige noch existierende »Zeit«. Aber auch das ist keineswegs ein Verlust, sondern Befreiung! Und wo sonst könnte die Allgegenwart Gottes allgegenwärtig sein als in der Gegenwart? So ist denn »Gottes Zeit die allerbeste Zeit«, wie ein Choral von Johann Sebastian Bach lautet. Man nennt sie auch »die Ewigkeit«.

— · —

Auch in der Bibel findet sich das Geheimnis des Ich bin, zum Beispiel in einem der Psalmen, in dem es heißt: »Seid still und erkennet, Ich bin Gott« (Ps 46.11). Oder beim Auszug der Israeliten aus Ägypten, bei dem Gott Sich Moses gegenüber auf dessen Frage nach Seinem Namen als der »Ich bin, Der Ich bin« zu erkennen gibt (Ex 3.14). Ich ist also der geheime Name Dessen, Der an Sich keinen Namen hat. Und Sein einzig wahrer. Denn jedes andere Wort, mit dem der Mensch Gott zu benennen versucht, setzt – wie es Joel Goldsmith in seinem Buch *Ein Intervall in der Ewigkeit* so einleuchtend beschreibt – immer noch jemanden voraus, der dieses Wort äußert. Damit gäbe es immer noch zwei: der Benennende und das Benannte, Mensch und Gott. Nur das Wort »Ich« löst alle Zweiheit auf:

> Das einzige Wort, das alles auslöscht außer sich selbst, ist das Wort *Ich. Ich* ist das höchste Wort, über das wir nicht hinausgehen können, denn *Ich* ist der Denkende, der Seiende, der Tuende, das Bewusstsein, die Ursache. Es gibt kein Wort, das wirklich Gott zum Ausdruck bringt, außer dem Wort *Ich.*[33]

Aber ICH ist nicht nur der geheime Name Gottes, sondern, wie Joel Goldsmith erkennt, überhaupt *das* heilige Wort schlechthin: »*Ich* ist das heilige Wort.«[34] Und es wurde streng geheim gehalten, damit niemand es missbraucht. Denn der noch ungeläuterte Mensch, so Goldsmith, könnte in seiner Verblendung sein kleines persönliches Ich für dieses göttliche ICH halten und von sich behaupten: »Ich bin Gott.« Das wäre ein gewaltiger Irrtum, eine Verwechslung von Ursache und Wirkung und der unausweichliche Auslöser für Größenwahn! Das göttliche ICH nämlich ist un- oder überpersönlich, weil es das *eine* ICH in allen Menschen ist und somit alle Individualitäten in sich vereint. Nicht der Mensch *ist* Gott, sondern Gott offenbart Sich – individualisiert – *als* Mensch: Durch die von der alten Persönlichkeit entleerte menschliche Form leuchtet deren göttliches Urbild hindurch und veranlasst von sich aus alles, um sich in der irdischen Welt zu verwirklichen, zur Erfüllung zu bringen. Alles, was von da an geschieht, wurzelt in und erwächst aus göttlichem Grund. Aus sich selbst heraus ist der Mensch nichts und nichtig und vermag nichts aus eigener Kraft. Vereint mit Gott aber kann er alles werden, und es gibt dann nichts mehr, was er nicht vermag.

— · —

Die Gewahrwerdung dieses ICHS oder ICH BINS als unserer ureigensten Identität ist nicht nur Befreiung, sondern auch Erlösung. Denn wir öffnen uns damit dem geistigen Sein, der Allgegenwart in ihrer ganzen Unendlichkeit, an der sie uns nun uneingeschränkt teilhaben lässt. Alle Fülle, alle Schönheit und aller Überfluss Gottes sind darin allzeit gegenwärtig.↑ Und die einzige Aufgabe, die dem erlösten Menschen dann noch bleibt, ist, diese »Herrlichkeit Gottes« im eigenen Leben zu bezeugen.

33. JOEL S. GOLDSMITH: *Ein Intervall in der Ewigkeit,* Band 1, Seite 123.
34. Ebenda, Seite 133.
↑ Siehe hierzu Kapitel 44, »Wahre Fülle«, Seite 195.

Glaubt man Joel Goldsmith, so hängt sogar das ganze Leben des Menschen davon ab, ob er jenes Ich oder Ich bin in sich zu erkennen vermag oder nicht. So könnte man es, etwas überspitzt, sogar so formulieren: Gelingt dies nicht, ist alles (zumindest für dieses Leben) verloren; gelingt es jedoch, ist alles gewonnen. Dann nämlich hat Gott auf Erden Fuß gefasst, und »ein Lager Gottes steht in menschlicher Zeit«,[35] wie es Sri Aurobindo in seinem Epos *Savitri* so poetisch beschreibt.

35. Sri Aurobindo: *Savitri,* Seite 531.

22 Wie schade um die schöne Reise!

Diese Welt ist eine Brücke – geh hinüber, aber baue kein Haus darauf.[36]

JESUS VON NAZARETH

Warum sind wir eigentlich hier – hier, auf dieser Erde? Auf diese Frage hat wahrscheinlich jeder seine eigene Antwort oder vielleicht auch gleich mehrere. Schlussendlich gibt es jedoch nur eine: um zu unserer eigenen Göttlichkeit zu erwachen! Aber wir Menschen haben, seitdem wir uns auf diesem Planeten befinden, so manches vergessen und leider auch dies. Obwohl doch das Erwachen zum ICH BIN unser Auftrag war, man könnte sogar behaupten: die einzige Rechtfertigung für unseren hiesigen Aufenthalt. Stattdessen richten wir uns auf der Erde mehr oder weniger behaglich ein und verbringen unser Leben damit, einem Optimum an Wohlbehagen und Glück nachzujagen. Was jedoch zumeist nicht gelingt, und wenn es gelingt, dann nicht hält.

— · —

Wir sind wie Reisende, die vorhaben, eine große Fahrt anzutreten, und sich zu diesem Zweck zu einem Bahnhof begeben. Über die Reise selbst wissen wir nicht viel, nur dass sie außergewöhnlich sein soll,

36. Inschrift am Buland Darwaza, dem größten Torbau Indiens.

das größte dem Menschen mögliche Abenteuer, eine wahre »Morgenlandfahrt«. Denn ihr Ziel ist ein noch unbekanntes, geheimes Land, ein sagenumwobenes Land, von dem man munkelt, dass dort Milch und Honig fließen. Es handelt sich um jene Reise, auf die jeder Mensch sich irgendwann begibt und die ihn – durch alle äußeren Stationen seines Lebens hindurch – in sein Seelen-Herz-Inneres führen wird, mit anderen Worten: nach Hause.

–·–

Am Bahnhof angekommen stellen wir jedoch fest, dass unser Zug noch nicht da ist. Eine konkrete Abfahrtzeit wurde uns allerdings auch nicht genannt, sodass wir beschließen, uns noch ein wenig umzusehen. Das bisschen Gepäck, das wir dabeihaben, ist zwar nicht schwer, aber doch lästig herumzutragen, weshalb wir es in einem Schließfach verstauen und den silbern schimmernden Schlüssel tief in unsere Hosentasche gleiten lassen. Daraufhin begeben wir uns freudig auf Entdeckungstour, um uns die Zeit bis zur Abfahrt zu vertreiben. Denn der Bahnhof sieht einfach zu verlockend aus! Er scheint riesig zu sein, mit unzähligen Hallen, die ineinander übergehen und alles bieten, was das Herz begehrt: Cafés, Restaurants, Geschäfte jeglicher Art, Kinos, Theater, Museen, diverse Sportstudios und Wellness-Oasen und natürlich Hotels aller Kategorien. Obendrein eine Bibliothek solchen Umfangs, dass sie das Wissen der ganzen Welt in sich zu bergen scheint. Kurzum: Dieser Bahnhof ist die reinste Fundgrube! Und das wollen wir uns doch nicht entgehen lassen, und so tauchen wir in seine kunterbunte Vielfalt ein. Auf unserer Reise nämlich, so viel ist uns zumindest bekannt, werden wir all das hinter uns lassen müssen. Nichts von all diesem Weltlichen nimmt man nach dorthin mit, man geht mit »leeren Taschen«, nackt wie ein neugeborenes Kind. Nicht, dass uns am Zielort etwas Schlechteres erwarten würde. Nein, ganz und gar nicht! Nur anders wird es sein, sehr anders; aber das ist auch schon alles, was wir darüber wissen.

— · —

Und so kommt es, wie es kommen muss: Während wir neugierig schlendern und bummeln, entwickelt der Bahnhof den ihm eigenen Sog. Wir pilgern von Café zu Café, in denen es die köstlichsten Torten zu bestaunen und zu genießen gibt. Gesättigt beschließen wir, in einem der Kinos ein wenig abzuhängen und uns einen Film anzusehen, für den eine schillernde Leuchtreklame wirbt. Vielleicht besuchen wir danach noch eines der Museen oder stöbern in der riesigen Bibliothek, um uns, wenn sich schon die Gelegenheit dazu bietet, doch gleich ein wenig zu bilden. Erneut hungrig geworden, suchen wir eines der zahlreichen Restaurants auf, wo wir uns an einem – selbstverständlich mehrgängigen – Menü gütlich tun. Ein Gläschen Wein dazu muss sein, wodurch wir wohlig müde werden und uns für die Nacht in einem der Hotels einquartieren. Am nächsten Morgen nehmen wir unseren Bummel wieder auf, wobei die Erinnerung an das, was wir am Bahnhof eigentlich wollten, mit jedem weiteren Tag ein bisschen mehr verblasst.

— · —

Wir lassen uns treiben, der Strudel dieses heimtückischen Ortes hat uns längst im Griff: Die Speisekarte eines jeden Restaurants kündigt für den nächsten Tag ein noch ausgefalleneres Menü an, jeder Abspann des einen Films, den wir sahen, wirbt für den nächsten, den man ebenfalls unbedingt gesehen haben muss. Und natürlich lernen wir auf unserem Streifzug andere Menschen kennen, schließen Freundschaften, gehen Liebschaften ein, beginnen, einer Arbeit und sonstigen Aktivitäten nachzugehen, die das ausmachen, was wir inzwischen unser »Leben« nennen. Weil wir zu diesem Zeitpunkt den Ort, an dem wir uns befinden, schon nicht mehr als Bahnhof erkennen, geschweige denn, uns daran erinnern, dass wir ihn doch nur aus einem einzigen Grund aufgesucht hatten: um von hier aus weiterzureisen. Anfangs meinen wir hin und wieder noch, eine mahnende Stimme aus unserem Innern zu vernehmen. Aber ihre Botschaft klingt schon so leise und so fern, dass sie uns nicht mehr erreicht. Und irgendwann halten wir die Tatsache, überhaupt eine innere Stimme zu hören, sowieso für äußerst ungesund, woraufhin diese dann für immer schweigt.

— · —

So genießen wir unser Leben in vollen Zügen, um bloß nichts zu verpassen. Der einzige Zug aber, den wir nicht hätten verpassen sollen, fährt ohne uns davon. Die Erinnerung an unseren Auftrag hat sich irgendwo in den hintersten Windungen unseres Gehirns vergraben; wir haben uns an die Welt und damit uns selbst verloren... Irgendwann — Jahre, Jahrzehnte später — findet man uns entschlafen in unserem Bett im Hotel und, tief in unserer Hosentasche verstaut, einen silbern schimmernden Schlüssel, von dem niemand mehr weiß, wofür er war. Wir haben unsere Chance zum Erwachen, zumindest für dieses Leben, vertan. — Wie schade um die schöne Reise!

23 Alles nur Illusion?

Erst wenn wir das
Allerhöchste erreichen,
parama paravat, ruhen wir schließlich von
der großen menschlichen Reise aus.[37]

Sri Aurobindo

Aber ist die physische Welt – unsere doch so handfest wirkende Erde – wirklich nicht mehr als ein »Bahnhof«, den man nur aus einem einzigen Grund betreten sollte: um ihn mit dem nächstmöglichen Zug nach einem mysteriösen Irgendwo / Nirgendwo gleich wieder zu verlassen? Eine Scheinwelt, in der man sich erst gar nicht niederzulassen braucht? Ist alles hier wirklich nur Täuschung, eine einzige Illusion, und jeder, der diese Welt liebt und genießt, damit »Maya«, der großen Täuscherin, ins klebrige Spinnennetz gegangen? Oder hat diese materielle Welt doch auch einen höheren Sinn und einen Zweck in Gottes großem Plan?

— · —

Wir haben uns diese Frage in einem anderen Zusammenhang schon gestellt.↑ Diesmal wollen wir sie von einem weiteren Blickwinkel aus betrachten: dem der Möglichkeit einer einzigartigen Vollendung, die es auf diese Weise nur hier auf Erden geben soll. Antworten darauf, ob unsere Welt nur Schein ist oder nicht, findet man hervorragend ausgearbeitet bei Sri Aurobindo, vor allem im zweiten Band seines Werkes *Das Göttliche Leben.* Seinen dortigen Ausführungen zufolge gibt es innerhalb der verschiedenen spirituellen Richtungen jeweils zwei Lager von Lehren und Lehrern: jene, die eine Realität der physischen Welt ver-

37. Sri Aurobindo: *Das Geheimnis des Veda,* Gladenbach: Verlag Hinder und Deelmann, 1987, Seite 135.

↑ Vergleiche Kapitel 4, »Wie wirklich ist unsere Wirklichkeit?«, Seite 23.

neinen, und jene, die sie bejahen – die »Weltverneiner« und die »Weltbejaher«.

—·—

Für die Weltverneiner gibt es nur eine einzige wahre Wirklichkeit, das so genannte »Absolute«: ein höchstes göttliches Sein, das jenseits des Kosmos angesiedelt ist. Dieses nennt man auch die »Transzendenz«, da es sich, so die wörtliche Bedeutung, *jenseits* des Erfahrbaren und gegenständlich Erfassbaren befindet. Und alles, was nicht genauso gestaltlos und unveränderlich ist wie diese Transzendenz, ist für die Weltverneiner grundsätzlich eine Illusion, ja eine »Ur-Illusion«,[38] die nichts anderes als weitere Illusionen hervorbringen könne. Und außerdem könne eine Welt, die – wie die irdische – so voller Kummer, Leid und Enttäuschung sei, sowieso weder einen Sinn noch eine tiefere Bedeutung haben. Diese Haltung der Weltverneiner ist vermutlich zu weiten Teilen das Resultat einer tiefen Lebensfrustration. Weshalb sie die einzige Erlösung darin sehen, in das von all dem unberührte transzendente Jenseits zu entfliehen. Damit postulieren sie allerdings zwei unversöhnliche und für immer unvereinbare Welten: auf der einen Seite eine materielle Welt der manifest gewordenen Illusion, auf der anderen Seite eine einzig wahre geistige Welt des unmanifestierten reinen Seins.

—·—

Die spirituellen Vertreter, die der hiesigen Welt eine Wirklichkeit zugestehen – die Weltbejaher –, sind hingegen davon überzeugt, dass die Erde der Schauplatz der Ausarbeitung einer höheren, ja sogar göttlichen Wahrheit sei, und Leiden, Kummer und Versagen nur vorübergehende, aber unvermeidbare Phänomene auf dem Weg zu diesem großen Ziel. Welches darin bestehe, das höchste Bewusstsein auch hierher, auf die Erde, herabzubringen beziehungsweise es zu erlangen und mit ihm seine Wahrheit, Wonne und Unsterblichkeit:

> Die Materie – selbst Substanz, subtil oder dicht, mental oder materiell – ist Gestalt und Körper des Geistes. Sie wäre nie erschaffen worden, könnte sie nicht zur Grundlage für den

38. Sri Aurobindo: *Das Göttliche Leben,* Band 2, Teil 1, Seite 157.

> Selbst-Ausdruck des Geistes gemacht werden. Die scheinbare Unbewusstheit des materiellen Universums enthält dunkel in sich alles, was in dem lichtvollen Überbewussten ewig-selbstenthüllt ist. Dieses in der Welt zu enthüllen, ist die allmähliche und beabsichtigte tiefe Freude der Natur und das Ziel ihrer Zyklen.[39]

Betrachtet man die Sichtweise der Weltbejaher genauer, so unterscheidet sie sich gar nicht so sehr von jener der »Illusionisten«. Denn beide Lager gehen im Grunde von derselben Prämisse aus, aus der sie nur jeweils andere Schlüsse ziehen. Auch die Weltbejaher sind von der Existenz eines höchsten Seins und Bewusstseins überzeugt. Anders als die Weltverneiner siedeln sie dieses – als »Transzendenz« – jedoch nicht nur *oberhalb* oder *jenseits* der physischen Daseinsebene an, sondern – als »Immanenz« – auch *innerhalb* von ihr, da es ihrer Ansicht nach allem, was ist, wesenhaft innewohne: »Das, was wir als Bewusstsein sehen, muss ein Wesen sein, aus dessen Bewusstseinsstoff alles erschaffen ist.«[40] ↑ Allerdings zunächst in einem verdeckten Zustand, aus dem dieses Bewusstsein sich jedoch entbinden und entfalten könne, und genau dies geschieht im Vorgang der irdischen Evolution. Für die Weltbejaher ist das höchste Bewusstsein somit zugleich die ursprüngliche, geistig-göttliche Substanz, aus der die gesamte Schöpfung entstand. Und sie folgern – anders als die Weltverneiner – daraus, dass auch alles Erschaffene wesenhaft göttlich und damit wahr sein müsse. Und wie könnten innerhalb eines Bewusstseins göttlicher Wahrheit und Wirklichkeit jemals Sinnlosigkeit oder gar eine ewige Illusion bestehen?

—·—

Das Universum mit allem, was in ihm existiert, wird von den Weltbejahern daher als der sichtbar gewordene (manifeste) Ausdruck einer göttlichen Wahrheit verstanden, die an sich unmanifestiert und somit unsichtbar und unfassbar ist. Man könnte es auch so ausdrücken, dass das höchste Sein und Bewusstsein –

39. Sri Aurobindo: *Das Göttliche Leben,* Band 2, Teil 2, Gladenbach: Hinder und Deelmann, 1991, Seite 19.

40. Ebenda, Seite 20.

↑ Siehe hierzu auch Kapitel 30, »Von der Göttlichkeit der Erde«, Seite 139.

Gott – sich durch Seine Schöpfung zu erkennen gibt. Es projiziert sich »hinaus« in die physische Welt und »hinein« in Zeit und Raum. Dabei nimmt es unzählige Gestaltungen und Formen an, in denen es sich vor sich selbst verbirgt, dadurch scheinbar in Unbewusstheit fällt und »schläft«. Aus diesem »schlafenden« Zustand heraus entfaltet sich das Göttliche dann wieder schrittweise in der Welt der Materie, um schließlich – als Höhepunkt dieses langen Entwicklungsweges – auch hier zu seiner vollen Größe und Allmacht zu gelangen. Dann ist aus der Erde ein neuer Himmel geworden und der Mensch genieße, nach all der Beschwernis der irdischen Evolution, die Freuden nicht nur des weltlichen, sondern auch eines göttlichen Lebens auf Erden.↑ Und nach Auffassung Sri Aurobindos und vieler zeitgenössischer spiritueller Lehrer befindet sich die Erde genau JETZT an dieser Schwelle zur Offenbarung ihrer verborgenen Göttlichkeit: »Ein spirituelles Bewusstsein bricht hervor, und durch dieses spirituelle Bewusstsein kann man Gott begegnen.«[41]

— · —

Kehren wir somit zur Ausgangsfrage dieses Kapitels zurück, so sind – wie immer aus dem neuen Bewusstsein heraus betrachtet – beide Sichtweisen in gewisser Weise richtig, ergo ein Sowohl-als-auch: Unser Leben ist vor allen Dingen dazu da, um in Richtung »Erwachen / Erleuchtung« aufzubrechen. Wir können – *und sollen!* – dies aber auch gleich hier vor Ort, auf der Erde, tun, denn es ist *nur hier* möglich! Ein Leben, das zu innerem Erwachen führen soll, darf allerdings nicht mit Alltäglichkeiten verbummelt, sondern muss bewusst gelebt werden, immer mit dem großen Ziel vor Augen! Dann wird das Leben selbst unser größter Lehrmeister sein, und mitten darin tut sich der Weg zum Erwachen auf. Und dann werden wir auch erfahren, dass es einen Zug nach »Irgendwo / Nirgendwo« niemals gab, sondern er nur das Symbol für die Sehnsucht nach JENEM war, das das Allzumenschliche, Allzuweltliche übersteigt. Denn erst wenn der Mensch bereit ist, nach JENEM – wo auch immer – zu suchen und dafür alles hinter sich zu lassen, findet er ES in sich selbst. Und der »Bahnhof«, als Sinnbild des

↑ Siehe Kapitel 47, »Bis zum Horizont und weit darüber hinaus«, Seite 203.

41. SRI AUROBINDO: *Der Integrale Yoga,* Hamburg: Rowohlt Taschenbuch Verlag, 1957, Seite 131.

Lebens auf Erden, entpuppt sich dann als eine sich immer tiefer offenbarende Welt mit unerschöpflichen Wundern und unzähligen Verbindungen überall hin: in sämtliche kosmische Dimensionen. Dann fließen wir selbst mit dem Fluss des Lebens, jetzt und hier, an diesem so einzigartigen und sich doch immerzu wandelnden Ort.

24 Die große Suche: Flucht oder Vollendung?

Göttlich zu werden in der Natur der Welt und im Symbol des Menschen, ist die Vollendung, für die wir erschaffen wurden.[42]

SRI AUROBINDO

Der Grund dafür, dass es überhaupt zur Einschätzung unserer Welt als Illusion kommen konnte, liegt, wie wir bereits wissen, einerseits an der Begrenztheit des mentalen Bewusstseins, das nicht in der Lage ist, ganzheitliche Zusammenhänge zu erfassen. Zum anderen aber auch an dem Empfinden des Menschen, von der Quelle allen Seins getrennt zu sein. Und da der Mensch wohl schon immer spürte, dass er nicht vollständig ist, begann er, nach jenem zu suchen, was ihn wieder ganz und heil und damit heilig macht. Leider suchte er außerhalb seiner selbst und erschuf sich damit unzählige Götter und Götzen im Irrglauben, sie könnten seine innere Leere füllen. Stattdessen aber machte er sich abhängig von ihnen, verstrickte sich immer tiefer in eine vermeintlich materielle Welt, wodurch er sich noch mehr verlor. Und solange der Mensch sich selbst und die Welt für etwas vom Absoluten Abgespaltenes hält, kann ihm jegliche individuelle und kosmische Existenz sowieso nur als Illusion erscheinen.

Daher kamen vor allem die Weisheitslehrer der traditionellen religiösen und spirituellen Richtungen zu dem Schluss, dass es nur *einen* Weg aus dieser irdischen Verstrickung gäbe: indem man die menschliche Individualität für null und nichtig erkläre, um sie so-

42. SRI AUROBINDO: *Die Stunde Gottes,* Pondicherry: Sri Aurobindo Ashram, 1991, Seite 44.

dann in der Transzendenz auszulöschen. Ihnen war ganz offensichtlich der wahre Grund für das menschliche Leben auf Erden noch nicht bekannt, der – wie Sri Aurobindo so treffend anmerkt – doch darin besteht, »frei in der Welt und nicht aus der Welt befreit zu leben.«[43]

— · —

Vielleicht war es der Anblick des Sternen durchfunkelten nächtlichen Firmaments oder der strahlenden Sonne am tiefblauen Tageshimmel, der den Menschen irgendwann erahnen ließ, dass etwas so wundervoll leuchtend Ewiges doch auch in ihm selber vorhanden sein müsse. Denn wie könnte er in der Welt draußen auch nur irgendetwas wahrnehmen, wenn dieses nicht auch in ihm drinnen existiert? So kam er dann doch auf die Idee, nicht länger im Außen, sondern nun im eigenen Innern zu suchen. Und entdeckte dabei, dass es sehr wohl einen Weg gibt, sein individuelles Bewusstsein wieder mit dem höchsten Bewusstsein, dem Absoluten, zu einen, *ohne* die eigene Individualität zu leugnen oder gar zu vernichten. Dieser erlösende Weg besteht darin, dass der Mensch – anstatt in einen weltfernen Himmel zu entfliehen – diesen in sich selbst entdeckt, der obendrein – wie Sri Aurobindo verspricht – noch viel wunderbarer sein soll als der jenseitige: »Die jenseitigen Himmel sind herrlich und prachtvoll, prachtvoller und weit herrlicher aber sind die Himmel in dir selbst.«[44]

— · —

Der Weg dorthin allerdings ist so umfassend und beschwerlich, dass man ihn früher anscheinend nicht für möglich hielt. Besteht er doch in nicht weniger als der Transformation der gesamten natürlichen oder evolutionären Vergangenheit, die noch tonnenschwer, da unbewusst, auf dem Menschen lastet. Aber nur durch eine vollständige Transformation dieses Unbewussten in seine überbewusste Wahrheit hinein kann sich die im Menschen verborgene innere Göttlichkeit offenbaren:

> Kurzum, wir haben die Dualitäten durch Einheit zu ersetzen, den Egoismus durch das göttliche Bewusstsein, das Unwissen

43. Ebenda, Seite 31.
44. Sri Aurobindo zitiert nach SATPREM: *Sri Aurobindo oder Das Abenteuer des Bewusstseins,* Gladenbach: Hinder und Deelmann, 1998, Seite 10.

> durch die göttliche Weisheit, das Denken durch die göttliche Erkenntnis, Schwäche, Kampf und Anstrengung durch die sich selbst genügende göttliche Kraft, Schmerz und trügerisches Vergnügen durch die göttliche Seligkeit. Dies wird in der Sprache Christi »die Herabkunft des Himmelreiches auf die Erde« und in moderner Sprache »die Verwirklichung Gottes in der Welt« genannt.[45] [↑]

Es gibt also zwei Möglichkeiten, um sich wieder mit dem göttlichen Sein, den Zustand der Ur-Einheit, zu verbinden: den Absprung von allem Irdischen und damit – *rückwärts* – in die unberührte Transzendenz, oder – *vorwärts* – den »Weg der Liebe« zu gehen als die vollständige Offenbarung des Göttlichen innerhalb der physischen Existenz. In diesem Zusammenhang stellen sich die beiden Fragen: Wozu ist die Schöpfung eigentlich da? Und welche Rolle spielt der Mensch darin?

Wir haben an anderer Stelle schon festgestellt, dass es für alles hier auf Erden eine Art »göttliche Blaupause«, eine Ur- oder Real-Idee, gibt, die auf geistiger Ebene bereits das in sich enthält, was sich im Laufe der Evolution auf der materiellen Daseinsebene manifestieren wird. [↑↑] Im Menschen zeigt sich diese Real-Idee als ein einzigartiger, unverwechselbarer göttlicher Funke, der zu einem ebenso einzigartigen göttlichen Feuer entfacht werden soll, das dann nicht nur den betreffenden Menschen selbst, sondern auch die Erde ein bisschen mehr erleuchtet. Voraussetzung, um seinen eigenen Gottesfunken, jenen Wesenskern seines wahren Ichs, zu entdecken, ist allerdings, dass der Mensch sich nach innen wendet, seinen Seelen-Innenraum betritt. Denn nur dort lässt sich das Göttliche innerhalb des Irdischen finden: jenen Gottesfunken als Träger seiner unverwechselbaren Identität, den er dann in seinem Leben zu verwirklichen hat. Auch die deutsche Schriftstellerin Malwida von Meysenbug wusste um diesen Zusammenhang und drückte ihre Überzeugung bezüglich der menschlichen Bestimmung, oder sogar »Pflicht«, in folgenden wunderbaren Worten aus:

45. Sri Aurobindo: *Die Stunde Gottes,* Seite 28.

↑ Siehe hierzu auch Kapitel 29, »Das Supramental: neues Bewusstsein und uraltes Wissen«, Seite 132.

↑↑ Vergleiche Kapitel 14, »Allein Wahrheit ist«, Seite 68.

> Ich bestätige voll Glück meinen Glauben daran, dass wir in uns einen Funken jenes ewigen Lichts tragen, welches im Grunde des Seins leuchten muss und welches unsere schwachen Sinne nur von ferne ahnen können. Ich erkenne es als unsere höchste Pflicht, diesen Funken in uns zur Flamme werden zu lassen und das Göttliche in uns zu verwirklichen.[46]

In der stetig voranschreitenden Evolution spielt also der einzelne Mensch eine tragende Rolle. Denn *er* ist es, in dem das All-Bewusstsein sich individualisiert. Jeder Mensch ist wie ein Nadelöhr oder ein Punkt in der Unendlichkeit, in dem sich das kosmische Bewusstsein komprimiert und zentriert, um sich sodann durch dieses einzigartige göttliche ICH, wie durch ein Tor hindurch, wieder über das ganze Weltall zu erstrecken. Der vollendete Mensch wird so zu einem bewussten Fokus des Lichts, der nun alles, was er zuvor außerhalb seiner selbst wähnte, in der Unermesslichkeit seines eigenen Bewusstseins wiederentdeckt und sich dadurch ins Kosmische weitet. Denn in dem Maße, in dem der Mensch sich wieder als geistig-göttliches Wesen begreift, wird er durchlässig für das allgegenwärtige geistige Licht und gemeinsam mit ihm dann auch die physische Welt. Dann ist die große Suche beendet.

Und wenn alle diese einzelnen göttlichen Feuer schließlich wie Abermillionen kleine Sonnen brennen, erstrahlt auch die Erde in ihrem wahren Licht, denn Mensch und Welt sind nicht zu trennen: »Der Weltimpuls und das menschliche Streben sind *eine* Bewegung, sind dieselbe Reise.«[47] Indem der Mensch auf diese Weise das große Mysterium, das unfassbare Wunder des Lebens innerhalb der materiellen Daseinsebene erkennt und erfährt, wird er nicht nur sich selbst, sondern die gesamte Schöpfung erlösen. Als einzigartiges Individuum auf der Erde leben zu dürfen, ist daher eine unvorstellbare Gnade und nichts, das man, wie eine Motte, die sich verblendet ins allzu grell-weiße Licht stürzt, verwirft!

— · —

Der große Irrtum der Illusionisten war demnach, dass sie sich das höchste göttliche Sein und Bewusstsein nur als etwas »oberhalb /

46. MALWIDA VON MEYSENBUG: *Der Lebensabend einer Idealistin,* Berlin und Leipzig: Schuster & Löffler, 1898, Seite 96.

47. SRI AUROBINDO: *Die Stunde Gottes,* Seite 55.

jenseits« des Irdischen Befindliches vorstellen konnten, fernab einer scheinbar verdunkelten, schmerzvollen Welt. Ihnen war noch nicht bewusst, dass göttliches Bewusstsein, göttlicher Geist doch zugleich alles Erschaffene *ist* und durchdringt.↑ Und da sie das göttliche Bewusstsein ausschließlich oberhalb der physischen Daseinsebene wähnten, kannten sie eben nur diesen einen Weg: »bloß weg von hier und weit, weit hinauf«.

Wir Heutigen wissen es zum Glück besser, obwohl es immer noch spirituelle Lehren gibt, die den Weg in die Transzendenz »jenseits« alles Irdischen als alleinseligmachende Lösung des Erdenrätsels preisen. Die Verlockung ist groß, die Strapazen der eigenen Transformation zu vermeiden und für immer in jenen von allem unbefleckten Urzustand des reinen Seins einzugehen. Aber ist dieser Weg nicht vielleicht doch eine von einer heimlichen Verachtung alles Irdischen motivierte Flucht…? Ganz gewiss jedoch ist er weder Vollendung noch wahre Erlösung, denn beides hat seinen Preis: »Niemand gewinnt den Himmel, der nicht durch die Hölle gegangen ist.«[48]

—·—

Und Folgendes gilt es noch zu bedenken: Solange auch nur ein einziger Mensch noch im Albtraum der Abtrennung von Gott gefangen ist, kann der noch so Erleuchtete nicht wirklich erleuchtet sein! Denn wie könnte er vollständig erleuchtet sein, wenn ein Teil von ihm noch voller Angst in der Dunkelheit weint? Uns Menschen gibt es nur als DEN MENSCHEN, als *ein* Organismus der Menschheit insgesamt, und wir wollen die Offenbarung des göttlichen Lichts auf Erden doch alle gemeinsam erleben! Daher ist ein regelmäßiges Eintauchen in die Stille der Transzendenz, zum Beispiel mittels Meditation, zwar mit das wichtigste Instrument, um uns wieder und wieder bewusst mit unserer göttlichen Quelle zu verbinden. Danach aber heißt es, mit der dort geschöpften neuen Kraft und dem etwas helleren Licht als zuvor ins ganz alltägliche Leben zurückzukehren, unser persönliches und kollektives Bewusstsein wieder ein Stückchen weiter zu läutern, bis schließlich alles durchlichtet ist bis auf den Grund: Dann vereinen sich Erde

↑ Siehe hierzu auch Kapitel 30, »Von der Göttlichkeit der Erde«, Seite 139.

48. Sri Aurobindo zitiert nach SATPREM: *Sri Aurobindo oder Das Abenteuer des Bewusstseins,* Seite 223.

und Himmel im kosmischen Symbol des Menschen, und wir sind *hier und jetzt* ins immerwährende, heilige Jetzt eingetreten.

— · —

So gibt es letztlich dann doch nur *einen* Weg, Gott – und mit Ihm uns selbst – wiederzufinden: den der Liebe und Vollendung. Weil nur dieser der vollständige ist. Und so, wie der Mensch sich auf diesem Weg vollendet, leuchtet jenseits des Irdisch-Vergänglichen eine größere Bewusstseinsdimension auf: die geistige Welt, das »Himmelreich«. Es allein verleiht allem Zeitlich-Endlichen seine Realität und seinen Sinn, indem es auf dessen Ewig-Unendliches verweist. Und wir erblicken dann staunend eine neue, eine strahlende Welt. Es ist dieselbe Welt wie zuvor, aber jetzt von Gottes sichtbarer Allgegenwart durchflutet.↑

↑ Siehe auch Kapitel 46, »Ein neuer Garten Eden«, Seite 200.

25 Kind der Unendlichkeit 3
Der selbstvergessene Königssohn

Der treue Diener ist erlöst und darf nun selber König sein.

Es war einmal ein Kind der Unendlichkeit, dessen Vater ein großer König war. Dieser hatte sich in eine holde junge Magd verliebt, die auch ihn von ganzem Herzen liebte. Und so dauerte es nicht lange, bis sie ihm ein Kind gebar, einen schönen, rosigen Knaben. Aber das Schicksal wollte es, dass die junge Magd und Geliebte des Königs bei der Geburt ihres Kindes schon verstarb. Nun wusste der König, dass sein Söhnchen am Königshof und unter den misstrauischen Augen der Königin kein gutes Leben zu erwarten hätte, daher legte er das winzige Bündel vertrauensvoll in die Hände der Schwester seiner Liebsten, die ebenfalls am Hofe diente, und schickte die beiden schweren Herzens fort.

— · —

Lange wanderte die Frau, die ja nun die Tante unseres Kindes der Unendlichkeit war, durch das Land, bis sie weit genug vom Hofe entfernt eine neue Heimatstatt fand: ein kleines, beschauliches Städtchen, in dem sie sich mit dem Kleinen niederließ. Nach ihrer Herkunft befragt, erzählte sie, dass sie Witwe und ihr Mann unglücklicherweise noch vor Geburt des ersten gemeinsamen Kindes verstorben sei. Aber niemand glaubte ihr. So wurde sie zwar im Städtchen aufgenommen, aber keiner mochte sie so recht. Hinter ihrem Rücken zerriss man sich nämlich das Maul, dass ihr Söhnchen, auch wenn es von lieblichem Wesen war, gewiss ein Bastard sei, was er, in den Augen seiner Tante, auch war. Die Schwester der verstorbenen Mutter unseres Kindes der Unendlichkeit litt unter dem Gerede sehr und gab für die Abneigung, die man ihr entgegenbrachte, dem Kleinen die Schuld. Sie begann, ihn zu hassen, und versteckte ihn, wann immer es ging, aus lauter Scham; niemand sollte dieses Kind der Schande sehen. Und unser Kind Gottes, das ja obendrein ein Königssohn war, nahm – unschuldig und reinherzig wie Kinder eben sind – all diesen Hass, die Scham seiner Tante und alle vermeintliche Schuld auf sich. Denn ein Kind kann sich ja nur mit den Augen der anderen betrachten, weil sein Seelenauge im eigenen Herzen noch schläft. Daher begann auch der Knabe, sich seiner zu schämen und zu glauben, dass er ein Nichtsnutz und als Mensch wertlos sei. Obwohl er von strahlendem Wesen war, innerlich von goldenem Glanz, wusste er um seine wahre Herkunft nicht, da er sich ja ebenfalls für den Sohn seiner Tante hielt.

– · –

Nun begab es sich aber eines Tages, als der Knabe schon im Heranwachsen war, dass ein tüchtiger Goldschmied sich im Städtchen niederließ, der den Jüngling, kaum dass er ihn das erste Mal sah, in sein Herz schloss und sogleich in die Lehre nahm. Außerordentlich geschickt stellte sich unser Kind der Unendlichkeit an und hatte innerhalb kürzester Zeit das difficile Handwerk erlernt und bald darauf in seinem Können sogar seinen Lehrherrn übertrumpft. Als dieser wenige Jahre darauf an einem bösen Fieber verstarb, führte der aufgeweckte Jüngling dessen Werkstatt fort. Denn trotz seines Kummers und der Armut, in der er mit seiner Tante lebte, war er doch mit einem reichen Inneren gesegnet, dem die herrlichsten Ideen entströmten und eine Liebe für alles Schöne und Gute – gewiss das königliche Erbe seines Vaters. Der junge Goldschmied hatte daher nicht nur äußerst geschickte Hände, sondern auch eine brillante Vorstellungskraft, und so schmiedete er – zum Erstaunen aller im Städtchen – Armreifen, Fibeln und Ringe, die sich wahrlich sehen lassen konnten. Fleißig schuf er Tag für Tag edle Dinge, rein und klar in Ausdruck und Form, aus purem Silber und Gold oder reich mit Juwelen verziert.

–·–

Längst eilte ihm sein Ruf voraus: Von überall kamen Reiche und noch Reichere her, um sich mit seinen meisterlich gefertigten Geschmeiden zu behängen; nur bezahlen wollten sie nicht so recht. Denn sie hatten, als der Materie verfallene Wesen, ein feines Gespür dafür, wie man andere zu eigenen Zwecken ausnehmen kann. Deshalb fiel ihnen natürlich sogleich auf, dass dieser junge Mann, auch wenn er ein noch so begnadeter Goldschmied war, eine tiefe Wunde in sich trug, durch die man ihn gängeln konnte. So war es den übersatten Reichen ein Leichtes, ihn auszunutzen und mit einem Hungerlohn für seinen unvergleichlichen Schmuck abzuspeisen. Sie hielten ihn am Rande der Armut wie einen räudigen Hund und bläuten ihm höhnisch ein, dass er abhängig von ihnen sei. Ja, sie drohten dem Goldschmied sogar an, nicht mehr bei ihm zu kaufen, wenn er es wage, seine Preise zu erhöhen: Welch durchtriebenes Spiel eines emporgekommenen Packs, das sich schamlos mit falschen Federn schmückte, obwohl es selbst nicht in der Lage gewesen wäre, auch nur zwei schlichte Silberbleche anständig aneinanderzulöten! In Wirklichkeit aber waren die Reichen abhängig von ihm und hätten, in ihrer unstillbaren Gier, jeden Preis für ein Stück von ihm bezahlt, aus der heimlichen Sehnsucht heraus, selbst doch nur ein klein wenig so zu sein wie er.

— · —

Aber auch wenn es diesen Geizhälsen gelang, unser Kind der Unendlichkeit auszunutzen und es glauben zu machen, dass es ohne sie nicht überleben könne, gelang ihnen eines nicht: es in seinem Herzen zu verbiegen! Denn dort, in seinem Innersten, wohin es sich in seinem Kummer flüchtete, war inzwischen ein kleiner, aber feuriger Kern entbrannt, der hinter all der Traurigkeit und der Unbill seines Lebens anschwoll zu einem kraftvollen inneren Licht. Unser Gotteskind durchschaute die Verlogenheit seiner Kundschaft nämlich sehr wohl! Nur wehren konnte es sich dagegen nicht, geschweige denn, diesen verirrten Hungergeistern den Rücken zuzukehren und sich würdigere Abnehmer für seinen Schmuck zu suchen. So floss das Leben des Goldschmieds dahin, wobei er außerordentlich fleißig blieb und sein Werk in höchster Meisterschaft vervollkommnete, obwohl er immer noch nicht um seine königliche Abstammung wusste. Schließlich aber, der Goldschmied war schon recht alt geworden und die gehässige Tante, die er für seine Mutter hielt, gestorben, kam doch noch der Tag, an dem er sich selbst erkannte.

—·—

Dies geschah eines schönen Abends, als er sich wie in einem Rückblick dessen besann, was er im Laufe seines Lebens doch so Wunderbares geschaffen hatte: all diese Preziosen aus Mondscheinsilber und Sonnenglanzgold und Sternen durchfunkelten Edelsteinen. Und der Goldschmied musste sich eingestehen, dass all dies von außerordentlicher Kunstfertigkeit und einer solchen Schönheit war, die sich nicht weiter steigern ließ —, weil Vollkommenes eben nicht mehr als vollkommen sein kann. Da flog ihn der erlösende Gedanke an, dass doch ein Mensch, der solch königliche Dinge zu schaffen weiß, selbst nicht anders geartet sein könne als das, was er erschafft. Und es war, als betrachte er sich zum ersten Mal in seinem Leben nicht mehr mit den hassbefleckten Augen der anderen, sondern jetzt mit den erwachten eigenen: mit jenem wundersamen Licht in seinem Herzen.

So war es unserem Kind der Unendlichkeit wie dem Schwanenküken im Hühnerhof ergangen, von dem das Märchen »Das hässliche Entlein« zu erzählen weiß: Auch auf ihm wurde herumgehackt, weil es so anders als die anderen war, und ihm weisgemacht, dass es grau und hässlich sei und unter der flaumig-gelben Übermacht der anderen nur geduldet werde. Bis es eines Tages in der glatten Oberfläche einer Pfütze sein eigenes Spiegelbild sah: einen majestätischen Schwan, schneeweiß strahlend und wunderschön! Nur dass der »Spiegel« des Goldschmieds keine Pfütze im Hühnerhof, sondern die von ihm errungene Vollkommenheit seines eigenen Werkes war.

— · —

Im selben Moment wusste unser Kind der Unendlichkeit, wer und was es war! Und dass es hinter all den Hunderten, ja Tausenden von Schmuckstücken, die es jemals gefertigt hatte, in Wirklichkeit – wie in einem geheimnisvollen alchimistischen Prozess – doch nur an einem Schmuckstück und Meisterwerk gefeilt hatte: an sich selbst. Weil doch das Leben des Menschen nicht einfach nur »ein Leben« ist, sondern eine Heldenreise, durch die der Mensch zu sich selber gelangt. Und das Gotteskind erkannte auch, dass Wunden nur so lange schmerzen, wie man noch nicht versteht, weshalb das Leben sie einem schlug. Und dass sich Wunden in Kräfte verwandeln, sobald ihr Sinn sich offenbart, die dem Menschen von da an zur Verfügung stehen: Aus Ohnmacht erwächst dann Macht, aus Angst Vertrauen, und das ganze erlittene Leid gibt die in ihm verborgene Seligkeit frei. Auf eine andere Weise sind diese Gaben Gottes nicht zu haben, sie können nur aus ihrem Gegenteil heraus errungen werden.

Da war unser Kind der Unendlichkeit auch mit seinem Leben versöhnt. Und wenn es jetzt darüber nachsann, musste es lachen, dass man ausgerechnet ihm, einem Wesen mit einer Seele wie ein kostbarer, reiner Edelstein, fast ein Leben lang hatte einreden können, ein nichtsnutziger, wertloser Bastard zu sein. Hätte es einst nicht so arg geschmerzt, wäre dies ein köstlicher kosmischer Witz gewesen! Herrlich, herrlich: Man hatte ihm weisgemacht, das Gegenteil dessen zu sein, was es war!

— · —

Und so mündete dieses Leben unseres Gotteskindes, das so lange vergessen hatte, welch hoher Abstammung es war, in jenen Sieg, den ein Jeder erringt, der sich seiner wahren Herkunft entsinnt und bereit ist, aus der Verdunkelung von Scham und Schuld hervorzutreten: ein wahrer König nun, der sein Licht erstrahlen lässt – als die gütige Sonne seiner Welt.

26 Oben auf dem Hügel

Lange habe ich dich gesucht,
oh Jerusalem, aber jetzt
haben meine Füße auf dem Pilgerpfad
himmlische Erde berührt.[49]

JOEL S. GOLDSMITH

Schon von weitem fallen sie ihm auf: die mächtigen Gebäude oben auf dem Hügel, während er vom Autobahnzubringer in eine der mehrspurigen Straßen des südlichen Außenbezirks der Stadt hinüberwechselt. Zuerst traut er seinen Augen nicht und glaubt, einer Halluzination aufzusitzen: einer Fata Morgana, die die Gebäude in der silbrig-flirrenden Schicht eines ungewissen Horizonts so erscheinen lässt, als seien sie soeben aus der Zukunft oder aus irgendeinem Himmel dort herabgefallen.

Es sind gleich mehrere. Wie viele genau, kann er aus der Ferne und von unten aus noch nicht sehen; die Anhöhe wirkt wie eine eigenständige kleine Stadt. Fast ebenso breit wie hoch und weißbraun gestreift ordnen die Häuser sich in einem Kreis um eine unsichtbare Mitte herum. Sie sind ausgesprochen ästhetisch gestaltet mit sich abwechselnden waagrechten Bändern aus brauner Holzverschalung und weiß getünchtem Stein, wobei ihre äußere Kontur sich elegant und weich rundet, was ihnen etwas von der hypermodernen Strenge nimmt. Wie viele Stockwerke mögen es sein – fünf oder sechs?

— · —

Bis in den Himmel hinein recken die breiten Türme sich, der Hügel darunter ist durch das dichte Blattwerk von Bäumen und Sträuchern verdeckt. So hat es aus der Ferne den Anschein, als hin-

49. JOEL S. GOLDSMITH: *Auf dem Unendlichen Weg,* Gelnhausen: Heinrich Schwab Verlag, 1966, Seite 171.

gen die Gebäude in der Luft: schwebend und würdevoll, Erzengeln gleich, die sich sanft zur Erde senken. Für einen Moment glaubt er, von dort oben Kinderlachen zu hören, fröhlich und glockenhell, das an seinen sich zerfasernden Rändern in winzige Goldfunken zerspringt.

Die ganze Szenerie wirkt surreal – eher Traum als Wirklichkeit –, vielleicht weil sie ihn so unvorbereitet trifft. Denn viele Jahre ist er nicht mehr in dieser Stadt gewesen, in der ein guter Freund aus gemeinsamen Studientagen noch heute lebt und den er besuchen will. Die anscheinend vor Kurzem erst fertiggestellten Häuser lösen in ihm eine ungewohnte Stimmung aus, die sich jedoch noch nicht näher definieren lässt. Erst am Abend, als er längst wieder zuhause sein wird und der Anblick dieser Häuser oben auf dem Hügel in seinem Geist immer noch nachhallt, wird ihm bewusstwerden, dass sie den Eindruck vermittelten, als gehörten sie nicht wirklich dorthin, an diesen physischen Ort, sondern einer feinstofflicheren Ebene an. Einer Realitätsebene, die sich noch nicht vollständig an dieser Stelle materialisiert hatte, weshalb auch die Gebäude so in der Luft zu hängen schienen: noch ebenso viel zum Himmel gehörend wie bereits zur Erde, zu gleichen Teilen noch Geist wie schon physische Manifestation.

— · —

Als er sich jetzt mit dem Auto dem Hügel nähert, schimmern allmählich auch die Bungalows an dessen vorderer Hangseite und unterhalb der neuen Häuser zwischen all dem Grün der Bäume und Büsche hindurch. In einem von ihnen hatte sein Freund während der Studienzeit mit seinen Eltern und Geschwistern gewohnt. Damals hatten die zeitlos-schönen weißen Würfel massiv und trutzig auf ihn gewirkt. Aber angesichts der futuristisch-himmlischen Übermacht, die jetzt oberhalb von ihnen thront, sehen sie eher aus wie weiße Kaninchen, ängstlich in den Hang geduckt.

Neugierig wie er ist, macht er, bevor er ins Zentrum der Stadt weiterfährt, wohin sein Freund längst umgezogen ist, noch eben einen Abstecher zu dem Hügel hin, um die dortige Lage genauer in Augenschein zu nehmen. Und tatsächlich findet er noch eine Baustelle vor; der Eindruck des noch nicht Vollendeten hat ihn also nicht getrogen. Die Wohngebäude sind zwar soweit fertiggestellt, aber noch nicht bezogen. Es stehen zwei Bauwagen und ein Bürocontainer herum, der Außenbereich wird soeben gepflastert und dazwischen werden Rasenflächen angelegt.

— · —

Später, zum Abschluss seines Ausflugs in diese Stadt, sucht er noch eine alte kulturelle Stätte auf: einen Tempel der Göttin Isis, der vor vielen Jahren in dieser historisch so dichten Stadt bei der Errichtung einer neuen Einkaufspassage im Erdreich darunter entdeckt worden war. Und während er im schummrigen Licht – diesmal eine Etage unterhalb der Erde – die Exponate aus dem ersten Jahrhundert nach Christus in den Glasvitrinen bestaunt, sieht er zwischen den freigelegten alten Steinmauern weißgewandete Priesterinnen umherschreiten, schemenhaft, mit blakenden Öllämpchen in ihren Händen.

— · —

Erst einige Zeit danach kann er die Botschaft dieses so außergewöhnlichen Tages begreifen, der ihn sowohl über als auch unter die Erde führte: Es war der Tag, an dem sich bei ihm zum ersten Mal ganz bewusst die Zeiten vermischten. Vom Verstand her wusste er längst, dass alles, was ist, jemals war, jemals sein wird, in der Unendlichkeit gleichzeitig vorhanden und dem menschlichen Geist zugänglich ist. An diesem Tag aber hat er das zum ersten Mal auch tatsächlich *erlebt!* Er hat, an ein und demselben Ort, Baulichkeiten und Szenen aus der Zukunft wie aus der Vergangenheit geschaut und ist auf diese Weise – mal eben so – durch die Jahrhunderte und Jahrtausende gereist, oder vielmehr durch das sich öffnende Multiversum seines eigenen Bewusstseins. Welches der Mensch normalerweise nur deshalb nicht wahrnimmt, weil seine physischen Sinnesorgane sich ausschließlich auf die dreidimensionale, die materielle Daseinsebene fokussieren. Wenn sich ihm nun aber gleichermaßen Ereignisse und Orte aus der Zukunft wie aus der Vergangenheit zu zeigen beginnen, bedeutet dies nicht, dass sich der Fokus seiner Wahrnehmung weitet und seine inneren Sinne allmählich erwachen?

27 Auf der Suche nach der verlorenen Sonne

Evolvieren bedeutet die Materie bearbeiten, nicht in den Himmel entschwinden.[50]

SATPREM

Bei der gesamten irdischen Evolution geht es, wie wir inzwischen mehrfach erörtert haben, letztendlich nur um eines: um die Offenbarung des höchsten Bewusstseins hier, in der physischen Welt. Dieser Prozess ist, wie wir erkannten, an die Vollendung des Menschen gebunden. Denn der Mensch ist es, der in sich selbst das göttliche Licht wiederfinden muss, das als Feuer in ihm brennt. Sehr anschaulich wird dieser Prozess des Wiederfindens des göttlichen Feuers in den Hymnen des indischen Rig-Veda beschrieben, der – als einer von insgesamt vier Veden – als der älteste noch erhaltene Text Indiens gilt. Was zeigt, dass der Weg zum inneren Licht seinen Verfassern, den weisen Rischis, vor rund siebentausend Jahren schon bekannt war – lange, bevor die Menschheit in geistiger Umnachtung versank. Und vielleicht wurde ja die Wahrheit, das *Wissen* (auf Sanskrit: *veda*), in dieser Heiligen Schrift für die Menschen verwahrt, um sie so durch die Zeiten der Finsternis, wie in einer Arche durch die Sintflut, hindurch zu retten?

— · —

Liest man den Rig-Veda allerdings ohne Interpretationshilfe, so sind seine Symbole und Metaphern für den heutigen Verstand schwer bis gar nicht zu verstehen. Allzu seltsam mutet es an, wenn ein seit Jahrtausenden verschollenes Hirtenvolk seine Götter mit reichlich ausgepresstem »Soma-Trank« zu ihrem Rausche herbeilockt, deren Streitwagen von »butterrückigen« Pferden gezogen werden. Oder wenn mit dunklen Feinden um die Herausgabe von

50. SATPREM: *Mutter oder Der Göttliche Materialismus,* Band 1, Seite 120.

»rötlichen Kühen«, den »Herden der Sonne«, gekämpft wird und um die Freilegung eines »Honigbrunnens« unter einem Felsen. Wieder einmal ist es Sri Aurobindo, dem es gelang, »das Geheimnis des Veda« in seinem gleichnamigen Buch auf einzigartige Weise zu entschlüsseln und psychologisch zu deuten. Seiner Ansicht nach vermittelt der Veda die höchste dem Menschen mögliche spirituelle Wahrheit.

— · —

Im erhellenden Licht dieser Interpretation, auf die sich im Folgenden bezogen wird, schildert der Rig-Veda die große Pilgerschaft von Agni, dem göttlichen Ur-Feuer, aus der Welt der Dunkelheit, in der die Götter es einst verbargen, zurück in die Welt des Lichts, seine wahre Heimat. (Es handelt sich um denselben Vorgang, dieselbe Transformation des Bewusstseins, wie im Kapitel 9 »Aufstieg des Bewusstseins«, Seite 47, beschrieben, nur diesmal vor dem Hintergrund des Rig-Veda dargestellt und daher in andere Symbole und Bilder gekleidet.) Es ist die Geschichte der Suche nach der »verlorenen Sonne«. Sie beginnt, indem Agni – als das Seelenlicht im Menschen – entflammt beziehungsweise als göttliches Kind in ihm geboren wird. Diese individuelle Seele ist es, die sich auf die lange Reise begibt, um aus ihrem im Physischen involvierten, damit unwissenden, verdunkelten und sterblichen Zustand in das Wissen, das Licht und die Unsterblichkeit zurückzukehren. Eine »Reise« allerdings setzt eine Bewegung voraus: von A nach B, von hier nach dort. In Wirklichkeit findet jedoch weniger eine Reise statt als vielmehr eine Wandlung des individualisierten Bewusstseins in Gestalt der Seele, deren (Wieder-)Erwachen zu ihrer sonnenhaften Göttlichkeit. Und sofern es dabei überhaupt eine Bewegung gibt, so ist sie nicht linear, sondern eher konzentrisch. Denn sie strebt von außen nach innen, durch immer tiefere Schichten des menschlichen Bewusstseins hindurch, bis zum innersten Kern – dorthin, wo alle zerteilte irdische Existenz wieder in die göttliche Einheit mündet.

— · —

Im Rig-Veda wird dieser Prozess der Transformation des Bewusstseins – wie es Sri Aurobindo in dem oben erwähnten Buch aufzeigt – nicht nur als Reise, sondern auch als »Opfer« und als »Schlacht« beschrieben und der nach Gott strebende Mensch als ein Krieger des Lichts und Reisender zur Wahrheit. Das Opfer besteht darin, dass der zur Wandlung bereite Mensch in immer größerem Ausmaß seine niedere, menschliche Natur mit ihren festgefahrenen Gewohnheiten, Trieben und vermeintlichen Bedürfnissen seiner höheren, göttlichen Natur darbringt, sie damit transformiert und überwindet. Er gibt alles auf, gibt alles hin, was seine Göttlichkeit noch verdeckt. Denn Fortschritt bedeutet weniger ein ständiges Emporklettern als vielmehr, noch vorhandene Hindernisse aus dem Weg zu räumen. (Mit den Begriffen von »niedrig« und »hoch« ist, nebenbei bemerkt, keinerlei Wertung verbunden. Sie bezeichnen nur das Ausmaß, in dem das göttliche Ur-Licht bei dem Hinabstieg durch die Bewusstseinsebenen seine Strahlkraft verliert respektive sie bei seinem Aufstieg zurückgewinnt.)

Und eine Schlacht ist dieser Vorgang insofern, als der Mensch keineswegs nur von edlen, zum Licht strebenden Persönlichkeitsanteilen – den »Göttern« oder »Söhnen des Lichts« – beherrscht wird, sondern auch von dunklen, anti-evolutionären Kräften. Im Rig-Veda werden sie »Widersacher« oder »Söhne der Finsternis« genannt, die nicht willens sind, ihre Position aufzugeben. Mit ihnen sind vor allem die die Wahrheit missverstehenden oder gar absichtlich verdrehenden Kräfte des Verstandes gemeint. Denn diese erhalten ihre Informationen nur durch die physischen Sinne, erfassen somit nur den äußeren Schein, aufgrund dessen sie ein rein materialistisches Bild der Welt suggerieren und diese illusorische Welt der Erscheinungen dann zur alleinigen Realität deklarieren.

— · —

Innerhalb dieser Welt der Erscheinungen verborgen aber liegt die *wirkliche* Welt, die Welt der Wahrheit: eine solare Welt unermesslicher Schönheit, ewiger Wahrheiten und strahlenden Lichts, wohin die Widersacher dem Menschen jedoch so lange den Zutritt verwehren, wie sie in ihm noch die Oberherrschaft haben. Diese Widersacher werden, so Sri Aurobindo, auch als »Geizhälse« tituliert, weil sie den göttlichen Reichtum – die goldenen »Kuhherden der Sonne« – vor dem strebenden Menschen verstecken, obwohl sie selbst nichts damit anzufangen wissen. Denn sie symbolisieren auch die Kräfte im Menschen, die nicht zum Opfer, das heißt, zu einer Hingabe an etwas Größeres als ihr Ego bereit sind. Als widerspenstige Persönlichkeitsanteile tummeln sie sich in jedem Menschen. Sie stellen aber auch jene Menschen dar, die noch von einem materialistischen oder »wissenschaftlichen« Weltbild mit seinen Scheinwahrheiten überzeugt sind und eine geistige Welt negieren.

— · —

Zwischen den Kräften des Lichts und denen der Finsternis bahnt sich die erstarkende Seele wie die aufgehende Sonne zwischen zwei »Wassern« – dem Ozean des Unbewussten und dem Ozean des Überbewussten – hindurch ihren Weg, wobei sie durch die Erleuchtungen ebenso an Kraft und Fülle gewinnt wie durch die Widerstände gegen das Licht: »Nacht und Tag, sie beide säugen das göttliche Kind.«[51] Irgendwann jedoch gewinnt Agni – die flammende Seele, das göttliche Feuer – den Kampf. Dann bricht der »Felsen« der unbewussten Materie auseinander und gibt im Innersten die »Herden der Morgenröte« frei: jene Sonne, die in der Dunkelheit gefangen war.↑ Nun sind die göttlichen Wahrheiten den finsteren Widersachern abgerungen; deren die Wahrheit verdrehendes Spiel ist aus und vorbei. Und wie in einer Flut goldenen Lichts offenbart sich die wahre Wirklichkeit: eine göttliche Welt.

— · —

Die Verfasser der Veden nannten diese größere Wirklichkeit *swar* (Sanskrit für »die Sonnenwelt«) oder auch *brihat* (»das weite Land«). Von dort aus strömt die ewig gültige und unvergängliche göttliche Wahrheit dann direkt in die physische Welt, ohne durch den menschlichen Verstand entstellt oder verzerrt zu werden.

Allein schon die auffallend ähnliche Beschreibung jenes geheimnisvollen Seinszustands lässt die Vermutung aufkeimen, dass es sich dabei um dieselbe Bewusstseinsebene handeln könnte wie das von Jesus Christus angekündigte innere »Himmelreich«, jenen Himmel, den die Erde offenbaren wird. Der folgende Text von Joel Goldsmith lässt dies jedenfalls anklingen, und so schließt sich hier gewissermaßen ein Kreis, lassen sich östliche und westliche Weisheit miteinander verbinden:

> Irgendwo im Bewusstsein liegt ein unbekanntes Land, ein Bereich, den Religion, Philosophie und Wissenschaft bisher

51. Zitiert nach Satprem: *Der Veda und die Bestimmung des Menschen,* Paris: Institut für Evolutionsforschung, 1996, Seite 23.

↑ Siehe hierzu auch Kapitel 50, »Wahrheit bricht hervor!«, Seite 209.

> noch nicht entdeckt haben. […] Dieses spirituelle Reich, diese innere Welt, ist genauso wirklich wie die äußere Welt, die wir sehen, hören, schmecken, berühren und riechen – ja, sie ist eigentlich viel wirklicher. Was wir durch die Sinne wahrnehmen, wird sich schließlich verändern und vergehen. Die innere Welt hingegen, diese spirituellen Herrlichkeiten, welche uns offenbart werden, diese spirituellen Lichtblicke, mit denen wir uns zu verbinden lernen – sie werden niemals verschwinden. Dies ist die Welt, die uns der Meister Jesus Christus offenbarte: ein Reich, das gerade da existiert, wo wir sind, wenn wir bereit sind, den Geist Gottes in uns zu empfangen. Es ist bereits auf dieser Erde gegründet und wartet nur darauf, von uns erkannt und gelebt zu werden.[52] ↑

Und so kehren wir zu der Erkenntnis zurück, dass der Mensch die Erde beziehungsweise seinen physischen Körper keineswegs zu verlassen braucht, um sich mit dem höchsten Bewusstsein wieder zu vereinen. Weil dieses göttliche Ur-Feuer ebenso jenseits der Erde wie in ihr selbst und im Herzen eines jeden Menschen brennt. Und nur dort, im eigenen Innern, lässt es sich unbeschadet wiederfinden. Und wenn wir – nochmals in der christlichen Diktion – im höchsten Bewusstsein den »Vater« und im individualisierten Bewusstsein Christus, den »Sohn«, erkennen, verstehen wir auch, weshalb Jesus Christus sagen konnte: »Keiner kommt zum Vater denn durch mich.« Die göttliche Seele braucht also auf der Suche nach ihrer verlorenen Heimat keineswegs in höchste Höhen zu entschwinden, sondern kann ins Unter- und Unbewusste des erwachenden Menschen hinabsteigen, dieses so lange reinigen und klären, bis das göttliche Licht auch aus der tiefsten Tiefe heraus wie eine neue Morgenröte erstrahlt und sich mit dem Gold des Himmels vereint. Oben wie unten, innen wie außen scheint dann der höchste Geist hindurch, und göttliche Transzendenz und göttliche Immanenz werden eins. ↑↑

52. Joel S. Goldsmith: *Ein Intervall in der Ewigkeit,* Band 1, Seiten 9–10.

↑ Vergleiche auch Kapitel 47, »Bis zum Horizont und weit darüber hinaus«, Seite 203.

↑↑ Siehe hierzu auch Kapitel 41, »Der durch das Feuer ging«, Seite 186, und Kapitel 29, »Das Supramental: neues Bewusstsein und uraltes Wissen«, Seite 132.

So wussten also die alten Rischis schon, dass es möglich ist, das Diesseitige mit dem Jenseitigen zu verbinden und im Menschen selbst die Hochzeit von Erde und Himmel zu feiern. Und dies ist somit das große Geheimnis des Veda: eine göttliche Sonnenwelt, ein »Himmel«, der sich inmitten der physischen Daseinsebene, der »Erde«, offenbart. Und jeder, der diese große Seelenreise vollendet, wird selbst zu einem »Rischi«: einem Seher, einem Weisen. Denn er besitzt dann – wie es Sri Aurobindo beschreibt – *zwei* Naturen, eine menschliche und eine göttliche, ist ebenso individuell wie universell: »Der Rischi [...] hat das Universelle im Individuellen realisiert, er ist zum Unendlichen im Endlichen geworden.«[53]

53. Satprem: *Der Veda und die Bestimmung des Menschen,* Seite 27.

28 Mit dem Fahrstuhl durch die Unendlichkeit

Unendlichkeit wird nie ein Ende haben. Das Leben wird nie ein Ende haben.[54]

JOEL S. GOLDSMITH

Seitdem er neulich seinen Freund aus Studientagen besuchte und durch Zufall nochmals dessen Elternhaus sah, muss er öfter auch an das Haus denken, in dem er selbst aufgewachsen war, und an den Albtraum, der ihn mit diesem verband und ihn die gesamte Kindheit hindurch plagte. Es handelte sich um ein großes Mietshaus, das aus sechs Stockwerken sowie einem Erd- und einem Kellergeschoss bestand. Mit einem Aufzug darin, um bequem die höheren Etagen zu erreichen. Er aber hatte aus Prinzip immer die Treppe genommen, obwohl er und seine Eltern fast ganz oben wohnten. Anfangs reichten seine Finger sowieso noch nicht bis an die schwarzen Kunststoffknöpfe heran, mit denen man die Zieletage drückte und in denen die Fingerkuppen der Hausbewohner tiefe Mulden hinterlassen hatten, und abgesehen davon war dieser Aufzug ihm sowieso suspekt. Denn anfangs gab es darin noch nicht einmal Zwischentüren, die sich beim Start des Aufzugs automatisch schlossen, so wie in späteren Jahren aus Sicherheitsgründen für alle Fahrstühle vorgeschrieben. Daher konnte man während der Fahrt abwechselnd die grauen Betonschichten der einzelnen Stockwerke und die jeweiligen Aufzugstüren mit ihrem verdrahteten länglichen Glaseinsatz vorübergleiten sehen. Und mit zuverlässiger Regelmäßigkeit blieb der enge, knarzende Kasten zwischen einem dieser Stockwerke stecken, sodass man so lange darin gefangen saß, bis der alarmierte brummige Hausmeister den Fahrstuhl wieder ruckelnd in Gang setzte.

54. JOEL S. GOLDSMITH: *Die Welt ist neu,* Seite 91.

Kein Wunder also, dass dieses eigenwillige Ungetüm Gegenstand eines ihn jahrelang quälenden Albtraums war, den er stets in zwei Varianten durchlitt, wovon keine besser als die andere war: In der ersten Variante befindet er sich in diesem Fahrstuhl, welcher nach unten, Richtung Erdgeschoss, fährt. Wo er jedoch nicht hält, sondern sich noch weiter nach unten schraubt: durch den Keller hindurch und dann immer tiefer und tiefer in die dunkle Erde hinab, an Stockwerken vorbei, die es in Wirklichkeit gar nicht gab – hinein in eine schwarze Unendlichkeit. In der zweiten Variante des Traums fährt der Aufzug mit ihm nach oben statt nach unten, an der fünften Etage vorbei, in der seine Eltern und er wohnten, übers oberste Stockwerk hinaus, wo der Aufzug das Dach durchbricht und weiter und weiter in den hellen Himmel hinaufsteigt – diesmal in eine weiße Unendlichkeit hinein. Und er selbst war abwechselnd in der tiefsten Tiefe wie in der höchsten Höhe vor Entsetzen schreiend aufgewacht.

— · —

Bisher hatte er diesen Albtraum auf sein diesmaliges Leben bezogen, das bis vor gar nicht langer Zeit doch scheinbar genauso verlaufen war: zu weit nach oben gestiegen, zu tief hinabgestürzt. Aber nachdem er beim Besuch seines Freundes erlebt hatte, wie die verschiedenen Realitätsebenen allmählich begannen, sich ihm zu öffnen und gleichzeitig Einblick in vergangene wie künftige Orte und Zeiten zu gewähren, kommt ihm der Gedanke, dass der Traum vielleicht nicht nur ein Albtraum, sondern auch ein Hinweis auf eine wunderbare Gabe gewesen sein könnte, die sich neuerdings abzuzeichnen beginnt. Und welche darin besteht, den Fokus seines Bewusstseins aus der Ich-Erstarrung und deren so einengender Dreidimensionalität zu lösen, ihn so plastisch und weit werden zu lassen, dass er damit ganz bewusst und voller Abenteuerlust tatsächlich durch die Unendlichkeit reisen könnte. Und es bestünde zum Glück ja auch nicht mehr die Gefahr – vor der dieser Traum seiner Kindheitstage ihn gewiss hatte warnen wollen –, für immer nach oben oder nach unten, in der weißen oder in der schwarzen Unendlichkeit, zu entschwinden. Denn inzwischen ist er zu seinem ICH erwacht und das göttliche Licht brennt in ihm, das ihn auf ewig mit der Quelle allen Seins verbindet. Und er spürt ja auch immer mehr, wie in ihm selbst die einstigen Höhen und Tiefen zu einem Kreis sich schließen, sodass es sowieso nur noch eine »Fahrtrichtung« gibt: nach *innen*, zur *Mitte*, in die *wahre Wirklichkeit* hinein!

29 Das Supramental: neues Bewusstsein und uraltes Wissen

Wir taten den Himmel auf die eine Seite und die Erde auf die andere. Dazwischen ein Abgrund. Lasst uns die beiden zu EINEM verbinden, und schauen wir in den Leib unserer Nacht, da entdecken wir vielleicht [...] dieses Herz der Wahrheit und die Macht zur Wandlung – ohne Maschine und ohne Religion.[55]

SATPREM

Das Streben früherer Sucher und Mystiker führte sie jedoch zumeist in eine andere Richtung: nach oben, in die jenseitige Transzendenz hinein. Sie gelangten zur weißen Unendlichkeit mit ihrem unermesslichen Licht und ihrer Glückseligkeit, verloren darin aber sich selbst und die Welt. Denn das Erlangen der Transzendenz scheint ein Zustand zu sein, der zwar den Einzelnen selig macht, aber keinen Deut am Leben selbst, an der physischen Welt respektive der Erde ändert, eben weil er sich *jenseits* all dessen befindet und daher keinen Einfluss auf das Irdische hat. Wer auf diese Weise zur Transzendenz gelangt und dort verbleibt, kehrt in den göttlichen Urgrund zurück und verlässt somit den irdisch-evolutionären Prozess. Aber da es nun einmal eine fortschreitende Entwicklung des Menschen wie auch der Erde gibt, muss diese doch noch einen anderen Sinn haben, als aus ihr auszusteigen und

55. SATPREM: *Die Tragödie der Erde*, Paris: Institut für Evolutionsforschung, 1999, Seite 110.

flugs wieder in den von allem unberührten Urzustand einzugehen. Ja, sie müsste sogar, sobald dieser Sinn erkannt ist, zu ihrer eigenen Vollendung und Erfüllung führen, denn: »Eine Evolution kann nicht innehalten, bis sie ihr ganzes Geheimnis findet.«[56]

—·—

Es braucht also, wie wir bereits überlegt haben, noch einen anderen spirituellen Weg: einen, der das menschliche Leben auf der Erde, ja diese ganze Welt der Materie mitnimmt und erhellt – und somit weniger zu einer einmaligen »Erleuchtung« als vielmehr zu einer allmählichen »Durchlichtung« oder Vergeistigung von Mensch und Erde führt. Ein solcher Weg müsste auf einem Bewusstsein beziehungsweise einer Bewusstseinskraft beruhen, die in der Lage wäre, die gesamte bisherige Natur des Menschen und seine der Unbewusstheit entsprungene evolutionäre Vergangenheit zu ergreifen, zu läutern und zu wandeln. Eine Bewusstseinskraft, die das zu vollbringen vermag, wäre in gewissem Sinne noch umfassender als die weltferne Transzendenz: eine ganzheitliche göttliche Wahrheit, die Himmel und Erde, Jenseits und Diesseits, Geist und Materie im Kreis der Vollendung vereint.

—·—

Es war die geniale Idee Sri Aurobindos, dieses göttliche Bewusstsein der Wahrheit nicht *oben,* in irgendeinem Himmel, sondern *unten,* auf der Erde, zu suchen. Er wurde auf sie – wie wir schon erfahren haben – durch die Veden, insbesondere den Rig-Veda, aufmerksam, indem er dessen, den modernen Geist so antiquiert anmutende und kaum noch verständliche Bilder und Metaphern entschlüsselte und in eine zeitgemäße Sprache übersetzte. So fand er den Weg zu jener »verlorenen Sonne« wieder, von der einst die vedischen Weisen und Seher kündeten: einem geheimen solaren Bewusstsein innerhalb der physischen Daseinsebene und im Herzen von allem, was ist.

—·—

Die Rischis, die Verfasser der Veden, beschrieben – Sri Aurobindo zufolge – den Kosmos als ein Kontinuum von zunächst sechs Bewusstseinsebenen, das in zwei Hemisphären aufgeteilt ist: in eine untere weltliche und eine obere göttlichen. Die untere Hemi-

56. Satprem: *Der Aufstand der Erde,* Paris: Institut für Evolutionsforschung, und Einsiedeln: Daimon Verlag, 1993, Seite 19.

sphäre des Kosmos setzt sich aus den drei Bewusstseinsebenen oder Daseinsprinzipien zusammen, die sich im Zuge der bisherigen Erdevolution bereits offenbart und manifestiert haben: Materie (Körperlichkeit), Vital (Leben) und Mental (Verstand). Die obere Hemisphäre des Kosmos hingegen umfasst die drei göttlichen Daseinsprinzipien von Sein, Bewusstsein und Seligkeit, deren Manifestation auf der Erde noch ausstehe. Man könnte es, so Sri Aurobindo, auch so beschreiben, dass die untere Hälfte der kosmischen Bewusstseinsebenen die evolutionäre Vergangenheit der Erde (mit all ihren Verkrustungen und Ablagerungen) darstellt und die obere Hälfte ihre noch zu evolvierende Zukunft. Dabei seien die drei Bewusstseinsebenen der unteren Hemisphäre des Kosmos ein Spiegel der drei oberen, so wie ja alles auf Erden ein Abglanz der himmlischen, geistigen Welten ist.

— · —

Nun wären, wie Sri Aurobindo weiter erklärt, diese beiden kosmischen Hälften jedoch für immer voneinander getrennt und als je eigenständige irdische beziehungsweise göttliche Welt unvereinbar, gäbe es zwischen ihnen beiden – als ein sie einendes Prinzip – nicht noch eine weitere, eine *siebte* Bewusstseinsebene. Sodass der Kosmos in Wirklichkeit also aus sieben Bewusstseinsebenen besteht. Ohne diese siebte wäre es niemals möglich, die unteren drei Daseinsprinzipien des Erdbewusstseins in die ihnen entsprechenden göttlichen Wahrheiten umzuwandeln, deren Abbild sie doch sind. Die Rischis nannten dieses, die beiden Hemisphären verbindende Bewusstsein, das »Wahrheitsbewusstsein«, weil in ihm nur Wahrheit existiere und es daher überall dort, wo es wirke, die Wahrheit ans Licht bringe. Sri Aurobindo nannte es auch das »Supramental«: »supra«, weil es sich – in seinem verwirklichten Zustand – zunächst nur »oberhalb«, jenseits der höchsten mentalen Bewusstseinsebene befinde. In einem noch involvierten, ruhenden Zustand wohne es jedoch auch allem Irdischen inne. Es sei das ursprüngliche und *höchste Bewusstsein selbst*, das sich als erstes Daseinsprinzip in der Erde involvierte und ergo als das letzte daraus wieder in Erscheinung trete. Sri Aurobindo beschreibt es wie folgt:

> Das Supramentale ist seinem eigentlichen Wesen nach ein Wahrheitsbewusstsein. [...] Denn seine wahre Natur ist

> Wissen: Es braucht nicht Wissen zu erwerben, sondern besitzt es von Natur aus; es geht nicht von Nichtwissen oder Unwissen aus zu irgendeinem unvollkommenen Licht hin, sondern von Wahrheit zu größerer Wahrheit, von richtiger Schau zu tieferer Schau, von Intuition zu weiterer Intuition, von Erleuchtung zu äußerster, grenzenloser Lichtfülle, von wachsender Weite zur völligen Grenzenlosigkeit, zur eigentlichen Unendlichkeit. Auf seinen Gipfeln besitzt es das göttliche Allwissen und die göttliche Allmacht.«[57]

Dieses Supramental wohnt also der ganzen Schöpfung inne: ein immanentes, alles integrierendes Bewusstsein, das alle anderen Bewusstseinsebenen in sich umfasst. Wenn die Evolution schließlich ihrer Vollendung zustrebt, tritt es innerhalb der Welt der Materie hervor, erleuchtet dann alles mit seinem Licht der Wahrheit und wird ein völlig anderes Leben auf Erden ermöglichen als bisher: ein NEUES! ↑

—·—

Damit wäre das Supramental tatsächlich eine Brücke zwischen den Welten, die Verbindung von Unterbewusstem und Überbewusstem, Vergangenheit und Zukunft, Materie und Geist. Man kann es sich so vorstellen, dass das Supramental, sobald es innerhalb des Erdbewusstseins aktiv wird, das Tor in die göttliche Wirklichkeit, die All-Einheit und ihre Unendlichkeit aufstößt und so die letzten Schleier der Illusion einer Abtrennung irdischen Lebens vom allumfassenden Ganzen zu grauem Staub zerfallen lässt.

Hierfür gibt es jedoch, wie es Sri Aurobindo weiter beschreibt, eine unabdingbare Voraussetzung: Das im Erdbewusstsein noch ruhende Supramental muss erst aktiviert werden, damit es innerhalb des Erdbewusstseins überhaupt zu wirken beginnen kann, um dann, nach und nach, die ganze Erde zu erwecken. Dazu müsse das oberhalb der Schöpfung befindliche höchste Bewusstsein auf das am tiefsten Punkt der Erde noch involvierte Supramental treffen. Was an sich jedoch unmöglich wäre, weil es – wie zuvor darge-

57. SRI AUROBINDO: *Die Offenbarung des Supramentalen*, Pondicherry: Sri Aurobindo Ashram, 1969 / 1987, Seiten 50 und 51.

↑ Siehe auch Kapitel 13, »Erwachen im Seelen-Innenraum«, Seite 64, und Kapitel 46, »Ein neuer Garten Eden«, Seite 200.

legt – zwischen den oberen und den unteren Bewusstseinsebenen des Kosmos ja zunächst keine Verbindung gibt. Es muss daher erst ein Durchgang, eine Schneise, gebahnt werden, damit das höchste Bewusstsein überhaupt ins Erdbewusstsein hineinströmen kann.

— · —

Derjenige, der sich für diese geradezu übermenschliche Arbeit mit seinem eigenen Bewusstsein zur Verfügung stellt, muss in immer höhere Regionen des Überbewussten hinaufsteigen und mit dem dortigen Licht dann in immer tiefere Tiefen des noch Unbewussten hinabsteigen und diese transformieren, damit sie für das Licht der göttlichen Wahrheit aufnahmefähig werden. Diese Doppelbewegung von Aufstieg und Herabkunft führt schließlich bis auf den allertiefsten Grund des Unbewussten, den steinernen Boden der Materie, wo Sri Aurobindo zufolge die Auflösung des Rätsels der Welt, die Erlösung der Schöpfung warte: »An jenem äußersten Punkt, an dem die Zukunft auf den Felsgrund der Vergangenheit trifft, dort, wo das Licht die allerdichteste Schicht der Nacht durchbricht, werden wir, so Gott will, das Geheimnis des Todes und des Ewigen Lebens finden.«[58] Sei diese gigantische Transformation vollbracht, dann gelte derjenige, der sie in sich vollzog, nun als auf allen sieben Bewusstseinsebenen des Kosmos und in allen sieben Welten erwacht. Er habe das zustande gebracht, was die alten Rischis zunächst nur für eine »Möglichkeit für den Menschen«, zugleich aber auch für seine »göttliche Bestimmung«[59] hielten.

— · —

Die immense Aufgabe, diesen Durchgang ins Erdbewusstsein hinein zu graben, scheint inzwischen tatsächlich vollbracht zu sein. (Wie und auf welche Weise wird sehr anschaulich in dem Buch *Sri Aurobindo oder Das Abenteuer des Bewusstseins* von Satprem beschrieben.) Denn das Freilegen dieser Lichtschneise zwischen den kosmischen Hemisphären, das die vedischen Seher auch den »großen Übergang«[60] nannten, war Sri Aurobindos unermessliches Lebenswerk – nur weiß heute kaum noch jemand davon… In seinem fulminanten Epos *Savitri* sind jedoch der ganze Prozess und seine schier unvorstellbaren Erfahrungen auf dieser Reise durch

58. Satprem: *Sri Aurobindo oder Das Abenteuer des Bewusstseins,* Seite 228.
59. Sri Aurobindo: *Das Göttliche Leben,* Band 1, Seite 306.
60. Satprem: *Sri Aurobindo oder Das Abenteuer des Bewusstseins,* Seite 242.

Himmel und Hölle für alle Zeiten aufgezeichnet. Es genügte offenbar, dass *ein* Mensch diesen großen Übergang in sich stellvertretend vollzog, damit er für alle, die den Mut haben, nachzufolgen, nun viel leichter zu erringen ist. Denn es gibt nur EINE MENSCHHEIT, EINE MATERIE, EINE ERDE. (Es sei an dieser Stelle noch angemerkt, dass wir Menschen die zurzeit immer stärker werdenden Sonnenaktivitäten mit ihren Botschaften des Lichts, die zur Erde strömen, gewiss nicht in unser eigenes Bewusstsein integrieren könnten, hätte es nicht zuvor im Erdbewusstsein diese Öffnung für das Licht gegeben! Denn nur ein innerhalb der Erde erwachtes solares Bewusstsein kann das solare Bewusstsein des Himmels überhaupt in sich aufnehmen, eben weil es sich *wesenhaft* um dasselbe Bewusstsein handelt.)

—·—

So wurde also das, was wir spirituell orientierte Menschen heute als das »Erwachen der Menschheit«, »Aufstieg der Erde« oder »Evolutionssprung« jubelnd begrüßen, schon vor langer Zeit angekündigt und mit unvorstellbarer, übermenschlicher Anstrengung vorbereitet. Hinter unserem »neuen Bewusstsein« steckt somit uraltes Wissen! Und man könnte sich fragen, ob sich nicht auch noch andere Begriffe und Bilder aus früheren Zeiten und Kulturen eigentlich auf dieses sich – jetzt und hier – abzeichnende »neue Bewusstsein« beziehen. So, wie wir an anderer Stelle in diesem Buch ja auch schon eine verblüffende Ähnlichkeit zwischen der »Sonnenwelt« der Rischis und dem christlichen »Himmelreich« entdeckten. Aber auch das »Gelobte Land« als ein neues Paradies oder der »Neue Himmel« und die »Neue Erde«, von der die Offenbarung der Bibel kündet, erinnern daran. Und wenn Jesus von Nazareth andeutete: »Meines Vaters Haus hat viele Wohnungen«, können wir in diesen »vielen Wohnungen« nicht auch ein umschreibendes Bild der unzähligen Dimensionen des Kosmos, als des »Hauses des Vaters«, erkennen? Aber auch das »Christusbewusstsein« oder »Christuslicht«, das christliche Mystiker schon immer in sich zu entfachen vermochten und dem wir uns als Nächstes↑ zuwenden wollen, hat auffallende Ähnlichkeiten mit dem Supramental und seinem alles durchdringenden solaren Licht.

—·—

↑ Siehe hierzu auch Kapitel 30, »Von der Göttlichkeit der Erde«, Seite 139.

Ganz gewiss hat das »neue« Bewusstsein somit schon immer existiert. Nur, dass es jetzt auf Erden zugänglich ist und damit *allen* Menschen zur Verfügung steht, ein jeder sich ihm öffnen und sich von Grund auf von diesem Bewusstsein transformieren lassen kann, ist neu. Und es wird uns, indem es unsere Entwicklung immer mehr zu ihrer Vollendung hinlenkt, den Sinn und das ganze Geheimnis unserer Erde, ja des ganzen Kosmos, offenbaren, denn:

> Dies ist der Aspekt und die Bedeutung des Supramentalen in der Evolution; in Wahrheit aber ist es ein ewiges Prinzip, das sogar im materiellen Weltall verborgen existiert, der geheime Erhalter aller Schöpfung und das, was in einer augenscheinlich unbewussten Welt das Emportauchen eines Bewusstseins möglich und gewiss macht und den Aufstieg der Natur zu einer höchsten spirituellen Wirklichkeit erzwingt. Es ist tatsächlich eine Ebene des Seins, die existiert und immer schon existiert hat, das Bindeglied zwischen Geist und Materie, das in seiner Wahrheit und Wirklichkeit den ganzen Sinn und das Ziel des Weltalls enthält und sichert.[61]

61. Sri Aurobindo: *Die Offenbarung des Supramentalen,* Seite 80.

30 Von der Göttlichkeit der Erde

»Erfülle Ich nicht den Himmel und die Erde?«, spricht der Herr.

Jeremia 23.24

Ist es nicht beruhigend, dass wir nicht mehr jeden Morgen bangen müssen, ob die Barke des Sonnengottes auch heute wieder am östlichen Horizont erscheint oder die zornigen Götter von Donner und Blitz nicht mehr mit Opferritualen zu besänftigen brauchen? Und doch wünscht man sich manchmal angesichts des – von außen betrachtet – so desolaten Zustands unserer Erde, der das Resultat eines noch desolateren Zustands des ach so aufgeklärten menschlichen Geistes ist, ein wenig der Zauberhaftigkeit jener mythischen Zeiten zurück. Aber vielleicht ist ja eine neue Verzauberung möglich, wenn wir immer mehr die tieferen Hintergründe unserer Krisen und die Rolle unseres blauen Planeten im großen Weltgeschehen verstehen. Und damit wieder Ehrfurcht empfinden und Dankbarkeit, als kleiner aber immens wichtiger Teil dieser Erde leben zu dürfen. Dann werden wir erkennen, dass es keinen größeren »Zauber«, kein größeres Wunder gibt als die Wirklichkeit selbst.

—·—

Die aktuellen Krisen werden nicht weniger, sondern mehr. Wir befinden uns inzwischen in einem endzeitlich anmutenden Szenario und sind angesichts dieses bösen Erwachens entsetzt, dass es überhaupt so weit kommen konnte. Endzeitliche Umstände aber können zu zweierlei Resultaten führen: zum Untergang einer offensichtlich misslungenen Kultur oder zu deren radikalen Erneuerung. Noch liegt es an uns, welchen Ausgang wir wählen...

Mit der Entmythologisierung der Welt, die ohne Frage unabdingbar für die weitere Bewusstseinsentwicklung des Menschen war, haben wir aber nicht nur so manchen Aberglauben, sondern *jeglichen* Glauben an eine über allem waltende geistig-göttliche Macht verloren. Und eines scheint bei aller Ungewissheit, wohin der Weg uns führen wird, gewiss: *Ohne* das Verständnis für die spirituelle Bedeutung unserer Erde und einen Rückbezug des Weltgeschehens auf das Geistige im Hintergrund, von dem doch »alles Vergängliche«, wie Goethe erkannte, »nur ein Gleichnis« ist, kann es keine Lösung unserer Krisen geben.

— · —

Wenn wir uns nicht von der Vielzahl der aktuellen Probleme verwirren lassen, können wir nämlich *eine* gemeinsame Ursache sehen. Sie liegt in der Abspaltung des Menschen vom großen Ganzen, in seiner Loslösung vom Geistig-Göttlichen, das ihn doch erschaffen hat, erhält und trägt. Gemeinsam mit dem Menschen wurde auch die Erde aus diesem ganzheitlichen Zusammenhang herausgerissen. Und nur etwas, das man aus dem eigenen Bewusstsein abgespalten hat, kann man emotionslos malträtieren, ausbeuten, vergewaltigen. Von daher wäre es ein Segen, wenn das Geistige in unser so einseitig gewordenes, materialistisch-mechanistisches Weltbild und Weltverständnis wieder Einzug halten und sich ein umfassenderes ganzheitliches Weltbild formen könnte. Dann würden wir erkennen, dass unsere Erde kein toter Gesteinsbrocken ist, der bedeutungslos durch ein kaltes, unbeteiligtes Weltall trudelt. Sondern ein beseelter, lebendiger Organismus, eingebettet in eine unermessliche schöpferische Intelligenz, damit geborgen und behütet im All – ja sogar, dass Gott in ihr wohnt! Welt wäre nicht nur Welt, sondern wieder »Schöpfung«, und allein dieser Begriff eröffnet eine größere Dimension der Betrachtung. Denn wo es eine *Schöpfung* gibt, da gibt es auch einen *Schöpfer.* Und wo ein Schöpfer (an-)erkannt wird, da offenbaren sich ganz von selbst Wahrheit, Ordnung, Schönheit, Sinn.

— · —

Wir wissenschaftlich Aufgeklärten haben – seit Einstein und seinen Nachfolgern – inzwischen aber auch begriffen, dass Materie in Wirklichkeit Energie in unterschiedlicher Dichte beziehungsweise Schwingung ist und damit Ausdruck von Bewusstsein, eines letztlich unendlichen Bewusstseins. Und da hinter jedem Bewusstsein geistige Kräfte wirken und hinter diesen wiederum geistige Wesen, nennen manche dieses unendliche Bewusstsein beziehungsweise Wesen auch: »Gott«. Gott hat diese materielle Welt, die Schöpfung, aus Sch selbst heraus erschaffen, daher muss auch unsere Erde ein Ausdruck von etwas Göttlichem sein. Denn alles Erschaffene ist Form gewordene geistig-göttliche Idee, und die Erde ist der Ort ihrer lebendigen Verwirklichung. Gott hat die Welt also keineswegs nur erdacht und dann von einem fernen Himmel aus im Stich gelassen; Er ist vielmehr selbst in sie eingegangen, sodass Er in ihr allgegenwärtig ist. Seit ihrer Erschaffung »geht« Er jeden Schritt mit ihr und mit jeder Seiner Kreaturen. Man sagt, Gott habe Sich selbst – als inneres Feuer – in diese Welt ergossen, um sie aus dem Inneren heraus zurück in die Einheit zu führen. Das »Unternehmen Erde« folgt also einem übergeordneten Plan und hat ein ebenso übergeordnetes Ziel! Wissenschaftlich ausgedrückt nennt man diesen langen Weg von der Zersplitterung des Lichts zurück in die Einheit »Evolution«. Aus spiritueller Sicht ist die Evolution das schrittweise Offenbarwerden Gottes in der Welt; es geht mit einer immer größeren inneren Vereinigung, Ordnung und Durchgeistigung der physischen Gestaltungen einher. Insofern kann der Mensch als »Krone der Schöpfung« verstanden werden, als er, als *wahrer Mensch* und werdender Gott, an der Spitze dieser Vorwärtsbewegung steht. Denn in ihm erwacht Gott schließlich wieder zu Sich selbst. Und wir befinden uns – aller Krisen zum Trotz oder vielleicht ja gerade deshalb – schon inmitten dieses globalen Erwachens.

— · —

Auch innerhalb des Irdischen, der materiellen Daseinsebene, ist somit das Göttliche verborgen, von außen betrachtet scheinbar schlafend und doch mit unverminderter Macht. Diesen dem Irdischen innewohnenden Gott nennt man auch den »immanenten« Gott. Er ist ein Aspekt des die Schöpfung übersteigenden »transzendenten« Gottes, welchen er innerhalb der physischen Wirklichkeit sichtbar und erlebbar macht. Und so erfordert ein neues, ganzheitliches Weltbild auch ein neues, ganzheitliches Gottesbild. Denn offensichtlich war der bisher im Glauben so vieler Menschen vorherrschende männliche Schöpfergott – »Gottvater« – ihnen und der Erde doch zu fern, als dass sie seine Anwesenheit hätten erfühlen können.

Wie anders und innig nah wirkt hingegen der allem innewohnende »Gottes Sohn«! Er steht für Gottes Anwesenheit innerhalb der Schöpfung und hat in den verschiedenen Religionen und Kulturen unterschiedliche Namen. Überraschend oft ist dieser Name, wie es der Theologe Günther Schiwy in seinem Buch *Der Kosmische Christus* aufzeigt, ein weiblicher: »Shakti« (die »Göttliche Mutter« in Indien), »Sophia« (die »Weisheit« im Christentum) oder »Schechina« (Gottes »Glanz und Gegenwart« in der jüdischen Mystik). Und anscheinend ist überall dort, wo Gott Sich innerhalb der Welt zu erkennen gibt, Sein Antlitz nicht nur weiblich, sondern auch mit Liebe, Gnade und Mitgefühl verbunden. (Anmerkung: Es sollte nicht verwundern, dass ein und dieselbe göttliche Wesenheit beziehungsweise Aspekte von ihr in unterschiedlichen Kulturkreisen auch unterschiedliche Namen haben. »Christus« und die »Göttliche Mutter« näher miteinander zu vergleichen, würde den Rahmen dieses Buches sprengen. Der Begriff der »Göttlichen Mutter« habe ich in meinem Buch *Das Feuer der Erde* eingehender erläutert. Diesmal wollen wir den immanenten Gott unter dem Namen betrachten, unter dem unsere christliche Kultur ihn kennt: als »Christus«, »Christus-Licht« oder »Immanuel«.)

— · —

Diese Gegenwart Gottes in allem, was ist, wird auch der »kosmische Christus« genannt. Das Wissen um den kosmischen Christus geht bis in die frühesten Anfänge des Christentums zurück, geriet dann in Vergessenheit und wurde im zwanzigsten Jahrhundert, unter anderem durch den französischen Evolutionsphilosophen Teilhard de Chardin, wiederbelebt. Auch er sah in dem weltimmanenten Gott vor allem den Ausdruck eines Göttlich-Weiblichen: des »Ewig-Weiblichen«, das als das Prinzip der Liebe innerhalb des Universums wirke und alles Leben darin zu einer letztendlichen Vereinigung hinlenke. Dem genannten Buch Schiwys zufolge war Teilhard de Chardin sogar der Ansicht, dass Gott innerhalb der Schöpfung im »Ewig-Weiblichen« auf den Menschen warte. (Sollte Gott uns tatsächlich im Element des Weiblichen in besonderem Maße zugänglich sein, muss einen die bewusste Unterdrückung und Ausgrenzung von Frauen durch religiöse Führer oder selbsternannte »Gottesmänner« doppelt nachdenklich stimmen.)

— · —

»Christus« ist dieser Vision des kosmischen Christus zufolge das die Schöpfung durchstrahlende göttliche Licht und das sie vereinende, geheime Band zwischen allen Menschen. Der kosmische Christus ist somit keineswegs eine Besonderheit einer bestimmten (christlichen) Religion, sondern Ausdruck eines weltumspannenden, universellen Wissens (des wahren Christentums), das für alle Menschen Gültigkeit hat, unabhängig von ihrer Religion. Durch ihn werden, wie Teilhard de Chardin weiterhin erkannte, alle Menschen zu *einer* Menschheit geeint und diese zu *einem* – Christi – »Leib«. Diesen allem innewohnenden Gott zeichnet zudem aus, dass Er keines Vermittlers zwischen Sich und dem Menschen bedarf. Er braucht weder sakrale Rituale noch goldbestickte Gewänder oder mächtige Kathedralen, die gen Himmel streben; Ihm genügt als Wohnstatt die Schlichtheit eines aufrichtigen Herzens. Und *genau dort* findet ein jeder ihn, den Christus: in sich selbst, als sein erwachendes einzigartiges göttliches ICH!

— · —

Ein Ast verdorrt nur dann, wenn man ihn von seinem Baum absägt. Vereint jedoch mit dem Stamm, dem er entsprießt, wird er blühen und reichlich Früchte tragen. Die aktuellen, so verwirrenden und verworrenen Umstände auf unserem Planeten sollten uns wenigstens dieses begreifen lassen: dass es hinter allem Sichtbaren eine unsichtbare höhere Ordnung und Sinnhaftigkeit gibt und die Erde sowohl einen göttlichen Ursprung hat als auch ein göttliches Ziel. Überall da, wo wir diesen geistigen Hintergrund aus den Augen verlieren, sind die Konsequenzen katastrophal. Würden wir hingegen auch nur ansatzweise diese immense kosmische Ordnung erahnen, bliebe vermutlich nur ein ehrfürchtiges Staunen – und vielleicht doch der Wunsch, alles zu tun, um diese einzigartige Schöpfung zu bewahren! Somit drängt die Zeit, die unglückselige Trennung zu überwinden.

— · —

Die einzige Heilung einer Getrenntheit aber liegt in der Einsicht, dass alles Irdisch-Physische einem geistig-göttlichen Ur-Grund entstammt, sodass es zu einer *bewussten* (Wieder-)Vereinigung kommen kann. Einer Vereinigung in Liebe, denn Liebe war das einzige Motiv, als Gott diese Welt erschuf. Diese Wiedervereinigung von materieller und geistiger Welt zustande zu bringen, ist der Auftrag der Menschheit gegenüber der Schöpfung und der nächste – der *jetzige!* – Schritt der Evolution. Und wenn wir endlich nicht nur verstehen, sondern auch *fühlen,* dass alles, was wir der Erde antun, wir uns selbst, ja sogar Gott antun, können wir dann wirklich noch so weitermachen wie bisher?

Die Natur mit all ihren Geschöpfen ist uns Menschen (als »Krone der Schöpfung«!) ausgeliefert. Und niemand – unabhängig davon, ob er um die vorgenannten Hintergründe weiß oder nicht –, kann sich seiner Verantwortung fürs Ganze entziehen. Jeder ist aufgerufen, das Gotteslicht, den Christus, in sich zu erwecken und damit *wahrer Mensch* zu werden. Mit jedem dieser wahren Menschen, in denen Gott zu Sich selbst erwacht, wird sich auch das Geistig-Göttliche wieder auf Erden zeigen. Und *das* wird dann ein frohes Erwachen! Dann könnte die Erde sich doch noch als das offenbaren, als das sie von Anfang an gedacht war: als Schauplatz der Verwirklichung eines wundervollen göttlichen Plans.

31 Immanuel: Gott-mit-uns

Zeichen des Herrn, Wort Gottes – durch dich ward die Welt. Du bist, ehe Abraham ward, bevor Schöpfung begann, bevor Gott den Kosmos ersann.

Von Engeln verheißen, von einer Jungfrau geboren, kamst du auf Erden als Mensch – du Heiland, Lamm Gottes, Erretter der Welt.

Du göttliches Feuer, das alles durchstrahlt, du Anwesenheit Gottes in allem, was ist. Du trägst uns durch tiefste Finsternis, auch wenn wir dein Licht noch nicht sehen.

Bist du mit uns, ist Gott nicht fern. In dir leben, in dir weben wir, so wir an dich glauben. Denn die Auferstehung bist du und das Leben.

Alles andere ist machtlos, bist du nur mit uns: denn was könnte uns scheiden, Herr, von dir? Deine Gnade währet ewiglich und deine Wahrheit für und für.

Wenn neu die Erde, neu der Himmel, wirst du für alle sichtbar sein: des Höchsten Glanz und Herrlichkeit, du Offenbarer des unsichtbaren Gottes.

Dann erfüllt sich die Schrift, und die Welt ist erlöst. Du warst, du bist, du wirst immer sein: das Licht der Welt für alle Zeit – Liebe bis in Ewigkeit.

32 Pfad zum Leben

Du zeigst mir den Pfad zum Leben. Vor Deinem Angesicht herrscht Freude in Fülle, zu Deiner Rechten Wonne für alle Zeit.

Psalm 16.11

Es gibt Tage, da öffnen sich Himmelstore inmitten von Raum und Zeit. Tage, an denen wir zum Flüstern der Sterne erwachen. Ahnungsvoll, als würde uns hinter den Erscheinungen dieser Welt eine andere Wirklichkeit, ein anderes Leben erwarten: ein Leben, herausgehoben aus Kummer, Sorge und Leid, grenzenlos, erhaben und weit.

— · —

Er befindet sich in der glücklichen Lage, frei zu sein und frei zu leben. Seine Tage teilt er sich daher selber ein. Es gibt jedoch *einen* Fixpunkt, um den sich alle anderen Aktivitäten drehen, ähnlich dem Polarstern, um den die Erdachse kreiselt: Dieser ist das Wandern. Wobei er sich, in Anbetracht seiner beträchtlichen Daseinsspanne und der wundersamen Neuerungen seines Bewusstseins, inzwischen in erster Linie als Weltenwanderer versteht. Er liebt jedoch nicht nur das Wandern durch kosmische Zeiten und Weltenräume, sondern auch das einfache Dahinschreiten, ganz regional. Zumal er das Glück hat, in einer Gegend zu leben, die das letzte Stück vom Paradies noch ist oder vielleicht auch schon der erste Teil des neuen.

So beschließt er, auch an diesem Wintertag zu einer größeren Runde aufzubrechen, obwohl das Wetter alles andere als verlockend ist: die Temperatur um null Grad, dazu zäher Nebel, eine richtig »dicke Suppe« voller feuchter Kälte, die einem so heimtückisch durch die Kleider kriecht. Die Erde brütet heute schweigend auf grauem Grund. Er hat eine längere Wegstrecke ausgewählt, die er bisher noch nicht gelaufen ist. Daher wird er, als er – am Wanderparkplatz angekommen – vor lauter Nebelschwaden den Wald nicht sieht, zunächst doch etwas unsicher, ob es sinnvoll sei, ausgerechnet heute eine Strecke zu gehen, mit der er noch nicht vertraut ist. Man kann ja gerade mal von einem Baum zum nächsten sehen; wird er da überhaupt die Markierungen und Abzweigungen finden? Am Ende würde er sich in dem riesigen, heute menschenleeren Waldgebiet verirren. Aber dann denkt er bei sich, wenn er ganz achtsam ist, wird es schon gelingen.

— · —

So marschiert er frohen Mutes eine gute Stunde vor sich hin, als ihn auf einmal der Eindruck überkommt, es würde ein wenig heller, und er sich – urplötzlich – auf einem sonnenbeschienenen Waldweg sieht. Nur ein inneres Bild, aber von solcher Kraft, dass es ihm wirklicher erscheint als der ihn immer noch umwabernde Nebel. Es ist, als sei ein Licht in ihm aufgegangen, gleißend wie ein Stern, und habe auch alles ringsumher überflutet. »Bloß eine Illusion« sagt er sich, »wahrscheinlich eine Wunschvorstellung«. Aber dann denkt er: »Warum eigentlich nicht?«, und hütet das Bild – jetzt als Vision – noch für eine Weile in seinem Herzen. Und so kommt es, wie es wohl nicht anders kommen konnte: Einige wenige Kilometer noch, und der Nebel lichtet sich! Es wird, nun auch draußen, tatsächlich heller und heller. Die Welt um ihn her lässt eine heitere Gesinnung erahnen und kommender Tage Unbeschwernis. Da tritt aus einem aquamarinklaren Himmel auch schon majestätisch strahlend die Sonne hervor. Und er steht jetzt, mitten im Licht, genau dort auf dem Weg, wo er, einige Zeit zuvor, nur glaubte zu sein.

— · —

Das Merkwürdige allerdings ist: Der Wanderweg führt nicht wesentlich bergan! Er schlängelt sich vielmehr auf gleicher Höhe an mehreren hintereinanderliegenden Berghängen entlang. Mal geht es ein wenig in eine Talsenke hinab, auf der anderen Seite wieder hinauf, um dann auf demselben Niveau zu verweilen. Ansonsten hätte der Sonnenschein ja nicht verwundert. Denn führt ein Weg nur lange genug bergauf, landet man schließlich immer im Licht –, spätestens oberhalb der Troposphäre, nur dass es bis dorthin bekanntlich keine Wanderwege gibt. So ist es doch verwunderlich, weshalb weiter hinten im Land und tiefer drinnen im Wald die Sonne scheint und vorne nicht! Für ihn allerdings ist dies gar keine Frage: Die Sonne ist nur aus einem einzigen Grund aus der Unsichtbarkeit hervorgetreten – *weil er an sie glaubte!* Und so könnte in seinem Leben, wird ihm jetzt klar, fortan doch alles Wirklichkeit werden, auf das er nur fest genug vertraut.

Überwältigt von der Tragweite dieser Erkenntnis setzt er seine Wanderung fort bis zum Ziel: einem bewirtschafteten Forsthaus im Wald, wo er nach einer leiblichen Stärkung den Heimweg antritt. Bereits ein gutes Stück vor dem Platz, an dem sein Auto steht, empfängt ihn wieder der alte Nebel, genauso fröstelnd und dicht wie zuvor, als wäre auch die Zeit dort eingefroren. Hätte er es jemandem erzählt, es hätte ihm keiner geglaubt, dass hinter dieser grauen Trübnis – darüber, darinnen? – eine golden strahlende Sonne wohnt!

— · —

Als er beglückt nach Hause fährt, kommt ihm in den Sinn, dass sein Erlebnis doch wie ein Gleichnis für das Leben sei. Man nennt das Leben ja auch einen »Lebensweg«; auf ihm schreitet der Mensch voran. Und ist nicht das Entfachen des Lichts – jener inneren Sonne, die niemals untergeht – letztlich eines jeden Menschen Hoffnung und Ziel? Ist somit nicht ein jeder ein Wanderer, ja ein »Pilger des Lichts«? Und geht es auch im Leben nicht nur dann voran, wenn man an etwas Neues, Schöneres glauben kann? An eine größere Wirklichkeit, in der »Freude in Fülle« herrscht und »Wonne für alle Zeit«? Weil der Mensch ahnt, dass es etwas Wahreres und Erfüllenderes zu verwirklichen gilt als den noch so unausgereiften Zustand des gewöhnlichen Menschseins – etwas Vollendetes, Vollkommenes.

Dabei ist die Vollkommenheit immer schon da; denn als der Schöpfer die Welt erschuf, sah Er, dass alles sehr gut war. Seither erwartet sie den Menschen – so sanft und geduldig, über Äonen hinweg, als sei sie die Ewigkeit selbst. Manchmal aber, an Tagen wie diesem, wirft die Vollendung ihre Schatten – vielmehr ihr Licht – voraus! Wundersame Signale wie aus einer anderen Welt, in der Hoffnung, dass sie in den trüben Niederungen menschlichen Seins ein offenes Herz erreichen. Ein Herz, das noch zu glauben vermag, so unbefangen wie ein Kind. Dann hört der Mensch, wie ihn die Zukunft mit wispernder Stimme ruft, hin zu höheren Wirklichkeiten, einem größeren Sein – zu neuen, ungeahnten Bühnen seiner Existenz. Dann schiebt sich der Nebel wie ein Vorhang zur Seite und gibt eine Herrlichkeit preis, als ließe ein Gott Seine Hüllen fallen. Dann wird Schöpfung zu Offenbarung und in den Bildern dieser irdischen Welt schaut der Mensch Gottes lebendigen Leib.

— · —

Und ist das soeben Erlebte, so überlegt er weiterhin, nicht nur wie ein Gleichnis für das Leben, sondern auch für Gott? Muss nicht auch Gott, einer lodernden Flamme gleich, Sich an der Sehnsucht des Menschen nach Ihm entzünden? In fast allen Kulturen gilt die Sonne, selbst ja ein Stern, als ein Symbol für Gott: für das ewige Licht, das nicht anders kann, als zu strahlen. Aber erst, wenn der Mensch innerlich Gott bejaht – allen Verneinungen der äußeren Welt zum Trotz –, wird er all Seine Güte wie einen Segen empfangen. »Kehrt um zu Mir – Spruch des Herrn der Heere –, dann kehre Ich um zu euch, spricht der Herr der Heere« (Sach 1.3). Ist daraus nicht zu schließen, dass der Mensch, *ohne* bewusste Entscheidung für Gott, in einem teilnahmslosen, ja scheinbar gottlosen Universum haust? Weil Gott Sich ihm erst dann zu *er*-kennen gibt, wenn dieser sich zu Ihm *be*-kennt? Und beginnt daher der Mensch nicht erst dann, wirklich *zu leben,* wenn er Ihn, Gott, *liebt?* Dann aber wird Er zum Weg, zur Wahrheit und zeigt den »Pfad zum Leben«.

33 Ein Leben in Gnade

Ein Mensch, der fähig ist,
in der Gnade zu leben,
hat die Welt überwunden. Er hat Erlösung erlangt,
Freiheit trotz seiner Verkörperung.[62]

ROY E. DAVIS

Man kann die Menschen in vielerlei Gruppen einteilen, unter anderem in die, die an Gott glauben oder sogar felsenfest von Seiner Existenz überzeugt sind, und in jene, die sagen: »Schau dir doch nur diese Welt mit ihren Entsetzlichkeiten an! Wo, bitte schön, ist da ein Gott!?« Das Überraschende ist: Beide Gruppen haben, auf ihre Weise, recht! Wie aber kann das sein? Eine plausible Antwort findet man in den Büchern Joel Goldsmiths, in denen er erläutert, dass es (scheinbar) zwei Welten gibt: eine äußere Welt der Sinne, in der sich der Normalsterbliche befindet, und eine innere oder geistige Welt, in der der Mensch lebt, der seine Sterblichkeit überwunden hat. (Und dem sich damit erschließt, dass es in Wirklichkeit nur diese *eine* Welt gibt, denn die äußere Welt der Erscheinungen ist – für sich genommen – nur ein Schein: eine Projektion des menschlichen Geistes, die die wahre Wirklichkeit überdeckt.)

Goldsmiths Ausführungen zur ersten dieser beiden Welten sind mitunter erschreckend. Zum Beispiel wenn er darauf verweist, dass der sterbliche Mensch, die »Kreatur«, noch völlig von Gott abgeschnitten sei und daher auch nicht Dessen Schutz unterstehe. Denn wie könnte es sonst – so seine Argumentation – solch grauenvolle Dinge wie Krieg, Mord, Vergewaltigung geben, angesichts derer Gott doch ganz offensichtlich *nicht* reagiert. Oder die unzähligen Gebete zutiefst Verzweifelter, die vergeblich seien, weil Gott sie anscheinend *nicht* erhört... An anderen Stellen seiner Bücher

62. ROY E. DAVIS: *Wahrheitsstudien,* Seite 90.

zeigt sich Goldsmith milder gestimmt, indem er darauf verweist, dass selbst diese scheinbar so gottlose Welt *doch* Gottes Gesetz unterstehe, auch wenn der in ihr lebende Mensch dieses noch nicht erkenne.

— · —

Goldsmith zufolge gibt es nur *einen* Weg, diesem gottesfernen Massenschicksal der Menschheit zu entkommen: indem der Mensch sein Bewusstsein nach innen wende, hin zum göttlichen Ich als seiner wahren Identität. Denn nur so könne er erkennen, dass Gott nicht irgendwo »da draußen«, sondern »hier drinnen« – in ihm selber – wohnt. Allein durch diese *Umkehr nach innen* werde, so Goldsmith, die Gnade Gottes aktiviert und aus einer sterblichen Kreatur dann ein begnadetes, unsterbliches »Kind Gottes«, denn: »Die Kinder Gottes leben immer durch Gnade.«[63]

— · —

Diese entscheidende und alles verändernde Umkehr geschehe aber nicht dadurch, dass Gottes Gnade – und damit auch die Unsterblichkeit – dem »normalen« Menschen, der noch an seinen allzu menschlichen Wünschen und Bedürfnissen hängt, einfach so in den Schoß falle. Erst müsse der kreatürliche Mensch »sterben«, damit der neue, der geistige Mensch »geboren« werden kann. Daher wird die Gnade Gottes, so Goldsmith, weder durch Gutmenschentum erlangt noch durch pharisäerhaftes Befolgen von Geboten und Ritualen. Denn es kommt nicht auf das *äußere*, sondern auf das *innere* Leben an: auf das Streben eines Menschen nach Wahrhaftigkeit und Authentizität und auf seine Hingabe an Gott durch sein Anerkennen, dass Gott als das schöpferische Prinzip der einzige (Ur-)Grund seines Lebens ist.↑ Und so muss offenbar jeder Mensch diese Entscheidung irgendwann für sich treffen: ob er sich freien Willens dem göttlichen Willen zur Verfügung stellt oder lieber bei seinem ichhaften Eigenwillen bleibt.

— · —

Hingabe aber bedeutet auch, etwas von sich herzugeben. Denn erst das Geben steigert die eigene Empfänglichkeit, sodass dann auch etwas von Gott in den jeweiligen Menschen hineinströmen kann.

63. Joel S. Goldsmith: *Die Kunst der Meditation,* Argenbühl-Eglofstal: Heinrich Schwab Verlag, 2013, Seite 19.

↑ Siehe auch Kapitel 34, »Inneres Leben – äußeres Leben«, Seite 155.

Und so, wie sich das Bewusstsein dieses Menschen dadurch weiterentwickelt und sich immer mehr in die Höhe wie in die Tiefe erstreckt,↑ wird er zusehends zur Wahrnehmung des inneren Gottes und zum Empfangen von Dessen Gnade fähig. Schließlich füllt Gott – als strahlende innere Sonne – den hingebungsvollen Menschen vollständig mit Seiner Allgegenwart aus.

Denn Gott ist grundsätzlich immer »da«, weil Er ja alles *ist!* Er kann aber nur in dem Maße im Menschen zur Entfaltung kommen, wie dieser sich Ihm öffnet. Joel Goldsmith nennt dieses Gewahrwerden Gottes im eigenen Innersten, das den Übergang zu einem einzigartig neuen Bewusstseinszustand kennzeichnet, das »Christuserlebnis«;[64] in der spirituellen Literatur werde – so Goldsmith – auch von »Erleuchtung« oder »kosmischem Bewusstsein« gesprochen. Gemeint sei damit aber dasselbe: »die Geburt des Christus« im Menschen beziehungsweise »die Ankunft der Gnade im menschlichen Bewusstsein.«[65]

— · —

Wie anders jedoch sieht die Welt aus, in der der Mensch lebt, *bevor* er das Licht der göttlichen Gnade empfängt! Denn dort ist er noch gänzlich dem karmischen Gesetz unterstellt, dem Gesetz von Ursache und Wirkung. Dieser Zustand ist insofern noch »gnadenlos«, weil ein jeder stets das erntet, was er sät. »Bestrafung« und »Belohnung« werden dabei allerdings nicht von Gott verhängt, wie so oft fälschlicherweise angenommen, sondern sind einzig und allein die Folge des Denkens und Handelns des jeweiligen Menschen. Und nach Joel Goldsmith gibt es auch hier nur einen einzigen Ausweg: das eigenmächtige Säen zu unterlassen.

— · —

Da jedoch alles im Kosmos seinen Platz und seine Berechtigung hat, ist es sicherlich so, dass diese ebenso unerbittliche wie unausweichliche Härte des karmischen Gesetzes zu anderen Zeiten der Menschheit, auf früheren Stufen ihrer kollektiven Bewusstseinsentwicklung notwendig war. Um die Erfahrung zu machen, dass

↑ Wie wir es in Kapitel 9, »Aufstieg des Bewusstseins«, Seite 47, und Kapitel 27, »Auf der Suche nach der verlorenen Sonne«, Seite 123, betrachteten.

64. Ebenda.

65. Joel S. Goldsmith: *Der Mensch ist nicht zum Weinen geboren,* Argenbühl-Eglofstal: Heinrich Schwab Verlag, 2021, Seite 259.

man niemandem etwas antun sollte, was man selbst nicht möchte, oder um lieben zu lernen und im Zweifelsfall dann doch »Gnade vor Recht« walten zu lassen. Und gewiss gibt es auch heute noch Menschen, die nur durch die Schonungslosigkeit eines alttestamentarischen »Auge um Auge, Zahn um Zahn« lernen, weil sie ihr Einssein mit allem noch nicht fühlen und ihre Seele noch schläft. Es ist daher durchaus denkbar, dass der Mensch – evolutionsgeschichtlich betrachtet ebenso wie individuell – so lange der Dualität unterworfen bleibt und damit vom »Baum der Erkenntnis von Gut und Böse« essen muss, bis er in seinem noch unbewussten und somit »rohen« Urzustand genügend bearbeitet und »weichgeklopft« ist, dass er zu einem neuen und unendlich größeren Gesetz weitergehen kann: dem der Liebe und Gnade, welches für Goldsmith auch den Wechsel vom Alten zum Neuen Testament markiert. »Denn das Gesetz wurde durch Mose gegeben, die Gnade und Wahrheit kamen durch Jesus Christus« (Joh 1.17). Und sicherlich kann man Liebe auch erst dann wirklich begreifen und leben, wenn man ihr Gegenteil kennt.

—·—

Mit dem Eintritt in die Gnade aber fängt etwas vollkommen Neues an, beginnt erst wirklich DAS LEBEN. Alles Alte ist dann vergangen und vergeben. Der Mensch im Zustand der Gnade lebt in der göttlichen Allgegenwart. Er ist frei, weil es nichts mehr gibt, um das er sich noch sorgen müsste, alle Existenzängste und -kämpfe lösen sich auf. In der Gnade zu leben, heißt, still zu sein, nur noch auf die innere Stimme zu lauschen und ihr zu folgen. Dann erfährt der Mensch, wie Gott als die All-Liebe für alles sorgt und wie alles, was in seinem Leben von da an geschieht, ebenfalls Ausdruck von Liebe und daher zu seinem Besten ist. So lässt er in Ruhe und Frieden Gottes Willen geschehen.

—·—

Und vielleicht ist ja das Besondere an der Gnade diese ungeheure Leichtigkeit: alles abgeben zu dürfen, keine Fragen ans Leben mehr zu haben, weder Wünsche noch Sorgen. Das Vergangene ruhen zu lassen, weil nichts mehr davon zählt. Das Kommende mit offenen Armen zu empfangen, weil es doch viel beglückender ist, sich vom Leben überraschen zu lassen, als selbst zu wollen und zu planen –, wissend um die Wunder, die nur aus der Gnade heraus geschehen.

Dabei ist es übrigens keineswegs so, dass der im Zustand der Gnade lebende Mensch nicht noch menschliche Themen zu bearbeiten hätte. Aber diese innere Arbeit wird nun durch das höchste Licht erhellt, was ihr eine immense Kraft verleiht. Und viele, vor allem kollektive Themen lassen sich vermutlich überhaupt erst durch diese machtvolle Unterstützung lösen, indem der Mensch Gott in und durch sich wirken lässt. Nur so kann sich dann noch jene letzte Umwandlung ereignen, die ihn aus seiner Endlichkeit heraus in die Unendlichkeit erhebt.

— · —

Gott »machen« zu lassen, bewirkt also Wunder, weil Er Sich dann vollkommen frei als unser Leben offenbaren kann, ungetrübt durch jedwede menschliche Intervention. Und abgesehen davon – ist nicht das Gewahrwerden Gottes überhaupt das erstaunlichste aller Wunder, die größte Gnade? Denn hierdurch kehrt der Mensch in den Zustand der Wunschlosigkeit zurück, und da er keine Wünsche mehr hat, ist er nicht nur frei, sondern auch »rein«: Sein ganzes Wesen und Sein sind nun von Gottes ewigem Licht durchdrungen. Nennen wir diesen Zustand doch: »die Rückkehr ins Paradies«!

34 Inneres Leben – äußeres Leben

Wer nach außen sieht, träumt; wer nach innen sieht, erwacht.

CARL GUSTAV JUNG

Es gibt ein äußeres Leben und ein inneres Leben, wobei das äußere Leben der Ausdruck des inneren Lebens ist. Dem an den Sinneswahrnehmungen orientierten menschlichen Verstand erscheint es jedoch so, als bestimmten die Geschehnisse im Außen unser Leben und ebenso unsere Reaktionen darauf, zum Beispiel unsere Gedanken, Überzeugungen und Gefühle. In Wirklichkeit verhält es sich jedoch genau umgekehrt: Wir selbst sind es, die unser äußeres Leben wie auch unsere äußere Welt Tag für Tag, Minute für Minute, von innen heraus gestalten, wenn auch zumeist unbewusst. Empfindet jemand beispielsweise – und obwohl es die Umstände kaum rechtfertigen – Dankbarkeit für die kleinen Dinge des Alltags oder die wenigen Momente des Glücks, dann werden sich solche Dinge und Momente unweigerlich häufen, denn Dankbarkeit zieht weitere Dankbarkeit an wie ein Magnet. Bei einem anderen, der ständig unzufrieden und mäkelig ist, weil das Leben ihm das, was er seiner Ansicht nach verdient, vorenthält, werden sich hingegen die Anlässe zur Unzufriedenheit häufen. Das Bewusstsein des Menschen bewegt sich somit wie auf einer Bewusstseins-Skala, je nachdem, weiter »nach oben« oder »nach unten«. Aus einer Abwärtsspirale gibt es allerdings irgendwann kein Entkommen mehr, sodass ein solches Leben dann in Groll und Verbitterung endet. In einer Aufwärtsspirale des Bewusstseins jedoch treten immer beglückendere und befreiendere Lebensumstände auf.

— · —

Leider warten wir – oftmals ein ganzes Leben lang und damit vergeblich – darauf, dass im äußeren Leben doch endlich die Umstände eintreten mögen, die uns die erhofften Glücksgefühle bescheren: wertgeschätzt und geliebt zu werden, sich finanziell gut versorgt zu wissen oder frei zu sein. Dies kann jedoch niemals gelingen, weil wir im Fall der Erfüllung unserer Sehnsüchte von außen von ebendiesen Umständen abhängig blieben. Das wichtigste Ziel der Entwicklung des Menschen ist jedoch, ein *freies Wesen* zu werden! Eine Erfüllung von außen ist auch aus einem weiteren Grund nicht möglich: Denn wie könnte ein Mensch zum Beispiel die Liebe für sich annehmen, wenn er sich selbst noch nicht liebt? Eine so genannte Liebe, die auf dem gegenseitigen Stopfen von Mangelzuständen beruht, ist und bleibt immer ein Tauschgeschäft. Und früher oder später fliegt der Schwindel auf...

— · —

Wir müssen also das Gefühl der Erfüllung des Ersehnten zuerst *in uns selbst* erwecken, damit es unser Bewusstsein und unser energetisches Feld entsprechend prägen kann. Von dort aus strahlt es dann hinaus in die Welt und zieht, scheinbar wie durch ein Wunder, genau jene Umstände an, die unser Gefühl bestätigen und unseren Glauben an die Erfüllung nachträglich rechtfertigen.

Dabei macht das äußere Leben nichts anderes, als uns unsere Hoffnungen und Befürchtungen, unser Selbstbild mit seinen Glaubenssätzen und Überzeugungen zurückzuspiegeln – völlig neutral und absichtslos. Und es ist in der Regel ein langer Weg, bis wir endlich durchschauen, dass es gar keine (objektive) Welt im Außen gibt, auf die wir (in subjektiver Weise) reagieren, sondern dass die so überzeugend auftretende und doch so trügerische Außenwelt unserer eigenen Innenwelt entspringt.

— · —

Zum Glück aber erfolgt irgendwann immer der innere Impuls, den Fokus unserer Aufmerksamkeit vom sinnlich Wahrnehmbaren, das uns wie hypnotisiert nach draußen starren lässt, abzuziehen und stattdessen nach innen zu lenken. Erst damit kann überhaupt ein bewusstes Leben beginnen, bei dem der Mensch sich nicht mehr als ein den äußeren Umständen passiv Ausgelieferter erfährt, sondern die Spielregeln des Lebens durchschaut, um dieses nun – als aktiv Handelnder – mit zu erschaffen. Und er lernt, mit dem

Leben zu kommunizieren, auch durch dessen Schwierigkeiten und Widerstände hindurch, die in Wirklichkeit nicht die Widerstände »des Lebens« sind, sondern seine eigenen. Dieser für ein bewusstes Leben so entscheidende Schritt ist jedoch erst dann möglich, wenn der Mensch bereit ist, vollumfänglich die Verantwortung für sein Leben zu tragen. Und damit die irrende Überzeugung aufgibt, es gäbe ein von ihm unabhängiges Leben und eine ebensolche unabhängige äußere Welt.

— · —

Diese Umkehr nach innen wird durch einen Weckruf der Seele bewirkt, denn nur sie weiß um diese universellen Prinzipien des Lebens. So ist es auch die Seele, die den Menschen, der die entsprechende Reife erlangt hat, nach innen, zu seiner wahren Identität hinzieht, um diese – zunächst im inneren, danach auch im äußeren Leben – zu verwirklichen. Erst hierdurch kann auch ein spiritueller Weg beginnen. Und im Grunde verfolgt das Leben immer und hinter allem äußeren Geschehen doch nur diesen einen Auftrag: den Menschen auf diesen Weg der Bewusstseinsentwicklung, der Selbstentfaltung und Selbstverwirklichung zu geleiten, denn: »Zu sein und in vollem Maße zu sein, ist die Absicht der Natur in uns.«[66] Und so, wie sich auf diesem Weg das innere Bewusstsein entwickelt, wie es klarer, lichtvoller und damit machtvoller wird, wird das äußere Leben es auch: »Ein höheres Bewusstsein bedeutet ein höheres Leben. [...] Denn überall, wo es einen Zuwachs an Bewusstsein gibt, vermehrt sich auch die potenzielle und die aktuelle Macht des Daseins.«[67]

— · —

Mit diesem helleren Bewusstseinslicht versehen begreift der Mensch allmählich auch, dass alles im Leben eine Botschaft und eine wesentlich tiefere Bedeutung hat als die oberflächlich wahrnehmbare, und dass das Leben immer nur Gutes für ihn will. In dem Ausmaß, in dem dieses Vertrauen auf das All-Gute wächst, wächst das eigene Bewusstsein auch: in immer höhere Höhen und immer tiefere Tiefen, womit es sich dem Göttlichen und All-Wundervollen nähert. Dann wird die Akzeptanz des Lebens so leicht, wie es auch eine Aussage des Buchs *Ein Kurs in Wundern*

66. Sri Aurobindo: *Das Göttliche Leben,* Band 2, Teil 2, Seite 448.
67. Ebenda, Seiten 441 und 464.

so einzigartig beschreibt: »Was könntest du nicht akzeptieren, wenn du nur erkennen würdest, dass alles, was geschieht, alle Ereignisse, vergangen, gegenwärtig und zukünftig, sanft geplant sind von dem Einen, Dessen einzige Zielsetzung dein Bestes ist?«[68]

Aus jeglichem persönlichen Kummer und Leid, aus den Problemen und Krisen der Menschheit insgesamt und ihrer Welt kann es daher nur *einen einzigen* Ausweg geben: einen spirituellen! Und in der Entwicklung des Bewusstseins, der Intensivierung des inneren Lebens liegt alle Erlösung, liegt alles Heil. Das wusste auch Jesus von Nazareth, weshalb er den Menschen so eindringlich dazu ermahnte, zuerst nach diesem inneren »Himmelreich« zu trachten. Denn alles andere ergibt sich daraus dann ganz von allein.

— · —

Wie bedeutungsvoll und kostbar ist also das innere Leben mit seiner immensen Chance auf Befreiung! Und doch scheinen die Menschen vor kaum etwas so viel Angst zu haben wie vor diesem heilvollen Innen mit seiner Stille, seinem Schweigen und der Heiligkeit des einen Selbsts! Und wie verzweifelt tun sie so vieles, um den Ruf dorthin *nicht* zu hören... Sie befürchten anscheinend, dort innen in die Leere zu fallen. Aber auch wenn auf dem Weg der Selbstverwirklichung irgendwann tatsächlich der Moment kommt, in dem der Mensch sich von seiner kleinen Ich-Persönlichkeit »entleert«, weil diese schweigend in seiem großen Selbst aufgeht, so bergen diese Stille und diese Leere doch alle Glückseligkeit und alle Fülle in sich: die eigene Göttlichkeit und Unendlichkeit – niemals endend.

68. *Ein Kurs in Wundern,* Übungsbuch, Freiburg i. Br.: Greuthof Verlag, 2016, Seite 255.

35 Kirchlein im Felsen

Ein Kirchlein von außen: kunstvoll herausgemeißelt aus rötlichem Felsgestein. Eine angelehnte hölzerne Tür. Dahinter einladender goldener Kerzenschein.

Von innen offenbart sich das Kirchlein als Höhle. Darinnen eine menschliche Gestalt, wie ein Embryo am Boden zusammengekauert. Sie erwacht, öffnet die Augen, steht auf. Gestalt und Höhle sind in ein warmes orangenes Licht getaucht – wie von in der Sonne schimmernden samtig-reifen Aprikosen.

Gesang ertönt von weit, weit her, der Schlusschor aus Wagners »Parsifal«. Flutet mit mächtigem Gebraus heran und ebbt dann in die Unendlichkeit zurück, aus der er kam: »Höchsten Heiles Wunder – Erlösung dem Erlöser«.

36

Lieben oder Das Lächeln der Welt

Es ist einzig der Blick der Liebe, der einem Menschen Schönheit und Vollkommenheit verleiht.

Gewiss hat er ihn schon öfters gesehen, den mittelgroßen, schlanken Mann mit dem kinnlangen, nach hinten gegelten, dunkelbraunen Haar. Bisher war dieser ihm jedoch nicht weiter aufgefallen, obwohl sich ihre Wege hin und wieder kreuzten: sein Weg, wenn er gegen Mittag von seinen Markteinkäufen aus der Altstadt kam, und der des Mannes, der seinerseits zügigen Schrittes Richtung Altstadt lief. Er kennt dessen Gesicht vom Sehen her, weiß, dass der Mann in dem kleinen italienischen Restaurant gleich neben der barocken Schlosskirche oben auf dem Hügel Kellner ist. Dieses »Kennen« aber war bisher nur ein unterschwelliges Registrieren, so wie man vieles registriert, ohne dass es für einen selbst eine Bedeutung hat.

— · —

Aufmerksam auf den Mann wird er erst durch eine kleine Szene, die sich eines Tages ereignet, kurz bevor sie aneinander vorübergehen, wodurch dieser Mann nun in sein Bewusstsein tritt. In dieser kleinen Sequenz beobachtet er, wie der andere – noch im Gehen – mit seinem rechten Daumen sein rechtes Nasenloch verschließt, mit einem heftigen kurzen Schnauben eine Portion gelblich-grünen Schnodders auf das Trottoir rotzt, mit Zeigefinger und besagtem Daumen einmal quer über die ganze Nase wischt, seine rechte Hand in seine rechte Jackentasche steckt und weitergeht, als wäre nichts geschehen. Er selbst aber, der eben noch unbeteiligte Beobachter, bleibt für einen Moment stehen wie erstarrt; längst überwunden geglaubte Gefühle übermannen ihn: Ekel erfasst ihn angesichts dieses Mannes, ja er *verabscheut* ihn! Nicht nur wegen dem, was er soeben hat beobachten müssen, sondern auch wegen der Fäden, die sein Gehirn daraus weiterspinnt.

— · —

In seinem Geiste sieht er nämlich schon, wie der Mann wenige Minuten später das Restaurant betritt, um den ersten, bereits wartenden Gästen ihre Mahlzeit zu servieren, *ohne* seine Hände gewaschen zu haben und daher vermutlich – ja, sehr wahrscheinlich sogar! – mit einer Spur inzwischen angetrockneten gelblich-grünen Schnodders am rechten Zeigefinger und Daumen. Das innere Bild des Mannes wandelt sich damit in das eines schmierig-schmuddeligen Zeitgenossen, wofür obendrein, wenn er es recht betrachtet, doch auch das nach hinten gegelte Haar eindeutig spricht. Denn vermutlich – ja, sehr wahrscheinlich sogar! – ist es gar nicht *gegelt*, sondern *fettig*, da ebenfalls ungewaschen! Und ist nicht auch die Kleidung des Mannes, so aus der Erinnerung heraus, nicht nur nachlässig, sondern – ja, jetzt erinnert er sich genau! – ebenfalls schlampig-schmuddelig, seine Gesamterscheinung ziemlich heruntergekommen? Und wer weiß, was dieser Typ sonst noch alles anfasst, ohne sich danach die Hände zu waschen…

Schon nimmt er sich, mit weit ausholenden Schritten und in heller Entrüstung, vor, seine Freunde zu warnen, auf keinen Fall mehr in dem Ristorante neben der Schlosskirche zu speisen, weil es dort einen Kellner gibt, der mit bloßen Fingern auf die Straße rotzt und es nicht einmal für nötig befindet, sich danach die Hände zu waschen!

— · —

Einige Zeit ist seitdem vergangen, die Empörung verblasst, dann vergessen, bis er denselben Mann – als habe es das Schicksal so gewollt – just an derselben Stelle wiedertrifft, mit einer blauen Orthese am rechten Knie und schwerfällig an einer Plastikkrücke hinkend. Man sieht ihm an, dass er große Schmerzen leidet und dennoch um Haltung ringt: das Gesicht matt und teigig-blass, um den Mund herum tiefe Falten eingegraben, was von den wacker zusammengebissenen Zähnen kommt, der Körper mühsam aufrecht der Schwerkraft der Schmerzen trotzend – aber leiden tut er doch.

In diesem Moment aber, als er den anderen so leidend und so ringend sieht, geschieht etwas mit ihm: Der Mann dauert ihn. Ja, er »dauert« ihn, ohne dass er ihn »*be*dauert«. Er mag, nebenbei bemerkt, dieses altmodische, leider in Vergessenheit geratene Wort. Denn wenn ein anderer einen »dauert«, so drückt dies Mit*gefühl* aus. Jemanden zu »bedauern« hingegen, weist auf Mit*leid* hin, welches immer ein Gefälle zwischen dem Bedauernden und dem zu Bedauernden schafft. Also, der Mann dauert ihn, wie er da so leidvoll und doch um Würde ringend des Weges humpelt, und ganz unvermittelt, ohne darüber nachzudenken, nickt er dem anderen zu: wortlos, still und ernst. So wie Menschen nicken, wortlos, still und ernst, wenn sie einander signalisieren wollen: »Ich kenne dich« oder »Ich habe dich erkannt.« Der andere – der an der Krücke geht – nickt ebenso wortlos, still und ernst zurück, und obendrein ein bisschen überrascht.

— · —

Als er selbst daraufhin weiter heimwärts strebt, bedrückt ihn auf einmal eine innere Last, eine Scham: Wie hat er nur diesen Mann, diesen bewundernswerten Menschen, der so schmerzgeplagt und doch so tapfer an seiner Krücke ging, dermaßen abfällig beurteilen können! Und dann noch zugelassen, dass aus der *Be*urteilung eine *Ver*urteilung wurde und diese – um ein Haar noch – mit seinem Freundeskreis geteilt! Was ist nur in ihn gefahren?! Er hat, aus einer einzigen Beobachtung heraus, einem Miniaturausschnitt eines Lebens, ein komplettes Urteil über einen Menschen gefällt, scharf und gnadenlos wie das Messer einer Guillotine, das auf den in seiner Entblößtheit doch so unschuldigen Nacken des Delinquenten herniedersaust.

Aber jetzt, da er diesen Menschen in seiner ganzen Not und Tapferkeit als erbarmungswürdig wahrgenommen hat, ist ihm die vor Wochen beobachtete Szene gar nicht mehr schlimm. Und vermutlich – ja, sehr wahrscheinlich sogar! – hatte der Mann damals eben gerade kein Taschentuch zur Hand, als ihn das dringende Bedürfnis, sich zu schnäuzen, überkam. Vielleicht stammt er aber auch aus ärmlichen Verhältnissen irgendwo im tiefsten Süditalien und hat nie gelernt, sich etwas hygienischer die Nase zu putzen. Und überhaupt: Macht denn die Art, sich zu schnäuzen, das Wesen eines Menschen aus? So ist es plötzlich auch gar kein Thema mehr, ob sich der Mann *vor* seiner Arbeit noch die Hände und *nach* der Arbeit die Haare wäscht oder nicht – ach, das ist jetzt alles ohne Belang! Denn jetzt *mag* er ihn: Dieser Mensch hat an sein Herz gerührt.

— · —

Und nochmals vergeht etwas Zeit, bis er erneut – auch diesmal an derselben Stelle – auf den anderen trifft. Der immer noch an seiner Plastikkrücke geht, inzwischen aber ohne die blaue Orthese und kaum mehr hinkend, und auch sein Gesicht sieht längst nicht mehr so peinvoll aus. Das freut ihn! Oh, wie es ihn freut, den Leidenden nicht mehr ganz so leidend zu sehen! Ja, es freut ihn so sehr, dass sich aus dieser Freude heraus ein Lächeln in seine Gesichtszüge schleicht. Und der andere lächelt, einem Spiegelbild gleich, scheu und sanft und fast ein wenig ungläubig, zurück. Es ist das schönste Lächeln, das er je gesehen hat: ein Lächeln der Erlösung. Jetzt mag er den anderen nicht nur, jetzt *liebt* er ihn!

Und auch wenn beider Lächeln noch so sachte wie der Flügelschlag eines Schmetterlings war, so breitet sich doch eine mächtige Woge des Glücks im Universum aus. Denn es war nicht sein Lächeln, nicht das Lächeln des anderen, es war – das Lächeln der Welt.

37 Rückkehr ins Paradies

Jeder Augenblick ist eine Gelegenheit zu spirituellem Wachstum.

Wie aber gelangen wir denn nun, ganz praktisch, über den Stand unseres bisherigen Menschseins hinaus und ins Paradies zurück, in jenen beglückenden Zustand der Wunsch- und Sorglosigkeit? Sind es einzig Liebe und Mitgefühl, die dorthin führen, oder gibt es noch weitere Methoden und Wege? Sichtet man die spirituelle Literatur zu diesem Thema, so stößt man durchweg auf dieselben Empfehlungen, nur mit unterschiedlicher Gewichtung je nach Verfasser, Verfasserin oder der jeweils zugrundeliegenden spirituellen Lehre. Insgesamt lassen sich die verschiedenen Disziplinen, um dem Bann des persönlichen Ichs, als der falschen Identität, und des Egos, als des trennenden Prinzips, zu entkommen, vier Schwerpunkten zuordnen.

— · —

Die Methoden des ersten Schwerpunkts zielen direkt auf das Aufgeben des Ichs ab, zumeist durch Dekonditionierung. Zuvor ist es jedoch notwendig, das Leben grundsätzlich von einem anderen Blickwinkel aus zu betrachten und zu begreifen, dass es dabei keineswegs nur um ein möglichst glückliches, unbeschwertes Leben geht, sondern um die Höherentwicklung des eigenen Bewusstseins, um geistiges Erwachen und innere Befreiung. Denn ohne das Verständnis, dass es in erster Linie um das *innere* und nicht um das *äußere* Leben geht, kann keine der spirituellen Disziplinen fruchten. Es ist daher unabdingbar, sich bewusst zu sein, dass alles, was scheinbar draußen stattfindet, nur eine Spiegelung des eigenen inneren Bewusstseinszustands ist. So fällt es leichter, selbst die Verantwortung für sein Leben zu tragen – und ebenso für die Welt, in der man lebt. Und wovor will man sich ängstigen, was ablehnen oder wogegen aufbegehren, wenn doch alles Ausdruck von einem selber ist...? Zu den Methoden, die direkt am Ego beziehungsweise dem persönlichen Ich ansetzen gehören:

- die Ereignisse des Lebens nur zu beobachten, sie still zu registrieren, ohne sie zu bewerten oder aufgrund alter Erfahrungen und den daraus resultierenden Vorurteilen zu beurteilen;

- sich begreiflich zu machen, dass es in Wirklichkeit gar kein abgegrenztes »Ich«, somit auch keine Zuordnungen von »mir« oder »mein« gibt;

- den Verstand zur Ruhe zu bringen, indem man sich bewusst macht, wie sinnlos dessen ewiges Geplapper ist. Heute denkt er dies, morgen das: nichts als Vermutungen, Urteile, Meinungen, aber niemals die Wahrheit;

- das Freiwerden von persönlichen Gefühlen und Bedürfnissen, indem man nicht mehr auf bisherige Konditionierungen reagiert, sondern innerlich unbewegt von allen Geschehnissen bleibt. Gelingt dies, treten Stille, Frieden und Freiheit ein, denn man kommt mit dem schweigenden Selbst in Berührung.

Mit der Zeit nimmt man sich, dank dieser Methoden, immer weniger als eine bestimmte Persönlichkeit und immer mehr als reines Gewahrsein oder Bewusstsein wahr. Man urteilt auch nicht mehr dem äußeren Anschein nach und hört schließlich gänzlich damit auf, Dinge, Wesen, Geschehnisse voreilig beurteilen oder bewerten zu wollen. Auf diese Weise lässt man auch das Polarisieren, das Einteilen in »Gut und Böse«, hinter sich, womit ja das Verhängnis der Menschheit seinen Anfang nahm.

— · —

Ein weiterer Schwerpunkt spiritueller Prinzipien liegt in der bewussten Hingabe seiner selbst und seines Lebens an Gott und des zunehmenden Vertrauens in Ihn. Solche Methoden sind zum Beispiel:

- das Beherzigen des ersten Gebots der Bergpredigt: »Du sollst den Herrn, deinen Gott, lieben mit ganzem Herzen, mit ganzer Seele und mit all deinen Gedanken« (Mt 22.37);

- nichts mehr planen und nichts mehr ändern zu wollen, was zum Aufgeben jeglicher Kontrollwünsche führt. Das Leben stattdessen vertrauensvoll fließen zu lassen, so wie es von selber fließt;

- zu begreifen, dass alles in diesem Universum sich sowieso in jedem Augenblick genau so entfaltet, wie es soll – ganz ohne unser Zutun;

- in Demut anzuerkennen, dass alles – in einem größeren Rahmen betrachtet – gut ist, so wie es ist, weil Gott als der All-Wissende und All-Liebende doch für alles sorgt;

- darauf zu vertrauen, dass alle unsere wirklichen Bedürfnisse aus unserer innersten Quelle erfüllt werden, ohne dass wir selbst uns darum kümmern oder Gott deshalb bedrängen müssten.

Auf diese Weise verlieren sich mit der Zeit alle Existenzsorgen und Lebensängste, denn nichts kann gegen ein Kind Gottes, ein Kind der Unendlichkeit obsiegen, das sich voll und ganz in die Hände seines Vaters begibt.

— · —

Je mehr diese Hingabe an Gott gelingt, umso leichter lassen sich dann auch die spirituellen Methoden des dritten Schwerpunkts meistern, bei denen es um die zunehmende Öffnung für die inneren Existenzbereiche, das »Himmelreich«, geht:

- die eigene Seele oder Christus, als das innere göttliche Licht, um Führung zu bitten;

- einzig und allein auf diese innere Stimme zu lauschen und zu vertrauen;

- zunehmend empfänglicher für Gottes innere Gegenwart und Seine Gnade zu werden;

- um sodann immer tiefer und länger im reinen Gottgewahrsein zu verweilen. Man sagt: »Die Energie folgt der Aufmerksamkeit«, das heißt, je mehr man im Gottgewahrsein verweilt, umso stärker wird auch die innere göttliche Kraft.

»Kommunikation« mit Gott wird hierdurch schließlich zu »Kommunion«, und wir erkennen diese innere göttlichen Anwesenheit als unsere eigene Quelle und unseren Daseinsgrund. Aus der Hingabe an Gott erwächst dann ganz von selbst der Wunsch, für andere da zu sein und eine innere Verbundenheit. Denn je mehr der göttlichen Gnade wir selbst empfangen, umso mehr will diese über- und hinüberfließen zu anderen Wesen und in die Welt.

— · —

Ein vierter Schwerpunkt spiritueller Prinzipien befasst sich daher noch mit unserem Verhalten anderen gegenüber; zu ihnen gehören:

- Erbarmen, Vergebung und Mitgefühl, wofür Selbsterforschung und Selbsterkenntnis notwendige Voraussetzungen sind. Denn sobald man bei sich selbst erkennt, dass fast alle Fehler oder »Sünden« aus Irrtümern und Unwissenheit heraus geschehen, wie könnte man dann noch einen anderen dafür verurteilen?

- Freundlichkeit, Wohlwollen und eine friedliche Gesinnung allen Geschöpfen gegenüber.

- Achtsamkeit, Demut und Dankbarkeit.

- Sich den Mitmenschen aus der Geisteshaltung heraus zu nähern, dass doch jeder vermeintlich »andere« ein Aspekt und Teil des eigenen Selbsts und eines gemeinsamen Ganzen ist und dementsprechend zu behandeln, gemäß dem zweiten Gebot der Bergpredigt: »Du sollst deinen Nächsten lieben wie dich selbst« (Mt 22.39).

— · —

Diese Einteilung spiritueller Disziplinen in vier Schwerpunkte wurde dem Verstand zuliebe vorgenommen, um eine gewisse Ordnung und Übersicht in die Vielzahl der Methoden zu bringen. In Wirklichkeit aber sind auch sie – wie immer und alles – untrennbar miteinander verbunden. Deshalb beeinflusst und verstärkt die Anwendung jeder einzelnen Methode gleichzeitig alle anderen. Beherzigen wir diese Prinzipien, dann nehmen sie immer mehr Raum in uns ein und transformieren uns nach und nach. Und jede noch so kleine Zunahme von Licht in unserem eigenen Bewusstsein bewirkt eine ebensolche Lichtwerdung der Welt. Daher ist Arbeit an sich selbst, am eigenen Bewusstsein, die einzig wirkliche Möglichkeit, die Welt zu verändern und das größte Geschenk, das wir einander machen können. Unsere spirituellen Bemühungen sind wie Blumensamen des Göttlichen – indem wir sie aussäen, hegen und pflegen, wird eine neue Welt, ein neuer »Garten Eden« daraus. ↗

↗ Siehe Kapitel 46, »Ein neuer Garten Eden«, Seite 200.

38 Das Geheimnis der Freiheit

Das ist die grundlegende Wahrheit, die den Menschen frei macht von den Bedingungen dieser Welt: die Verwirklichung des spirituellen Gesetzes oder spiritueller Macht als die einzige Realität.[69]

JOEL S. GOLDSMITH

Bleiben wir noch ein wenig im Paradies und wenden uns Adam und Eva zu. Es ist Joel S. Goldsmith, der in mehreren seiner Bücher auf den höchst interessanten Sachverhalt verweist, dass es in der Schöpfungsgeschichte der Bibel, der Genesis, zwei unterschiedliche Versionen davon gibt, auf welche Weise Gott den Menschen erschuf. Im ersten Kapitel der Genesis erschafft Gott den Menschen als Sein Abbild: »Dann sprach Gott: Lasst Uns Menschen machen als Unser Abbild, Uns ähnlich. [...] Gott schuf also den Menschen als Sein Abbild; als Abbild Gottes schuf Er ihn. Als Mann und Frau schuf Er sie« (Gen 1.26). Im zweiten Kapitel der Schöpfungsgeschichte hingegen formt Gott – jetzt als »Gott, der Herr« – den Menschen aus einem Klumpen Erde und belebt ihn dann mit dem Atem des Lebens: »Da formte Gott, der Herr, den Menschen aus Erde vom Ackerboden und blies in seine Nase den Lebensatem. So wurde der Mensch zu einem lebendigen Wesen« (Gen 2.7). Und während der Mensch im ersten Kapitel der Genesis noch ein vollständiges Wesen, zugleich Mann *und* Frau, ist, wird bei der zweiten Version zunächst Adam und aus dessen Rippe dann Eva erschaffen.

—·—

69. JOEL S. GOLDSMITH: *Der Mensch ist nicht zum Weinen geboren,* Seite 31.

Wie jeder weiß, entwickelt sich die Schöpfungsgeschichte dergestalt weiter, dass Adam und Eva – als der noch im paradiesischen Bewusstseinszustand der Einheit lebende ganzheitliche Ur-Mensch – sich von der Schlange verleiten ließen, eine Frucht vom Baum der Erkenntnis von Gut und Böse zu essen. Dabei hatte Gott es ihnen untersagt, weil sie dann nämlich sterben müssten. Die Schlange aber war schlau und sagte zu Eva: »Nein, ihr werdet nicht sterben. Gott weiß vielmehr: Sobald ihr davon esst, gehen euch die Augen auf; ihr werdet wie Gott und erkennt Gut und Böse« (Gen 3.4–5). So ist es bezeichnenderweise ein Wesen, das selbst mit »gespaltener Zunge« spricht, welches Adam und Eva durch sein Bezirzen in die Spaltung und damit in die Trennung von Gott treibt. Man kann dies so verstehen, dass der Mensch durch den Biss in die verbotene Frucht sein ganzheitliches Bewusstsein (in welchem er noch ein Abbild Gottes ist) verliert – somit »stirbt« – und durch den daraus folgenden Fall aus dem Paradies ganz zu einem erdverhafteten Wesen wird, das der Verlockung der äußeren, der sinnlich-materiellen Welt erliegt.

Die Schlange hatte Eva mit dem Hinweis darauf zum Ungehorsam gegen Gott verführt, dass ihr und Adam durch das Naschen von der untersagten Frucht die Augen »aufgehen« würden. Zwar gingen den beiden tatsächlich die *äußeren* Augen, das heißt, die physischen Sinne, auf. Ihre *inneren* Augen aber, als die Wahrnehmungsorgane der Seele, die in ihrer gottgleichen Reinheit überall nur Schönheit, Liebe und Reinheit sehen, verschlossen sich. So wurde der Mensch zu einem Geschöpf der Erde und verlor immer mehr die Erinnerung daran, dass er in Wirklichkeit doch aus dem Himmel kam und ein geistig-göttliches Wesen ist.

— · —

Damit war, wie es Goldsmith weiter erläutert, die Vorstellung zweier Mächte und zweier verschiedener Welten geboren: einer physischen Welt und einer geistigen Welt sowie eines vergänglichen und eines unvergänglichen, ewigen Lebens. Und es entspricht gewiss noch der alten, schuldzuweisenden christlich-religiösen Sichtweise, in dieser Teilung der einen Welt in zwei und der Ab*sond*-erung des Menschen von Gott eine *Sünde* zu sehen. In Wirklichkeit gehörte aber auch dies zum großen göttlichen Plan.↑

↑ Siehe hierzu auch Kapitel 39, »Jenseits der Evolution«, Seite 174.

Denn nur, wer sich vollständig auf das Leben innerhalb der physischen Welt einlässt, somit die Initiation in das Mysterium der Erde, der Materie, erfährt, kann diese Welt schließlich in sich überwinden und erlösen. Und nur, wer die (vermeintliche) Trennung von Gott durchlebt hat, kann sich nach Ihm sehnen und aus freiem Willen zur seligen Wiedervereinigung mit Ihm streben. Und da es außerdem, wie wir inzwischen zur Genüge wissen, keine unabhängige materielle Welt gibt, sondern nur eine geistige, die uns mittels unserer Sinne als materiell erscheint, gab es auch nie eine andere als diese geistige Welt; beide sind untrennbar eins. Geist oder Gott, als das unendliche Bewusstsein respektive höchste Wesen, ist der Urgrund und die Substanz allen Seins. Daher sind es allein die Vorstellungen, Überzeugungen und Glaubensinhalte des Menschen, die sich über die allgegenwärtige und all-einige geistige Wirklichkeit wie ein dichter Schleier oder wie ein Nebel der Illusion legen. Diese ewige geistige Welt bleibt von allem Irdisch-Weltlichen, allem Vergänglichen jedoch unberührt.

— · —

Es ist, neben Joel S. Goldsmith, Paul Gorman – ein weiterer Vertreter des "Infinite Way" (des »Unendlichen Weges«) –, der in einzigartiger Weise ebenfalls deutlich macht, dass es allem widersprechenden Anschein zum Trotz immer nur eines gibt: unendlichen göttlichen Geist: »Gott, Eines, ist das einzige Sein und die einzige Form, unteilbar und untrennbar. [...] Gott, das Eine, ist das Einzige, und dieses Eine ist Unendlichkeit selbst.«[70]

Daraus folgt, dass Einheit niemals wirklich in so etwas wie »Vielheit« zerstückelt werden kann: »Das Eine ist und bleibt immer eines. Nichts kann diese Wahrheit verändern.«[71] Das unsichtbare, unvergängliche Geistige bringt sich zwar als Schöpfung zum Ausdruck, wodurch es sichtbar wird und als Materie und als vergänglich erscheint. Aber Geist bleibt Geist, auch in all seinen Formen, in jeglicher Manifestation. Und so gibt es letztlich nicht nur eine einzige Welt oder Wirklichkeit, sondern auch nur eine einzige Macht: die göttliche All-Macht.

— · —

70. Paul F. Gorman: "One", zitiert nach *EinsSein – Der Unendliche Weg*, Heft 5, 2021, Seite 16.

71. Ebenda, Seite 17.

Diese Sichtweise geht auch über jene philosophischen Ansätze hinaus, die davon ausgehen, dass sich Bewusstsein aus der Ebene des »reinen Geistes« über mehrere Abstufungen hinweg zu Materie verdichte, somit zu »reiner Materie« werde, was ja eine Umwandlung von Geist in Materie und eine höhere und niedere Rangordnung impliziert. Hierin liegt die Gefahr, dass das Materielle als etwas Eigenständig-Unabhängiges und zudem als minderwertiger angesehen werden könnte als der pure Geist. Diese Vorstellung einer stufenweisen Involution des Bewusstseins in die Welt der Materie »hinab« und einer stufenweisen Evolution des Bewusstseins wieder in die Welt reinen Geistes »hinauf« ist zwar für den menschlichen Verstand ein äußerst hilfreiches Konstrukt. Denn so kann er immerhin ihn übersteigende – »transzendente« – Sachverhalte doch einigermaßen erfassen. Zudem können sich auf der materiellen Daseinsebene aufgrund der ihr eigenen Dimension von Zeit und Raum sämtliche Geschehnisse immer nur als »Prozesse« oder »Entwicklung« abbilden. Diese Sichtweise stellt aber noch nicht die höchste Erkenntnis dar. Und da auf dem Weg zurück ins Licht kleinere Wahrheiten für größere Wahrheiten aufzugeben sind und wir – auch in diesem Buch – immer mehr vom mentalen zu einem spirituellen, ganzheitlichen Bewusstsein weitergehen wollen, heißt es, sich auch von dieser Vorstellung einer Abstufung zwischen Geist und Materie nun zu verabschieden.

— · —

Die Tatsache, dass alles, was sich uns Menschen durch unsere äußeren Sinne als körperhaft darstellt, gar nicht körperhaft ist, sondern ebenfalls göttlicher Geist, ist für Paul Gorman »das größte Geheimnis« und »die letztendliche Wahrheit«.[72] Diese Wahrheit nicht nur zu begreifen, sondern zu verinnerlichen und unablässig aus ihr heraus zu leben, führe unweigerlich zu Freiheit und den Menschen zurück ins »Paradies« als dem seligen Zustand der ungeteilten Einheit. Denn wenn wir das Einssein von uns und von allem mit Gott tatsächlich als die höchste, beglückende Wahrheit *fühlen,* verändert sich die ganze Welt und gibt ihre verborgene Göttlichkeit preis. In diesem wiedererlangten höchsten Bewusstsein öffnen sich dann auch wieder die Augen der Seele, die inneren

72. Paul F. Gorman: "The Miracle Self", zitiert nach *EinsSein – Der Unendliche Weg,* Heft 5, 2022, Seite 13.

Wahrnehmungsorgane, die sich durch den Biss in den verbotenen »Apfel« – von dem keiner weiß, ob es tatsächlich ein Apfel oder nicht doch ein anderes Übel war – verschlossen hatten.

— · —

Dann sind auch unerschöpfliche Fülle und Erfüllung möglich. Der Glaube an zwei voneinander getrennte, verschiedene Welten und Mächte hatte uns – unterstützt durch die oftmals in die Irre führenden Lehren der christlichen Kirchen – suggeriert, dass Gott etwas dem Menschen Fernes sei. Für Den es deshalb einen Vermittler – ebendiese Kirchen und ihre Priester – brauche. Und Den wir ständig um irgendwelche Wohltaten und Geschenke bitten müssten, während wir uns selbst im Zustand eines unglückseligen Mangels wähnten. Erkennen wir uns hingegen wieder als eins mit Gott, steht uns Dessen ganze Fülle zur Verfügung.↑ Und es zeigt sich, wie unsinnig es unter diesem neuen Blickwinkel wäre, Gott noch um irgendetwas bitten zu wollen, während wir doch das allergrößte Geschenk erhalten haben, das es nur gibt: die Gewissheit unseres ewigen Einsseins mit Ihm. Jetzt sind wir durch und durch von Seinem Geist durchdrungen und müssen von uns aus nichts mehr veranlassen. Denn Gott wird – wie es Joel Goldsmith und auch Paul Gorman in ihren Schriften so überzeugend erläutern – in unserem Leben immer zur rechten Zeit, am rechten Ort als *der* physische Ausdruck und *die* materielle Form in Erscheinung treten, die wir gerade brauchen. Und *das* ist das große Geheimnis der Freiheit.

· · · · · · · · · · ·

↑ Siehe hierzu Kapitel 44, »Wahre Fülle«, Seite 195.

39 Jenseits der Evolution

Sobald die verschiedenen
Bewusstseinsformen sich von
dem einen Bewusstsein absonderten, fielen sie notgedrungen
in die Unwissenheit, und die letzte Konsequenz der Unwissenheit
war die Unbewusstheit. Aus einer dunklen, ungeheuerlichen
Unbewusstheit erhebt sich diese stoffliche Welt und aus ihr
eine Seele, die sich über die Evolution zur Bewusstheit
durchringt, angezogen von dem verborgenen Licht
und emporstrebend, zwar blind noch, hin zur
verlorenen Gottheit, aus der sie stammt.[73]

SRI AUROBINDO

Ein ungeheuerlicher Gedanke steigt in ihm auf, der stärker noch als nur ein Gedanke ist: eine Gewissheit, so lebendig und intensiv, dass sie nur wahr sein kann, auf welche Weise auch immer. Denn während er, der Mensch, noch über das Paradies nachsinnt und dessen bitteren Verlust, übermannt ihn auf einmal das überwältigende Gefühl, als sei er doch selbst einst dieser Adam und diese Eva gewesen. Ja er beginnt sogar, sich zu erinnern! Und wie könnte man sich an etwas erinnern, das nicht eigene Erfahrung ist?

So erinnert er sich jetzt genau an jene letzten Szenen, bevor ebenjene Erinnerung ihn verließ, bevor er in die Dunkelheit stieß – aus dem Himmel gestürzt, aus dem Paradies gefallen. Gerade eben hatte er in die köstliche Frucht gebissen, die er sich selbst – auch noch als Eva erkennend, weil er bis zu diesem tragischen

73. Sri Aurobindo zitiert nach GEORGES VAN VREKHAM: *Sri Aurobindo und die Transformation der Welt,* Grafing: Aquamarin Verlag, 2019, Seite 155.

Moment ja noch alles war – lächelnd darreichte, da waren ihm tatsächlich die Augen aufgegangen und er hatte voller Schrecken erkannt, dass er und sie nackend waren. Da hatte er auch schon gehört, wie ausgerechnet in diesem Moment Gottvater durch den Garten Eden schritt, und sich eilig daraufhin versteckt, bereits vergessend, dass er doch ebenso göttlich war, und heiße Scham stieg in ihm auf. »Wo bist du?«, rief Gott, obwohl Dieser sehr wohl wusste, wo er, Adam, war. Und er antwortete wahrheitsgetreu: »Ich habe Dich im Garten kommen hören; da geriet ich in Furcht, weil ich nackt bin und versteckte mich« (Gen 3.10). Woraufhin Gott gleich nachfragte, ob er etwa von der Frucht des verbotenen Baumes gegessen habe, obwohl Gott ja auch das längst wusste. Und er, Adam, hatte es zugegeben, wenn auch mit dem Versuch, die Schuld auf die Schlange abzuwälzen...

— · —

Jener kurze Augenblick aber, als er – der ur-menschliche Adam – das erste Mal etwas auf sich allein bezog, als sei er etwas von der Ur-Einheit Abgesondertes, löste ein gewaltiges Geschehen aus: Das Leben an sich ist ein stetig strömender Fluss. Ereignisse ereignen sich darin absichtslos und in vollkommener Harmonie. Dinge, Wesen, Zeiten, Welten ziehen vorüber, kommen und gehen wie Ebbe und Flut. So fließt das Leben so lange unablässig und unaufhörlich, wie reines Bewusstsein sich als dieses sich ewig wandelnde, fließende Leben weiß – in stillem Erstaunen seines eigenen Seins und als neutraler Beobachter allen Geschehens, das nur aus einem Grund geschieht: weil es geschieht.

Sobald Bewusstsein jedoch auch nur einen einzigen Aspekt eines Geschehens auf sich selbst bezieht, im Irrglauben, dessen eigenständiger Verursacher zu sein, wird eine einzelne Erfahrungsmöglichkeit aus dem Fluss des Lebens herausgenommen, abgekapselt wie in einem Kokon. Und alles, was es innerhalb dieses vom Ganzen nun abgetrennten Raumes zu durchleben gibt, muss durchlebt werden bis zum Schluss. Bis alles erfahren wurde, was sich zu diesem einen, aus der Einheit herausgelösten Aspekt nur erfahren lässt. Und erst wenn das Bewusstsein sich wieder als reines Bewusstsein erkennt, das sich im ewigen Strom des Lebens selig widerspiegelt, kommt jeder Erfahrungsprozess zu seinem natürlichen Ende. Und der zuvor abgetrennte Raum verschmilzt wieder mit dem ewig ungeteilten Ganzen, geht wieder ein ins Himmelreich.

— · —

Dabei existiert zu allen Erfahrungen, die diesem immer gleichen Grundmuster folgen, eine allererste Erfahrung, die der Ursprung aller nachfolgenden ist. Und diese allererste Erfahrung war, wie er, der Mensch, nun erkennt, die soeben erinnerte an seinen eigenen Fall aus dem Paradies. Und als er begreift, dass dies die Ur-Erfahrung des Menschen von Ab-*sonder*-ung und damit von *Sünde* ist, kehrt allmählich auch seine Erinnerung an die Zeit nach diesem Sünden-Fall zurück: Ja, er war es tatsächlich selbst gewesen, der aus dem höchsten Bewusstsein – noch eins mit Gott und mit allem – in die tiefste Tiefe gestürzt war, alles vergessend, was zuvor war, auch die Erinnerung an jene vollkommene, göttliche Welt. Aus dem strahlenden All-eins-Sein heraus war er ins Nichts, in eine tiefe Schwärze gefallen, sein Licht vergessend wie ein verlöschender Stern. Und ebenfalls vergessend, was und wer er in Wirklichkeit ist. Am allerschlimmsten aber war ihm das Gefühl der Schuld, nicht nur selbst aus dem höchsten in das niederste Bewusstsein gestürzt zu sein, sondern die ganze ursprüngliche Welt, diesen so lieblichen, lichtvollen Garten, mit in die Finsternis gerissen zu haben. Diese Schuld schien ihm unermesslich und die Erde nun als ein verlorenes und mit hinabgestürztes Paradies. Von da an war er davon überzeugt gewesen, ein von Gott Verstoßener zu sein, denn das Tor zu seinem Seelen-Herz-Innenraum, das doch der einzige Zugang zum Paradies und der göttlichen Gnade ist, hatte sich im Vorgang des Herabstürzens verschlossen – und wie es schien, für immer.

— · —

So wurde die irdische Evolution in Gang gesetzt. Denn zersprengtes Licht kann nicht ruhen, bis es zu seiner Heimatsonne findet, sich wieder mit dem Himmel verbindet – und mittendrin der Mensch auf der Suche nach sich selbst. Denn sogar diese irdische Evolution, so wird ihm durch seine Erinnerung bewusst, ist selbst ein solcher vom Ganzen abgetrennter, wenn auch riesiger »Kokon«, ein eigenständiger Erfahrungs–, ja Welt-Raum, den alle Menschen miteinander teilen. Allesamt gezeichnet von derselben Ur-Erfahrung von Sünde, Schuld und tragischem Verlust.

Und da er – nach seinem Sturz in die dunkle Unbewusst- und Unwissenheit – selbst keine Ahnung mehr hatte, was oder wer er war, fing er an, sich für all das zu halten, was ihm während dieses schier endlos dauernden Entwicklungsprozesses nach und nach vor Augen trat, sich dabei unablässig fragend: »Bin ich dies, bin ich das...?« So spiegelte er sich im Mineral, in Pflanzen-, Tier- und Menschenwesen, erkannte sich als die unzählig Vielen wieder und vervollständigte sich auf diese Weise immer mehr. Den ganzen Kosmos nahm er in sich auf. Den Einen und Einzigen aber, sein höchstes Selbst, fand er, der Mensch, selbst in ihnen allen nicht. Auf diese Weise durchlief er die gesamte Evolution, dehnte sein Bewusstsein immer weiter aus bis an der Unendlichkeit Rand, wo er schließlich doch noch seine wahre göttliche Identität wiederfand.

—·—

Denn irgendwo und irgendwann flammte in seinem Innersten ein Feuer auf, ein starkes Licht, das alle Erfahrung in sich als seinem Zentrum bündelte. Es war in seinem Herzen entbrannt, als er alles, was er schaute, nicht nur als Aspekt seiner selbst wiedererkannte, sondern auch zu lieben begann. Denn Liebe ist diese haltgebende Kraft, das alles durchdringende, alles einende Feuer, ohne das der Kosmos in seine Bestandteile zerfiele. Jede einzelne, noch so kleine Regung der Liebe hatte das Tor zu seinem Herzensinnenraum weiter aufgestoßen, bis er jetzt, in genau diesem Augenblick, wieder eins mit ihm wird. Etwas wie eine zu eng gewordene Haut zerreißt, und nach Jahrmilliarden der Unsichtbarkeit tritt er jetzt in die Sichtbarkeit hervor – ein Gott steht in ihm auf.

Im Wahn von Schuldgefühlen und von Angst hatten er und all die anderen Menschen, die er in seinem Innersten ja auch alle ist, nach dem tragischen Verlust des Gartens Eden und ihrer selbst, alles für immer verloren geglaubt. In Wirklichkeit haben sie jedoch, wie er nun staunend begreift, dem Leben in der Verbannung etwas nie Dagewesenes abgerungen: eine freie Individualität und zugleich innige Einheit. Sie haben sich selbst und einander *bewusst* als geistiges Wesen wiedererkannt – ein jeder ein einzigartiger Teil des Ganzen und doch mit allem eins. Und haben durch diesen langen Weg der Evolution der Dunkelheit obendrein eine neue Welt abgetrotzt: ein wundervolles neues Paradies, durch das Gottes

Licht wie ein lebendiger großer Strom jetzt wieder ungehindert flutet.

— · —

Wie könnte der Biss in den Apfel daher Sünde gewesen sein?! Kaum schwindet in ihm diese uralte Last, da bricht auch schon ein neuer Weltenmorgen auf, und er kann mit seinem wiedererwachten inneren Auge die EINE Sonne leuchten sehen und wie sie mit ihrer Liebe alles und jeden erfasst. Auf ihren goldenen Strahlen purzeln kichernd und jauchzend die Kinder der Unendlichkeit herab, kopfüber stürzend in freiem Fall: auf in die nächste Runde – welch herrliches Spiel!

40 Kind der Unendlichkeit 4

Sturz in die Nacht

Je mehr Licht man trägt,
desto größere Dunkelheiten
entdeckt man.[74]

SATPREM

Es war einmal ein Kind der Unendlichkeit, das hatte ein ganz besonders reines Herz. Kein Arg wohnte darin, keine List und schon gar nichts Böses. Sein Herz war so rein, weil dieses Gotteskind selbst durch und durch wahrhaftig war. Wo immer es sich aufhielt, kam daher die Wahrheit ans Licht, weil Wahrhaftigkeit stets Wahrheit offenbart. Nun war aber die Welt um es herum so ganz anders als es: Viel Wundersames gab es da zu entdecken, manch ungereimtes Handeln, das dieses Kind Gottes in seiner Unschuld und grenzenlosen Naivität beim besten Willen nicht verstand. Und wieso Menschen überhaupt so oft das Gegenteil dessen tun, was ihre Münder behaupten. Daher war dieses Kind der Unendlichkeit von Anfang an sehr verwundert. Und da es so vieles nicht verstand, begann es in seiner Arglosigkeit, ebenso arglose Fragen zu stellen: Fragen, die bisher noch niemand zu stellen gewagt hatte, und Dinge zu benennen, die keiner zu benennen gewagt hatte, sondern alle geflissentlich übersahen. Dies aber bescherte ihm viel Ungemach.

— · —

74. SATPREM: *Sri Aurobindo oder Das Abenteuer des Bewusstseins,* Seite 318.

Da unser Kind der Unendlichkeit aber nicht nur reinen Herzens, sondern auch sehr gottliebend war, verbrachte es viele Leben im Umfeld der Kirche, besonders gern in Klöstern, wo es sich allein schon durch das viele Singen und Beten Gott nahe fühlte. Wahrlich Schönes erlebte es dort, Seelen-Erhebendes, was seine Liebe zu Gott noch mehr schürte. Aber selbst dort, an diesen doch so heiligen Orten, ereigneten sich hin und wieder Dinge, die das Kind Gottes nicht verstand. Und weil es in seinem Herzen wie ein Kind geblieben war, plapperte es leider alles, was es solchermaßen verwunderte, frischweg heraus, als führe es laute Selbstgespräche.

So fragte unser Kind der Unendlichkeit eines Tages, wie es denn sein könne, dass – wie ihm beschämenderweise zu Ohren gekommen sei –, in wiederholten Fällen Päpste Nachfahren gezeugt hätten, wenn doch nicht einmal der einfache Priester einer Frau beiwohnen dürfe. Und weshalb dieses Verbot ausgerechnet für einen Papst, der doch gewiss dem Priester ein Vorbild sein solle, nicht gelte.

Ein anderes Mal war es sehr überrascht, als es bei einem Festgottesdienst im hohen Dom zum ersten Mal etliche Bischöfe und Kardinäle versammelt sah, die nicht nur große weiße Kerzen und goldene Kruzifixe, sondern auch stattliche Bäuche vor sich hertrugen. Da fragte es bei seinen Mitbrüdern sogleich flüsternd nach, ob die hohen Herren wohl dank der Gnade des Herrn gesegneten Leibes seien. Denn Völlerei sei als Ursache der mächtigen Bäuche ja auszuschließen. Weil Völlerei doch eine erklärte Sünde sei und die Leibesfülle der Bischöfe und Kardinäle daher wohl kaum von übermäßigen sinnlichen Genüssen herrühren könnten, zumal sie alle anderen doch stets zur Mäßigung ermahnten. Und wiederum ein anderes Mal zeigte unser Kind der Unendlichkeit sich über den außerordentlichen Reichtum der Kirche, von dem es erfahren hatte, erstaunt und wollte von seinen Oberen wissen, wieso sie ihren Schäflein Armut und Bescheidenheit als gottgefällig predigten, während doch die Kirche selbst mehr Reichtümer angesammelt habe als irgendwer sonst im Land. Und Jesus, ihrer aller Herr und Bruder, habe doch seines Wissens äußerst bescheiden und in tiefer Demut gelebt.

— · —

Nun war dieses Kind Gottes, auch wenn dies so scheinen mag, jedoch keineswegs dumm. In manchen seiner Leben war es sogar überaus klug und entwickelte erstaunliche neue Ideen. Dann verbrachte es seine Lebzeit zum Beispiel damit, aufs Genaueste Phänomene des Weltenraums zu erforschen, komplizierte Berechnungen anzustellen und außerordentliche Schlussfolgerungen daraus zu ziehen. Die es leider ebenfalls arglos herausposaunte. In einem dieser Leben kam es auf diese Weise zu dem Schluss, dass nicht die Erde der Mittelpunkt des Kosmos sein könne, wie bis dato angenommen, sondern die Sonne, um die sich die Erde mitsamt aller anderen Planeten drehe. Da wurde unser Kind der Unendlichkeit von den Kirchenvätern ausgelacht, als habe es einen unanständigen Scherz gemacht.

In einem anderen, ebenfalls sehr gelehrten Leben kam es jedoch weniger glimpflich davon: Da wagte es doch tatsächlich zu behaupten, dass es nicht nur einen Gott im Himmel gebe, sondern die ganze Welt göttlich sei, weil Gott ihr nämlich innewohne. Und dass obendrein das Universum unendlich sei, mit unendlich vielen Welten darin und in diesen wiederum unendlich viele kluge Wesen lebten. Leider war es mit dieser »Viele-Welten-Theorie« seiner Zeit um Jahrhunderte voraus, wurde wegen Ketzerei in einen dunklen Kerker gesperrt und fand auf dem Scheiterhaufen schließlich ein trauriges Ende.

—·—

Dieses Gotteskind machte sich also mit seiner ewigen Fragerei und seinen ungewöhnlichen Erkenntnissen bei der Obrigkeit und den Machthabenden nicht beliebt. Und so geschah es keineswegs nur dieses eine Mal, dass es in einem dunklen, feuchten Gewölbe versauerte bei Wasser und trocken Brot, auf mysteriöse Weise verschwand oder ein zu frühes, plötzliches Ende fand. Aber es lernte partout nicht aus seinen Fehlern! Selbst in einem ganz schlichten Leben, das ausnahmsweise einmal hätte ruhig verlaufen können, verschaffte sich unser Kind der Unendlichkeit auch wieder Ärger, weil es seinen Mund nicht hielt. In jenem Leben war es ein einfacher Handwerksgesell und ständig auf der Walz, weil es das Umherwandern liebte. Eines schönen Tages führte sein Weg es ins Schwabenland, wo es sich in einem Kloster gegen Kost und Logis verdingte und so manch Altem und kaputt Gegangenem zu neuem Glanz verhalf. Jeden Freitag wurde dort eine ihm unbekannte Speise serviert, welche die Mönche als »Maultaschen« sehr schätzten. Und, in der Tat, die in guter Butter geschmälzten prallen Dinger waren köstlich! Jedoch hatten sie einen unverwechselbaren Geschmack von Fleisch, sodass unser Kind der Unendlichkeit sich wunderte, weshalb es diese Speise ausgerechnet an Freitagen zu essen gab. Kaum hatte es herausgefunden, aus was das geheime Innenleben dieser Maultaschen bestand, da fragte es den Abt jenes Klosters auch schon, ob denn Fleisch, das man – fein zermahlen und kräftig gewürzt – zwischen zwei Teigplatten verstecke, nicht mehr als Fleisch gelte, welches doch der gläubige Christ an Freitagen nicht esse. Weil doch der arme Herr Jesu Christ an einem solch furchtbaren Freitag zu Tode gekommen sei. Da wurde unser Kind der Unendlichkeit mit Schimpf und Schande davongejagt und durfte das Schwabenland nie wieder betreten.

– · –

Mit der Zeit und seinen fortschreitenden Leben breitete sich die Verwunderung unseres Gotteskindes immer weiter aus: Nicht nur im Umfeld der Kirche, auch in der Welt außerhalb der Klostermauern deckte es so manche Lüge und viel Unrecht auf. Kaum war es irgendwo zugegen, kamen, ganz von selbst, unliebsame Wahrheiten ans Licht. Es beobachtete Menschen in hohen Positionen, die unsinnige Gesetze erließen und jedes Zuwiderhandeln mit drakonischen Maßnahmen bestraften, während sie selbst immer neue Spitzfindigkeiten ersannen, um die eigenen Gesetze zu umgehen. Oder andere, die sich lauthals damit brüsteten, wie sehr ihnen das Wohl der Armen und Ärmsten am Herzen liege und dass sie alles täten, um für sie zu sorgen. Nur um diesen dann, noch während sie solches behaupteten, das letzte Hab und Gut zu stehlen, um es den Ihrigen zu geben, die doch schon alles hatten und mehr als genug.

Und jedes Mal, wenn unser Kind der Unendlichkeit mal wieder aussprach, was es sah und eine verborgene Wahrheit ans Licht gekommen war, ereignete sich dasselbe: Dann wurden von den Entlarvten in Windeseile Versammlungen einberufen, bei denen sie sich allen anderen gegenüber lautstark darüber empörten, welch ungeheuerliches Unrecht dieses Menschenkind ihnen angetan habe und wie maßlos enttäuscht man daher von ihm sei. Und schlimmer noch: Die Lügen dieser armen Kreatur könnten nur einem kranken Kopfe entsprungen sein, weshalb man es nun leider wegsperren müsse. Und dass niemand ihm jemals wieder Glauben schenken dürfe, weil solch eine Krankheit nämlich unheilbar sei. Bei ihren Ansprachen zeigten sich die Bloßgestellten zutiefst betroffen und voller Bedauern, während sie sich ihre Augenschlitze, aus denen Krokodilstränen tropften, anmutig mit goldbestickten Spitzentaschentüchlein trockentupften. In Wirklichkeit aber hasste etwas in ihnen das Gotteskind! Weil seine Seele nämlich so strahlend wie die Sonne war und alles noch Unerlöste, Dunkle im Menschen das Lichtvolle hasst. In der Regel verschwand unser Kind der Unendlichkeit bald darauf und ward – zumindest für dieses Leben – nicht mehr gesehen.

— · —

Weil unser Kind der Unendlichkeit aber eben ein Kind Gottes und somit unsterblich war, kehrte es wieder und wieder, für immer neue Leben, zurück. Und all die Oberen und so überaus Edlen stöhnten und ächzten, sobald sie mitbekamen, dass das Gotteskind schon wieder auf Erden weilte, als habe es dem Tod, den sie selbst doch über alles fürchteten, unbekümmert und lächelnd ein Schnippchen geschlagen. Zwar hatte das Gotteskind jedes Mal ein anderes Aussehen, eine neue Gestalt, aber es verriet sich ja durch seine Wahrhaftigkeit und seine arglosen Fragen.

Daher fuhren jene, die es stets aufs Neue entlarvte, mit ihren Anschuldigungen gegen das Gotteskind schließlich härtere Geschütze auf: Jetzt wurde es zum Feind erklärt, auf den sie all ihre Schuld warfen, sodass dieser Feind geradezu dämonische Züge annahm! Und ihre eigene, als alleinige »Wahrheit« deklarierte Sicht wiederholten sie so oft und so vehement, bläuten sie jedem ein, bis ihre Saat schließlich fruchtete und sogar das Gotteskind unsicher wurde – und stürzte und stürzte und stürzte. Und in der tiefsten Tiefe seiner selbst – dort, wo doch seine schöne Seele wohnte, golden strahlend im ewigen Licht – meinte es zu guter Letzt, auch nur noch Dunkles und Böses wahrzunehmen: kein Licht, keine Seele mehr da, nur noch bedrohliche finstere Schatten. Da wurde unser Kind der Unendlichkeit tatsächlich verrückt! Es hatte sich mit der Krankheit der Welt infiziert. Jetzt wunderte es sich nicht mehr, fragte nichts mehr, ward blind gegen alles Unrecht und zeigte sich gehorsam und gefügig – sein Wille war gebrochen. Nun tat es alles, was die Oberen von ihm verlangten und küsste ihnen, in seiner völligen Selbstvergessenheit, sogar ihre wohlmanikürten Füße.

– · –

Zum Glück aber ist es ein ewig-gültiges Gesetz, dass nicht ein einziges Geschöpf Gottes jemals in geistiger Umnachtung oder sonstiger Finsternis verbleibt. Ein jedes findet irgendwann und vollkommen unbeschadet zum Licht und zu sich selbst zurück. So dürfen wir gespannt sein, wie die Geschichte unseres Kindes der Unendlichkeit enden wird –, wobei es ein Ende in Anbetracht der Unendlichkeit ja nicht wirklich gibt.

41 Der durch das Feuer ging

Ich verehre Gott das Feuer,
nicht Gott den Traum.[75]

SRI AUROBINDO

Mit Freude und Verwunderung stellt er, der Mensch, fest, wie sehr es in ihm durch die Beschäftigung mit dem Paradies und der allmählichen Rückkehr in dies hellere Bewusstsein auch immer reiner und klarer wird: in Körper und Seele, was er als äußerst wohltuend empfindet. Es fühlt sich an, wie nach einer langen Abwesenheit endlich nach Hause zu kommen. Daher kommt ihm die Idee, dass er doch sein Herz noch ein klein wenig mehr bereinigen und die nun wirklich allerletzten Illusionen aufspüren könnte, die es hin und wieder noch verschatten. Denn schließlich hatte er sich ja dazu bereit erklärt, für alles in seinem Leben geradezustehen. Und nichts Altes nimmt man mit in die neue Welt. Daher beschließt er, alle Menschen, die für ihn in diesem jetzigen Leben von Bedeutung waren, wie bei einem Abschied, ein letztes Mal zu betrachten und ihnen zu vergeben, was seiner Ansicht nach noch zu vergeben ist. So geht er sie im Geiste der Reihe nach alle durch: Bei seinen leiblichen Eltern fängt er an, wendet sich ehemaligen Freunden und Geliebten zu, sogar dem einen oder anderen fernen Bekannten und einstigen Feinden, lässt keinen Einzigen aus. Er vergibt ihnen alles, was er jemals als ihm widerfahrenes Unrecht empfand, und lässt sie sodann mit seinem abschließenden Segen in Frieden ziehen.

— · —

Als Nächstes beginnt er nun seinerseits, all diese anderen um Vergebung zu bitten für seine eigenen Sünden und Verfehlungen. Auch hier geht er sämtliche Szenen durch, die noch unerlöst in seiner Erinnerung wie in einem klebrigen Spinnennetz in einer dunk-

75. SRI AUROBINDO: *Savitri,* Seite 614.

len Zimmerecke hängen. Und er spürt, wie sich der Schmerz über seine Untaten kontinuierlich steigert, als bohre er sich geradewegs durch sein Herz, während dieses sich zu einem großen Wirbel formt, der sich weitet und weitet und sich immer wilder dreht. Und er erkennt, dass er doch selbst alle diese anderen ist und war und wie unendlich er sie liebt. Manchmal wird der Schmerz so arg, dass dieser ihn schier übermannt, weil er, der Mensch, jetzt, in vollkommener Identität, alles in sich selber fühlt, was er einst anderen tat. Gegen Ende dieses tiefen Läuterungsprozesses zu ist der Schmerz, der gleichzeitig Liebe ist, so unermesslich, dass er, wie zum Himmel lodernde Flammen, über ihm, dem Menschen, zusammenschlägt. Dann presst er sich ein Kissen fest auf den Mund, damit niemand ihn hört, und schreit und schreit seinen Schmerz dort hinein und aus dem aufbrechenden, wunden Herzen heraus. Es ist der Schrei eines Neugeborenen, während gleichzeitig der allerletzte Rest seiner alten Persönlichkeit stirbt.

— · —

Tiefer und tiefer frisst sich das Feuer der Liebe mit flammendem Maul durch sein Herz, von vorn und von hinten, wie durch uraltes Gestein. So muss es sich anfühlen, blitzt es für einen Moment in ihm, dem Menschen, auf, wenn man eine Kerze an beiden Enden entzündet: Irgendwann treffen sich die beiden Flammen in der Mitte, und die Kerze ist nicht mehr – nur noch Licht. Ja, es fühlt sich tatsächlich so an, als würde ein Tunnel durch seinen Brustkorb gegraben, um schließlich im Innersten seiner selbst hindurch zu brechen. Aber wohin? So brennt und brennt er, lichterloh wie eine Fackel im Wind, bis schließlich alles, was von ihm noch brennbar war, müde zu grauer Asche zerfällt. Und es waren, wie er im Nachhinein begreift, nicht nur seine eigenen Verfehlungen, die da soeben geläutert wurden, sondern auch ein Teil der Kollektivschuld der Welt. Und vielleicht, so kommt ihm da in den Sinn, ist ja genau dies damit gemeint, wenn es heißt, Christus trage die Sünden der Welt: Wenn jeder Mensch ein wenig Verantwortung für die gesamte Menschheit übernimmt und in sich erlöst, wird sie für alle erträglich und für keinen zu schwer. Und was sonst könnte mit der in der Bibel prophezeiten »Wiederkunft Christi« gemeint sein als alle Menschen, kollektiv erlöst und zum Christus in sich selbst und damit zur eigenen Göttlichkeit erwacht?

Nun aber wendet er seine Aufmerksamkeit wieder sich selber zu, denn er spürt: Dort, wo er bisher seine menschliche Persönlichkeit wähnte, ist jetzt ein Loch, eine Leere – und mitten darin ein Punkt. Dieser ist alles, was nach dem Läuterungsfeuer von ihm, dem Menschen, übrigblieb! Der Punkt aber ist ein unzerstörbarer, unteilbarer Rest: sein unvergänglicher Wesenskern, sein wahres ICH, das jetzt als eigenständige Sonne zu strahlen beginnt – bedingungslos liebend und gleichermaßen überallhin. Zugleich sitzt er mitten darin, *ist* diese Sonne, *ist* dieses Licht, *ist* die Liebe selbst, die nur noch Frieden und Seligkeit kennt.

Liebe, so begreift er da, ist das Einzige, was von einem Menschen verbleibt, der durch das Feuer ging. Und es ist ebenfalls einzig die Liebe, die alles, aber auch alles verbrennt, was noch nicht Liebe ist und die den der Liebe ergebenen Menschen – ein strahlender Phönix nun – ewig jung auferstehen lässt.

Liebe ist die einzige Kraft, die wandelt, ohne zu zerstören. Liebe ist brennende göttliche Gnade: das einzige »Fegefeuer«, das es in Wirklichkeit gibt. Und ausgerechnet vor ihr, der LIEBE, hatten die Kirchen die Menschen Jahrhunderte lang gewarnt, nur um ihre Macht nicht zu verlieren! Denn der, der wahrhaftig liebt, kennt keine Angst und ist nicht mehr zu täuschen und nicht länger zu manipulieren. Oh, Herr im Himmel, seufzt er da, wie verdreht und absurd war doch diese alte, sich zum Glück jetzt auflösende Welt!

42 Kind der Unendlichkeit 5 **Die Schizophrenie der Welt**

Einst werde ich
meine große süße Welt
der Götter Verkleidungs-
gräuel ablegen sehn,
des Schreckens und aller
Sünde ledig und frei.[76]

SRI AUROBINDO

Kehren wir nun aber wieder zu unserem Kind der Unendlichkeit zurück: Zu dem mit dem reinen Herzen und welchem man eingeredet hatte, dass es abgrundtief böse sei. Woraufhin es irre geworden war und selber geglaubt hatte, dass in ihm statt einer göttlichen Seele ein dämonischer Teufel hause. Nun ist es aber so, dass ein jedes Gotteskind, das sich zu der langen Pilgerreise durch die Erde hindurch entschließt, tatsächlich ein ganz bestimmtes Grauen in sich trägt: einen winzigen Teil des Grauens einer verirrten und verdrehten Welt, für dessen Erlösung es zur Erde kommt. Auf diese Weise besiegen die Kinder der Unendlichkeit die Finsternis und bringen Gottes Licht in die Welt — weil doch nur derjenige einer verdunkelten Welt das Licht bringen kann, der das Dunkel in sich selbst überwand. Und so gelang es schließlich auch diesem Gotteskind, das Grauen, das sich in ihm selbst

76. SRI AUROBINDO: *Savitri,* Seite 613.

verbarg, bis in dessen allertiefste Tiefe zu begreifen und dadurch zu erlösen.

— · —

Dies ereignete sich während eines seiner späteren Leben, als es von seiner Krankheit längst wieder genesen war und seine Seele wiedergefunden hatte. Die wundersame Heilung war dadurch zustande gekommen, indem das Gotteskind jede Menge Unwahrheiten, Irrtümer und Lügen, die es früher bei anderen wahrgenommen hatte, nun plötzlich in sich selber trug. Denn man hatte diese ja auf es geworfen, wodurch es dann selbst krank beziehungsweise »irre« geworden war. Was ja nichts anderes heißt, als dass sich jemand seiner geistigen Herkunft nicht mehr entsinnt und dem Irrglauben erliegt, nichts anderes als ein verlorenes, einsames Erdenwesen zu sein. Durch diesen Irrglauben aber war unser Kind der Unendlichkeit, das zuvor noch so viel Reinheit und so viel Göttliches in sich hatte, nun erst ein richtiger Mensch geworden. Weil zur Menschwerdung ja die Bereitschaft gehört, seine Unsterblichkeit und seine Erinnerung an den Himmel vorübergehend zu verlieren. Und da dieses Gotteskind viel Unwahrheit und viele Sünde, und sei es in Ansätzen nur, nun in sich selber getragen hatte, konnte es ihren Sinn und Platz im großen Ganzen verstehen und dadurch erlösen. Und alles Dunkle wich von ihm.

— · —

In dem Leben, von dem wir nun berichten, war sich unser Kind der Unendlichkeit wieder bewusst, dass es ein Kind Gottes war, mit einer Seele, so strahlend und hell, dass diese es schon fast vollständig durchlichtete. Es fehlte nur noch ein letzter kleiner Rest. Unser Kind der Unendlichkeit war auf seinem Weg durch seine weiteren Leben reifer und beherrschter geworden. Es plapperte nicht mehr aus, was es Wunderliches sah, sondern beobachtete alles still und dachte sich schweigend seinen Teil. Die Mechanismen der Unterdrückung und Manipulation, die ihm als einzelnem Menschenwesen widerfahren waren, entdeckte es jetzt allerdings auf der großen Weltenbühne wieder: dasselbe verlogene Machwerk der selbsternannten Herrscher der Welt, nur in unvergleichlich größerem Stil und damit noch gefährlicher und perfider.

So musste das Gotteskind mit ansehen, wie die Vertreter ganzer Länder und Nationen, wie dereinst es selbst, in vorauseilendem Gehorsam ihren Peinigern die Füße küssten und sich mit süßlicher Stimme für deren »Wohltaten« bedankten, während jene – heimlich oder gar unverhohlen – schlimme Untaten gegen genau diese Länder und Nationen verübten. Und wie die Vertreter von Ländern und Nationen, die man jetzt »Politiker« nannte, mit einem gezwungenen Lächeln im Gesicht, haarsträubende Knebelverträge unterzeichneten, die sie noch abhängiger von ihren »Wohltätern« machten als zuvor. Und das, obwohl die vorgeblichen Freunde in Wirklichkeit skrupellose Machtmenschen waren, auch wenn sie blütenweiße Westen mit edlen Krawatten trugen und sich neuerdings »Präsident« oder »Staatsoberhaupt« dieses oder jenes Landes nannten. Das Volk jedoch und dessen Stellvertreter fielen auf die Maskeraden herein und nahmen alles kommentarlos hin. Die Wenigen aber, die die bittere Wahrheit hinter den Lügenmärchen, mit denen man das Volk abspeiste, durchschauten, wurden – wie einst unser Kind der Unendlichkeit – genauso verleumdet und weggesperrt oder fanden »plötzlich und unvermittelt« einen frühen und unnatürlichen Tod. Mit Erschrecken stellte unser Gotteskind fest: Es hatte sich in der Welt über all die Jahrhunderte und Jahrtausende nichts, aber auch gar nichts geändert! Und da begriff es die ganze schreckliche Wahrheit: Nicht es allein war krank oder irre gewesen, sondern die ganze Welt war krank: diese Welt mit ihren machtbesessenen heimlichen Strippenziehern und all den täuschenden und getäuschten Menschen!

— · —

Und für einen Moment tiefsten Entsetzens sah es – wie in einer Vision weit hinter den Kulissen dieser Welt – grässliche Monster hausen, im Begriff, sich Gottes schöne Welt unter den Nagel zu reißen. Da aber flog unser Kind der Unendlichkeit der rettende Gedanke an wie ein strahlender Komet inmitten finsterster Nacht: Nie und nimmer konnte Gott, Der doch der Inbegriff von Wahrheit und Liebe ist, der Schöpfer sein einer solch verderbten Welt! Daher konnten auch diese Bilder des Grauens, die soeben vor seinen Augen vorüberzogen, niemals Wirklichkeit sein! Sondern nur die Trugbilder jener monsterhaften Albtraumgestalten, in ihrem Versuch, den Menschen Angst einzuflößen und sich künstlich am Leben zu erhalten, weil die Menschen dadurch an sie glaubten. Und das Kind Gottes erinnerte sich daran, dass es im Himmel wie auf Erden, in dieser wie in allen anderen Welten, doch nur das geben kann, was Gott in Seiner All-Liebe und Güte erschaffen hat und das daher genauso schön, gut und wahr ist wie Er. Und dass es doch auch nur Ihn, Gott, den Einen und Einzigen, gibt, ohne einen Zweiten oder gar einen gleichrangigen Widersacher. Alles, alles ist einzig Gott allein! Und lautete nicht auch das erste der zehn Gebote: »Ich bin der Herr, dein Gott. Du sollst keine anderen Götter haben neben Mir«?! Da begriff unser Kind der Unendlichkeit, dass der Glaube an ein von Gott getrenntes Zweites, an etwas von Ihm unabhängig Existierendes das größte Grauen und die einzige Krankheit ist, die es gibt: Es die Schizophrenie der Welt.

–·–

Kaum war es sich dessen gewiss, da zog auch schon, als werde seine Gewissheit unverzüglich geprüft, eine Fratze nach der anderen vor dem inneren Auge des Gotteskindes herauf: Nachtmahre in schrecklicher und immer erschreckenderer Form, als würden sämtliche Höllen der Unterwelt vor seinem Geiste entleert. Aber unser Kind der Unendlichkeit ängstigte sich nicht, nicht mal mit einer einzigen Wimper zuckte es! Stattdessen schrie es jeder dieser Spukgestalten geradeheraus ins Gesicht: »Verschwinde für immer von Gottes Erde, dein Auftritt hier ist aus und vorbei! Kein einziger Funke Wahrheit wohnt in dir, du bist nichts als ein böser Traum!« – Und es genügte dieser eine Schrei eines vom Geist der Wahrheit beseelten Wesens, dass das so mächtig erscheinende Böse wie ein Kartenhaus in sich zusammenfiel und verschwand.

Aus der Leere aber, die dadurch entstand, strömte jetzt – denn die dunklen Mächte hatten den Zugang frei gegeben – Gottes Fülle in die Welt! »Jenes ist Fülle, dieses ist Fülle, aus der Fülle kommt die Fülle hervor. Nimmt man von der Fülle die Fülle, bleibt die Fülle übrig« (Isha-Upanishad).

43 Freudenräder

Er schlägt Räder inmitten der Leere,
im frei gewordenen Raum,
vorsichtig-ungläubig zunächst,
dann mutiger, mit wachsendem Vertrauen,
schließlich ausgelassen und voller Freude,
denn siehe: Die Leere, sie trägt!

44 Wahre Fülle

Ich weiß nicht, was das Ich ist,
aber ich weiß, dass ich bin; und in diesem Ich, das ich bin,
ist durch Gnade alles enthalten, was ich
bis in Ewigkeit brauchen werde.[77]

JOEL S. GOLDSMITH

Sobald wir aus unserem innersten Wesen, unserem ICH BIN heraus – als wahrer Mensch – leben, entfaltet sich unser ganzes Leben in der rechten, da nun göttlichen Ordnung. Und für alles, was wir brauchen, ist gesorgt. Denn alles Glück und alle Erfüllung existieren bereits: Das Wesen Gottes ist Liebe, Fülle und Überfluss, die Er sonnengleich und bedingungslos auf alle Wesen dieser Erde verströmt. Es liegt allein an uns, uns dafür zu öffnen. Und das Einzige, was uns noch daran hindert, diese Fülle zu empfangen, sind unsere eigenen Blockaden.

— · —

Es ist nochmals Joel S. Goldsmith, der sich in seinen Büchern ausführlich mit den Themen von Fülle und Versorgung befasst und auf welche Weise wir sie erhalten oder auch nicht; die nachfolgenden Ausführungen beziehen sich daher zu weiten Teilen auf seine Erkenntnisse. Goldsmith zufolge können solche Blockaden darin liegen, dass man sich nicht für wert erachtet, in Freude und im Reichtum zu leben. Oder indem man sich, anstatt mit Wohlstand, lieber mit Armut identifiziert, um sich mit heimlichem Stolz – hinter dem sich zumeist ein nicht eingestandener Neid verbirgt – von all jenen zu distanzieren, die dem Geld, sonstigen materiellen Gütern und weltlichem Ansehen hinterherjagen.

Aber auch ein grundsätzliches Mangelbewusstsein könne eine solche Blockade sein, in der Annahme, es sei sowieso nicht genug

77. JOEL S. GOLDSMITH: *Das mystische Ich,* Seite 64.

für alle da. Weshalb immer dann, wenn einer etwas erhalte, einem anderen dafür etwas genommen werde. Diese Überzeugung geht mit dem irrenden Glauben einher, unsere Bedürfnisse und Wünsche könnten nur von anderen Menschen, Institutionen («Vater Staat« etc.) oder durch einen sicheren Arbeitsplatz erfüllt werden. Unsere Fülle und Versorgung kämen somit von außen und von irgendwo anders her als aus uns selbst, sodass wir – wie unreife Mündel – davon abhängig seien. Was zu dem weiteren Irrglauben führt, wir müssten für die Fülle in unserem Leben etwas Besonderes leisten, weshalb Versorgt-werden stets mit Anstrengung verbunden sei. Andererseits verwundert diese kollektive Überzeugung nicht, hatte doch Gottvater selbst nach Evas und Adams Vertreibung aus dem Paradies Adam dazu verflucht, von da an sein täglich Brot im Schweiße seines Angesichts zu verzehren: »So ist verflucht der Ackerboden deinetwegen. Unter Mühsal wirst du von ihm essen alle Tage deines Lebens« (Gen 3.17).

— · —

Genau betrachtet verbirgt sich, so Goldsmith, hinter diesen zahlreichen Blockaden letztlich auch wieder mal nur *eine:* überhaupt in der äußeren Welt und in Form materieller Güter nach Erfüllung zu suchen und nicht zu erkennen, dass wahre Fülle immer geistige Fülle meint und daher nur aus dem eigenen Innern, der geistig-göttlichen Quelle, kommen kann. Solchermaßen blockiert erkennt man daher auch nicht, dass das Leben doch in jedem Augenblick neu ist, dass Dinge und Umstände sich stetig wandeln, was jederzeit vollkommen neue Erfahrungen ermöglicht: die Magie des Jetzt mit seiner Kraft, Wunder zu erschaffen.

In Wirklichkeit hält das Universum nämlich alles, was wir brauchen, in Hülle und Fülle bereit. Ist doch das Universum selbst Ausdruck des Göttlichen in seiner ganzen Unendlichkeit, das nichts anderes will, als sich auch im Physischen in seiner ganzen Fülle zu offenbaren. Welche Aspekte dieser Unendlichkeit sich hier auf Erden zeigen, ob Fülle oder Mangel, Liebe oder Hass, liegt daher allein an uns. Der Erwachende aber weiß, dass er nur aus einem einzigen Grund auf die Erde gekommen ist: um ein freier Mensch zu werden, sich dann freiwillig dem Willen Gottes zu unterstellen und Dessen Herrlichkeit zu bezeugen, denn »die Erde ist voll der Güte des Herrn« (Ps 33.5). Und wenn wir zulassen, dass

Gott in dieser Weise durch uns in Erscheinung tritt, dann kann das, was sich manifestiert, ebenfalls nur All-Gutes, nur Fülle, Frieden und Liebe sein.

— · —

Damit sich Gott durch den Menschen verwirklichen kann, setzt allerdings voraus, dass der Mensch sich der Allgegenwart Gottes in sich gewahr ist, sich eins weiß mit Ihm. Und somit erkennt, dass Gott immer da ist, wo er sich befindet, denn Gott ist ja sein ureigenes ICH BIN. In dieser Gottesgegenwart ist die unendliche Fülle immer und hier und jetzt zugegen. Und sie wird – wie auch Goldsmith nicht müde wird zu versichern – uns stets als genau das zuströmen, dessen wir im jeweiligen Moment bedürfen: »Der Herr ist mein Hirte. Mir wird nichts mangeln.«, wie es in Psalm 23 ebenso schön wie vertrauensvoll heißt. Wir selbst haben also nichts anderes zu tun, als still in diesem Gottgewahrsein zu ruhen. Hierdurch kehren wir wieder in den Status eines »Kindes Gottes«, in die Sorglosigkeit und die Fülle des paradiesischen Bewusstseinszustands der Einheit zurück. Der alte Fluch ist aufgehoben, denn: »Das Kind Gottes arbeitet nicht im Schweiße seines Angesichts. Es kämpft nicht. Es verweilt am geheimen Ort des Allerhöchsten. Es bleibt in der Allgegenwart.«[78]

— · —

Für Joel Goldsmith ist der so erlöste Mensch – der jetzt unter Gottes Gnade lebt – jedoch nicht nur ein »Kind Gottes«, sondern zugleich auch ein »Miterbe Gottes«, denn alles, was Gott ist und hat, sei und habe nun auch er. Goldsmith setzt das Gewahrsein Gottes im eigenen Seelengrund mit dem »Bewusstsein der Versorgung« gleich; und wenn wir uns doch mit Gott, dem Unendlichen, Allumfassenden, Allliebenden, als EINES erkennen, woran könnte uns dann jemals mangeln? In diesem gnadenvollen Zustand gibt es auch keinen Platz mehr für eine Dualität von Gott *und* Mensch. So hören wir auf, noch irgendeinen Anspruch auf Gott und Seine wohltätigen Gaben zu erheben, denn wir sind vollkommen erfüllt von Ihm.

Sri Aurobindo drückt denselben Sachverhalt ein wenig anders, aber nicht minder einleuchtend aus, indem er sich statt auf Gott

78. Virginia Stephenson zitiert nach *EinsSein – Der Unendliche Weg*, Heft 1, 2023, Seite 7.

auf die göttliche Seele und das Selbst bezieht: »Der spirituelle Mensch ist ein Mensch, der seine Seele entdeckt hat. Er hat sein Selbst gefunden und lebt darin, ist sich dessen bewusst und hat seine Freude daran, er braucht nichts Äußerliches mehr für die Fülle seines Daseins.«[79]

—·—

Ein Aspekt von Fülle und Erfüllung ist noch wichtig zu betrachten: den unserer persönlichen oder individuellen Erfüllung. Wie in vorangegangenen Kapiteln schon dargelegt, existiert hinter jedem Menschen eine Ur-Idee oder Real-Idee – das, was er in Wirklichkeit ist: seine ureigene Individualität, sein wahres göttliches Wesen. Dieses ist anfangs jedoch von der vordergründigen Ich-Persönlichkeit des Menschen verdeckt, die sich selbst schon für die ganze Welt hält – oder zumindest für deren Nabel. Deshalb muss diese Schein-Identität allmählich immer durchlässiger werden, damit das unvergleichlich größere und umfassendere ICH mehr und mehr hindurchscheinen kann. Es ist die höchste Bestimmung des Menschen, dieses wahre Wesen, das immer auch ein freies Wesen ist, hier auf Erden zur Erfüllung zu bringen und somit zu verwirklichen. Und ein jeder erhält während dieses Prozesses alles, was er dazu braucht. Jedes Wesen dieser Erde, die Erde selbst und sogar der gesamte Kosmos unterliegen diesem Gesetz der Selbstentfaltung und Selbstvollendung.

—·—

Und wenn wir, so betrachtet, alle hier auf Erden versammelt sind, um unsere wahre Individualität zu befreien, Gottes Herrlichkeit durch sie erstrahlen zu lassen in einem schließlich göttlichen Leben in einer vergöttlichten Welt, wie könnten wir uns dann, da wir doch wieder eins geworden sind mit Ihm, jemals alle nur erdenkliche Fülle und die selige Freude vorenthalten?! »Letztlich soll das Bewusstsein, um vollständig zu sein, die volle Seins-Seligkeit besitzen. [...] In vollem Maße zu sein, bedeutet aber, dass wir allumfassend sind. [...] Alles Wesen ist ein einziges Wesen. In der Fülle zu leben heißt, in vollem Maße all das zu sein, was ist.«[80]

79. SRI AUROBINDO: *Stufen der Vollendung*, Weilheim, Oberbayern: Otto Wilhelm Barth Verlag, 1972, Seite 123.
80. SRI AUROBINDO: *Das Göttliche Leben*, Band 2, Teil 2, Seiten 449–450.

45 Frühlingstag

Wie sehr doch jeder Frühlingstag
erinnert an des Weltenmorgens Stund',
als Schöpfung – jung und hold – da lag,
nur Gottes mildem Blick entblößt
und Nachtlichts blassem Rund.

46 Ein neuer Garten Eden

Er sah Das verborgen
im heimlichen Herzen
der Dinge, dort, wo alles in einem Nest lebt. [...]
Er sah Das, er wurde Das, er war Das.[81]

Yayur-Veda

Eigentlich wollte er heute, an diesem noch jungen und doch schon so wundersam anmutenden Morgen nur eine kleine Runde in seinem Wohnviertel drehen, um in aller Stille die frische Morgenluft zu atmen, bevor der Rest der Welt erwacht. Nun aber tragen ihn seine Füße, als hätten sie ein Eigenleben, zu einem Wäldchen hin, ein wenig außerhalb der Stadt, und er lässt sie gehen, folgt ihnen nach. Aber da, wo sich bisher zuverlässig das kleine Wäldchen befand, befindet sich jetzt ein großer Park. Diesen hat er noch nie gesehen, obwohl er doch regelmäßig dort spazieren geht. Wo kommt er nur so plötzlich her?

— · —

Der Park beeindruckt durch mächtigen alten Baumbestand inmitten gepflegter grüner Rasenflächen und Wegen zum darauf Wandeln aus Kies, so weiß wie Schnee. Über den ganzen Park stehen sie verteilt, diese ehrwürdigen Methusaleme mit ausladenden, knorrigen Ästen. Aber sie können doch niemals so schnell gewachsen sein, mal eben über Nacht!? Oder träumt er etwa noch? Aber nein, ein Traum kann das, was seine Augen schauen, nicht sein, dafür ist er heute viel zu klar und zu wach! Ja, sogar klarer und wacher denn je, als sei er – wie dieser so jungfräuliche Morgen – nicht nur aus dem Schlummer einer Nacht, sondern gar aus eines alten Daseins Schlaf erwacht.

— · —

81. Zitiert nach SATPREM: *Die Tragödie der Erde,* Seite 113.

Neugierig tritt er näher heran: Der Park ist nicht umfriedet, da ist weder Mauer noch Zaun, und doch hält eine unsichtbare Grenze wie eine geheimnisvolle Schwelle jeden allzu Neugierigen vom unerlaubten Vordringen in den weitläufigen Garten ab. An dieser Schwelle sitzt ein Mädchen auf einem Stuhl. Alterslos wirkt es, verklärt, fast ätherisch, eher wie ein himmlisches Wesen denn wie ein Kind, nur dass die Flügel fehlen; es trägt ein bodenlanges, weißes duftiges Kleid. Auf seinem Schoß liegt aufgeschlagen ein schweres Buch. Ein wenig des Einbands kann er erspähen, welcher sehr edel wirkt und überzogen ist von purem schimmerndem Gold. Die cremefarbenen Seiten des Buches sind aus handgeschöpftem Papier, darauf befinden sich – statt Buchstaben und Schrift – ebenfalls golden schimmernde Zeichen, die etwas mystisch wirken.

— · —

Dann schweift sein Blick von dem Buch hinweg erneut zum Garten hin, offensichtlich sehnsuchtsvoll, denn die Hüterin der unsichtbaren Schwelle nickt ihm freundlich lächelnd zu und lässt ihn wortlos wissen: »Der Eintritt sei dir gewährt!« Ehrfürchtig wagt er sich – seine Füße Schritt für Schritt auf heiligen Boden setzend – in den Garten hinein, die überquellende Fülle von Licht und Leben kaum fassend, die ihn dort umfängt: Die gesamte Natur ist von einem inneren Licht durchstrahlt in einer Intensität, die alles, was er je sah, bei Weitem übersteigt – ein ungebrochenes Licht und seligen Friedens weißer Hauch.

Auch die mächtigen Baumgiganten, die er schon aus der Ferne sah, bersten geradezu vor Vitalität, sind beseelt, belebt von diesem diamantenen Licht, sogar ihre grünen Blätter leuchten. Zwischen dem saftigen Grün wachsen überdimensional große magnolienartige Blüten, ein üppiges Meer in Lila und in Pink, und eine jede Blüte ist größer noch als seine Hand. Blüten über Blüten erblickt er, die niemals welken, erfüllt vom süßen Nektar der Unsterblichkeit. Dabei wirken sie trotz ihres so lebendigen Leuchtens zugleich ein wenig abstrakt, was an ihrem so transparenten Zustand liegen mag. Sie muten an, als habe ein Künstler sie geschaffen aus hauchdünn geschliffenem Amethyst und Rosenquarz.

— · —

Als er sich für eine Weile still in eine der Blüten versenkt, bemerkt er, woraus diese Transparenz resultiert, denn er kann jetzt, zu seiner Überraschung, sowohl den natürlichen Zustand der Blüte als auch deren geistige Idee darin sehen: eine ureigene Signatur, die sich im Innersten der lebendigen Blüte befindet. Er erkennt sie wieder als eines der Zeichen aus dem goldenen Buch auf dem Schoß des Mädchens. Als habe ein ungeahnter innerer Sinn sich aufgetan, kann er nun durch die physische Gestalt eines jeden Wesens oder Dinges hindurch bis zu dessen Ursprung und Ziel in der göttlichen Quelle schauen. Und alles auf Erden – so wird ihm dabei bewusst – ist, wie diese Blüte, ein Symbol: ein Schlüssel, der auf etwas unermesslich Größeres jenseits aller Form verweist. Dann ist also die Schöpfung, so kommt ihm da in den Sinn, die Sprache Gottes, durch die Er mit den Menschen spricht. Und eine jede irdische Erscheinung ist ein Buchstabe, ein Wort oder eine Geschichte darin und die ganze Welt eine kosmische Bibliothek!

Noch einmal lässt er seinen Blick weit durch den Garten schweifen: Was immer er auch sieht, ist jetzt von der Gottheit durchdrungen, von froher All-Einheit und grüner Vollendung, ist selbst Quelle des Lichts in einem unerschöpflichen Lichtermeer: eine Welt, von Gottes Lust durchbebt. Am blassblauen Himmel darüber hoher Gestirne ferner Gruß.

— · —

Und während er noch dasteht und schaut und staunt, fällt sein Blick auf einen ganz besonderen Baum. Es ist jener genau in der Mitte, der machtvollste von allen. Wie ein Sog zieht es ihn zu ihm hin, drängt es ihn, in diesen Baum hineinzuklettern, sich in ihn zu schmiegen, bis er sich auflöst – vollends geeint mit ihm. Nur weiß er nicht, warum... Eine leise Stimme raunt ihm sogleich zu, dass hier, in diesem Baum in der Mitte, doch die Göttliche Mutter wohne. Da erkennt er, dass dieser Garten *ihr* Garten ist, der Garten der Göttlichen Mutter – ein neuer Garten Eden.

— · —

Ein Ast senkt sich herab, nimmt ihn auf, hebt ihn empor, lässt ihn eintreten ins Innere des machtvollen Baumes. Und als er sich in der Dunkelheit dort geborgen in den Armen der Göttlichen Mutter weiß, sinkt er vor Ihr auf die Knie und bringt Ihr dar, in bebenden Händen wie Schalen, sein Herz aus lebendigem Gold.

47 Bis zum Horizont und weit darüber hinaus

»Das Alte ist vergangen, siehe, es ist alles neu geworden! [...] Eines weiß ich wohl, dass ich blind war, und ich bin nun sehend« – ich sehe nun »nicht durch einen Spiegel«, sondern »von Angesicht zu Angesicht«. Ja, schon in meinem irdischen Leib habe ich Gott geschaut. Die Hügel wichen, es gibt keinen Horizont mehr, denn das Licht des Himmels offenbart alle Dinge.[82]

Joel S. Goldsmith

Im neuen Garten Eden schwindet die schmale Linie des Horizonts dahin, löst sich auf wie in einem endlosen Meer, in dem sich die Farben des Himmels mit denen des Meeres vermischen – Blau in Blau, von weißen Krönchen und goldenen Sonnenfunken durchsetzt: ununterscheidbar. Denn Himmel und Erde, Geist und Materie sind dort eins, durchlichtet von göttlichem Feuer: Die Erde, die als neuer Garten Eden dereinst entstehen wird, wird aus Licht und Wahrheit gewoben sein. Alle Gestaltungen darin werden von Gottes Geist durchdrungen und Vergangenheit und Zukunft vereint sein in der einzig noch verbleibenden Zeit eines ewigen Jetzt. Schöpfung wird Unendlichkeit offenbaren als das Unendliche in seiner Manifestation.

Und das, was in der Bibel vor langer Zeit schon verkündet wurde, wird sich erfüllen, wenn die Töchter und Söhne Gottes –

82. Joel S. Goldsmith: *Der Weg zum Unendlichen,* Seite 171.

die Kinder der Unendlichkeit – Gottes Schöpfung verklären, indem sie hinter dem sinnlich Wahrnehmbaren Sein ewiges Licht aufscheinen sehen:

> Denn die ganze Schöpfung wartet sehnsüchtig auf das Offenbarwerden der Söhne Gottes. Die Schöpfung ist der Vergänglichkeit unterworfen, nicht aus eigenem Willen, sondern durch den, der sie unterworfen hat; aber zugleich gab er ihr Hoffnung: Auch die Schöpfung soll von der Sklaverei und Verlorenheit befreit werden zur Freiheit und Herrlichkeit der Kinder Gottes (Röm 8.18–22).

—·—

Dabei geschieht der Eintritt in den Garten Eden mühelos und wie von selbst, sobald die alten Schleier der Illusion sich lüften, wenn falsche Identifikationen sich lösen und der Mensch sich wieder als geistiges Wesen erkennt. Dann werden vollkommen neue Erfahrungen möglich: Ungeahnte Realitäten eröffnen sich, ein multidimensionales Universum, aus dem nie gesehene Welten aufsteigen mit neuen Räumen der Erfahrung. Alle Dinge, Wesen, Geschehnisse werden dort immer intensiver und beglückender erlebt und sind doch jedes Mal neu. Und bei aller Multi- und Mehrdimensionalität mit ihren Räumen über Räumen existiert dies alles doch nur an *einem einzigen* Ort: innen, im eigenen Seelen-Herz-Innenraum.

—·—

In diesem Innen erlebt DAS LEBEN sich selbst, erfährt es sich durch den erfahrenden Menschen. Denn auch zwischen Mensch und LEBEN gibt es dann – wie zwischen Himmel und Erde – keinen Unterschied mehr. Der Mensch ist wieder das geworden, was er in Wirklichkeit ist: ein Punkt innerhalb der Unendlichkeit, durch den DAS LEBEN strömt und sich in unablässig wandelnden, immer neuen Formen und Kreationen schöpferisch zum Ausdruck bringt. In dieser absoluten Hingabe an DAS LEBEN liegt alle Fülle, liegt alle Ewigkeit, denn: »Kein irdisches Gut ist uns vorenthalten, wenn wir unseren Blick über das Sichtbare hinaus auf das große *Unsichtbare* richten.«[83] Auch gibt es im neuen Garten Eden keine

83. Ebenda, Seite 168.

Trennung zwischen Subjekt und Objekt, zwischen Schauendem und Geschauten mehr, denn alles wird dann gleichermaßen als geistig und als das eine göttliche Selbst erkannt. Und alles, was es über ein Wesen oder einen Gegenstand zu wissen gibt, wird im selben Moment, indem sich eine Frage erhebt, schon intuitiv gewusst, weil das Selbst doch das Selbst aller ist. Der Blickwinkel auf der neuen Erde reicht dabei weit über alles Irdisch-Vergängliche und über jeden Horizont hinaus: in Vergangenheit und Zukunft, in andere Bewusstseinsebenen und -welten, in alle Wahrscheinlichkeiten und Potenzialitäten, kurzum: bis in die Unendlichkeit.

— · —

Und wir alle gelangen dorthin, auch wenn vielleicht noch ein paar Jahrhunderte oder gar Jahrtausende vergehen, bis die Erde sich in ihrem vollendeten Zustand zeigen wird. Aber ein neues Bewusstsein, das geistige Feuer der Sonne, strömt schon in die physische Daseinsebene herein und erwacht in uns selbst, wo es die Wahrheit von allem offenbart und uns zu wirklichen MENSCHEN macht:

> Ein Eindringen, ein Einfluten. [...] Das Eindringen des göttlichen Feuers auf die Erde. [...] Ein ungeheures »Etwas« durchdringt alle Menschen unter ihrem goldenen Schutt. Ein neues – oder ewiges – Feuer erwacht ihrer selbst zum Trotz in ihren Zellen und verbreitet sich durch all ihre kleinen durchlässigen Körper. [...] Der evolutionäre Durchbruch ist *vollzogen,* und wir leben ihn, ob wir es wollen oder nicht. [...] Und die wahre Erde wird sein. Und wahre Menschen.[84]

84. SATPREM: *Evolution II,* Einsiedeln: Institut für Evolutionsforschung und Daimon Verlag, 1993, Seiten 119–121.

48 Schwarz, schwärzer als Schwarz

Die Welt wird nicht durch den Tod verlassen, sondern durch die Wahrheit, und die Wahrheit können alle erkennen, für die das HIMMELREICH erschaffen wurde und auf die es wartet.[85]

Ein Kurs in Wundern

Noch immer kniet er, der Mensch, in der dunklen Mitte des Baums, als es um ihn herum noch dunkler und immer schwärzer wird. Und er sinkt und sinkt, tiefer und tiefer, in dieses Schwarz hinein, welches schwärzer ist noch als Schwarz, wo niemand mehr ist und nichts mehr existiert. Ganz und gar gibt er sich der Schwärze hin, löst sich voller Vertrauen in ihr auf. So schmilzt er durch die dunkle Nacht hindurch, unendlich mild, unendlich sanft, um auf der anderen Seite unbeschadet aus ihr hervorzutreten und voller Erstaunen festzustellen, dass wahre Individualität niemals stirbt: »ICH BIN und kann mich weder vergessen noch jemals verlieren. ICH BIN bis in alle Ewigkeit.« Und er spürt, wie unendlich süß es doch ist, von Zeit zu Zeit in dieses bergende Schwarz hineinzusterben, in diesen dunklen Schoß der Göttlichen Mutter einzugehen, in den alles Leben zurückkehrt und der alles Leben ewig neu aus sich gebiert. Um sich, erneuert und gestärkt, daraus zu erheben als ein und derselbe, der er zuvor war. Denn der Mensch ist Licht von Gottes Licht, und Gottes Licht kann selbst im Nichts nicht verlöschen.

— · —

Aber jetzt, da er durch sie hindurchgeschmolzen, hindurchgestorben ist, völlig eins wurde mit ihr, ist die schwarze Schwärze immer

85. *Ein Kurs in Wundern,* Textbuch, Seite 51.

noch da und wird ihn für immer begleiten. Nach *hinten,* an seiner Rückseite, zeigt sie sich als Leere, als Nichts, das sich nach *vorne,* durch ihn, wie durch ein Fenster hindurch, als lebendige Welt mit ihren tausendfältigen Farben offenbart. Er selbst, der Mensch, ist der mystische Ort, an dem Gottes Leere in Gottes Fülle übergeht. So ist nun auch diese Dualität überwunden: Fülle ist zugleich Leere, und alles ebenso nichts, alles ist alles und doch immer EINS.

— · —

Und während er in dieser unvorstellbaren Weite seines Bewusstseins noch verweilt, bemerkt er auf einmal, dass das schwarze Schwarz nicht nur von unvergleichlicher Süße, sondern auch von einer unvergleichlichen Wärme ist. Und er sieht erst jetzt, dass sich das Schwarz aus unzähligen winzig kleinen schwarz-goldenen Kügelchen zusammensetzt: ein Meer von Brombeeren über Brombeeren, aufs Allerdichteste zusammengedrängt, über dem der matte Schimmer einer schon verklärten Abendsonne liegt.

Diese schwarz-goldenen Kügelchen stellen sich ihm als winzigste Energiequanten dar, in unermesslicher Liebe zusammengepackt, dichter noch als dicht. Und er nimmt wahr, dass einzig und allein aus dieser kompakten Dichte heraus der Eindruck von Schwarz entsteht, welches es an sich also *gar nicht gibt,* sondern das nur so erscheint und umso schwärzer wirkt, je tiefer es sich bis in die Unendlichkeit hinein erstreckt: Es ist Gottes schlafende Kraft, aus der Er dereinst neue Universen, Welten und Wesen ins Leben rufen wird. Und in einer allerletzten Erinnerung, die zugleich seine allererste Erinnerung ist, fällt ihm ein, dass doch auch er selbst seine Reise durch Zeit und Raum vor unvorstellbar langer Zeit – inzwischen fast 14 Milliarden Jahren – als solch ein winziges Energie- oder Lichtquantum begann: als ein in die Dunkelheit gesäter Gottesfunke.

— · —

Die eigentliche Farbe von Schwarz, so erkennt er da, ist also Gold und der so gefürchtete Tod in Wirklichkeit tiefste Liebe.

49 Die andere Hälfte des Regenbogens

Hat eigentlich noch nie jemand
nach der anderen Hälfte des Regenbogens gefragt?
Wie diese wohl aussieht
und welche Farben sie hat?

Nun, die zweite Hälfte des Regenbogens
ist entweder schwarz oder golden,
je nachdem, wer auf sie schaut:
Denn was Menschen für Schwarz halten,
ist für Engel pures Gold.

50 Wahrheit bricht hervor!

Die geheime Wahrheit, die im Supramentalen auftaucht, hat alle Zeit existiert, nur – sich selbst, die Wahrheit in den Dingen und den Sinn unseres Daseins offenbaren, das tut sie erst jetzt.[86]

Sri Aurobindo

Wir haben schon mehrfach davon gesprochen, dass die ganze Welt aus einer einzigen Substanz, einem einzigen Ur-Stoff besteht, wenn auch in unterschiedlicher Dichte und Schwingung: aus Bewusstsein, hinter dem geistige Kräfte und Wesenheiten wirken. Auch ist die Schöpfung, so wie Gott sie erschuf, vollständig und vollkommen. Da kommt nichts Neues mehr hinzu, es kann aber auch nichts daraus entnommen oder ausgeschlossen werden. Alles, was ist, war und noch sein wird, ist also schon da beziehungsweise in der Schöpfung keimhaft angelegt und obendrein gut, da Gott nur Gutes erschaffen kann.

—·—

Dass wir Menschen dennoch eine Welt sehen, die uns mitunter als »Hölle« oder – in einer anderen Bewusstseinslage – als »Himmel« erscheint, liegt allein daran, dass wir ein und dieselbe Welt mit jeweils unterschiedlichen Augen betrachten. Es gibt nur *eine* Welt, aber wir geben ihr ihr Angesicht! Und alles, was wir als etwas Bedrohliches, Schlimmes oder Böses ansehen, ergibt sich daraus, dass der menschliche Verstand die diesen Dingen zugrundeliegende Wahrheit aus Unwissenheit heraus falsch interpretiert, sodass sich ein dunkler Schatten über sie legt, und erst hierdurch werden

86. Sri Aurobindo: *Die Offenbarung des Supramentalen,* Seite 93.

Abirrungen, manchmal sogar gewaltige, möglich. Hinter jedem scheinbar »Bösen« befindet sich also ein noch nicht erkanntes »Gutes«, hinter allem dunklen Unbewussten ein helles Überbewusstes und selbst hinter jedem Irrtum und jeder Lüge eine verborgene göttliche Wahrheit. Dies lässt sich allein schon dadurch erahnen, dass dieses vermeintlich Unbewusste doch immerhin ein ganzes und perfektes Universum ausgearbeitet hat und demnach *keine* Fehler macht:

> Man beginnt, etwas von dem Geheimnis zu begreifen, wenn man zunächst wahrnimmt, schließlich *sieht,* dass jedes Ding in der Welt, *selbst der groteskeste und abseitigste Irrtum,* einen Funken von Wahrheit hinter seiner Maske enthält, denn alles hier ist Gott, Der Sich auf Sich selbst zubewegt; außerhalb von Ihm existiert nichts. [...] Wäre auch nur ein Ding auf der Welt vollkommen falsch, so wäre damit die ganze Welt vollkommen falsch.[87]

— · —

Das neue Bewusstsein, das sich jetzt immer mehr im Erdbewusstsein offenbart, bringt als ein »Bewusstsein der Wahrheit« dieses hinter allem verborgene Göttliche ans Licht und deckt sämtliche Schatten auf, die es so lange unter sich versteckten: Wahrheit bricht überall hervor! Denn die Wahrheit ist nicht nur im Überbewussten, sondern auch im Unterbewussten zugegen: das eine Mal im höchsten Licht, das andere Mal in der tiefen Dunkelheit. Hinter allem aber leuchtet die EINE Sonne, dasselbe göttliche Feuer. Und in dem Maße, wie das zuvor Unbewusste, Dunkle nun zunehmend dieses *eine* Bewusstsein offenbart, weitet sich alles wieder zu einem einzigen »Raum«, zur Welt der Wahrheit, in der sämtliche Bewusstseinsebenen, Welten und Dimensionen des Kosmos zugegen sind. In dieser Welt der Wahrheit, dem »Himmelreich«, findet auch der Mensch wieder zu seiner ureigensten Wahrheit, seiner Göttlichkeit und Unsterblichkeit, zurück.

Dieser Vorgang ist bereits in vollem Gange. Das Licht strömt immer machtvoller in unsere Welt hinein, wo es – früher oder später – auch noch die letzten Spuren von Unwahrheit, Lüge und Illusion aufdecken und verwandeln wird:

87. SATPREM: *Sri Aurobindo oder Das Abenteuer des Bewusstseins,* Seite 235.

> Denn die große Schleuse der neuen Evolution steht offen, ich weiß es; der Durchgang steht offen, ich weiß es; es ist kein Versprechen für zukünftige Zeiten mehr: Es ist *dabei* zu geschehen, [...] die Tore der Sonne stehen angelweit offen vor uns. [...] Wer könnte diese sonnenhafte Schleuse verschließen? Sie überflutet die Welt unerbittlicher als all unsere alten Sintfluten.[88]

—·—

Können wir in dieser Schilderung nicht exakt *die* Vorgänge in unserer Welt erkennen, durch die derzeit und in allen Bereichen unserer Gesellschaft jahrhundertealte, jahrtausendealte Lügen und Manipulationen ans Licht gespült werden und die uns so sehr beunruhigen? Weil sie unsere Welt noch schlimmer und noch chaotischer aussehen lassen als jemals zuvor. Aber nur ein Böses, welches sichtbar geworden ist, kann man erkennen und überwinden, ein noch unsichtbares, geheimes Böses nicht. »Und gerade das tut vielleicht diese ›neue‹ und ewige Energie: alle Teufel aus diesen alten Höllen herausziehen, diesen Abschaum angehäufter Zeitalter, damit sie ein für alle Mal ausgelöscht werden.«[89]

Diese zu uns hereinströmende neue Bewusstseinskraft ist also in voller Aktion und dabei, endlich auch jene Lüge zu zerschlagen, die man als »Ur-Lüge« bezeichnen könnte: eine rein materialistische Weltanschauung, die uns weismachen wollte, dass es nur eine einzige, ebendiese materielle, physische Welt gebe! Und somit noch eine andere Macht als Gott, sogar eine, die in der Lage sei, Seinen gnadenreichen Plan für die weitere Entwicklung der Erde und ihrer Menschheit zu zerschlagen.

—·—

Und was ist mit all den anderen Lügen, die sich aus dieser Ur-Lüge ergeben: Wenn das Unbewusste nicht länger unbewusst ist, sondern geoffenbarte höchste Wahrheit, vollends bewusst im göttlichen Licht, wo bleibt dann noch Platz für einen Tod, der sich doch allein von Unbewusstem nährt? Wird der Tod sich dann nicht auch als eine uralte Illusion entpuppen? Denn ein sich seiner selbst bewusstgewordenes Sein erkennt sich als göttlicher Geist wieder und als unsterblich. Da hat kein »Tod« mehr eine Chance! Und

88. SATPREM: *Evolution II,* Seite 54.
89. SATPREM: *Die Tragödie der Erde,* Seite 134.

welche weiteren Wahrheiten wird unsere Erde wohl noch offenbaren, diese so handfest *erscheinende* materielle Welt, wenn sich die geistige Welt immer mehr in ihr zeigt und der Geist der Wahrheit in ihr immer stärker zu wirken beginnt?! *Dann* wird eine neue Erde ihren eigenen Himmel gebären, den sie wie einen goldenen Embryo durch die Zeiten der Finsternis trug. So könnte die Erlösung der Welt ausgerechnet an *dem* Ort errungen werden, den die Menschen so sehr verachteten, dass sie ihm entweder nur zu entfliehen suchten oder ihn aufs Übelste misshandelten: auf *diesem* Planeten – unserer Mutter Erde selbst!

— · —

Von Sri Aurobindo ist die Äußerung gegenüber einigen seiner Schüler überliefert, dass niemand vorhersagen könne, auf welche Weise dieses Wahrheitsbewusstsein, das er »das Supramental« nennt, konkret wirke, wenn es sich im Erdbewusstsein zu manifestieren beginne, sondern: »Das Supramental wird sich durch sich selbst erklären.«[90] *Eines* scheint jedoch in Anbetracht all dessen, was derzeit geschieht, jetzt schon gewiss: Es stellt inmitten von Chaos und Lüge den *kósmos* (griechisch für »Ordnung«), die göttliche Ordnung, wieder her!

90. Nirodbaran: *Gespräche mit Sri Aurobindo,* zitiert nach Satprem: *Die Tragödie der Erde,* Seite 140.

51 Goldene Flut

Herr, Deine Güte reicht,
so weit der Himmel ist, Deine Treue, so weit die Wolken ziehen.
[...] Die Menschen bergen sich im Schatten Deiner Flügel,
sie laben sich am Reichtum Deines Hauses; Du tränkst sie
mit dem Strom Deiner Wonnen. Denn bei Dir ist die Quelle
des Lebens, in Deinem Licht schauen wir das Licht.

Psalm 36.6–10

Und dann – ist da nur noch Gold! Ist *er* nur noch Gold. Aus dem leeren Nichts heraus. Allerfeinstes Goldgestäub, das den ganzen Kosmos durchdringt – leuchtend, lebendig, immerwährend und wahr. Ein unendliches Meer flirrend goldener Teilchen, von Sonnenpartikeln, Götterfunken, ebenso Licht wie Stoff: jene Essenz, aus der Gott Seine Welten webt. Er selbst, der Mensch, ist ein winziger Teil davon und doch dies ganze Meer, das sich, ekstatisch und weit, über das ganze sichtbare All erstreckt und bis ins Unsichtbare darüber hinaus.

— · —

Noch einmal blitzt die Erinnerung in ihm auf, dass seine eigene Existenz doch auch als eines dieser Gottespartikel begann. Aber jetzt ist er nicht nur *eines* davon, jetzt ist er alle: ein jedes von ihnen einzigartig und in ihrer Essenz doch eins und gleich, als hätten er und alle diese anderen goldenen Sonnenteilchen sich in die Unendlichkeit hinein vermehrt. Denn Gott ist in ihnen allen, alle sind in IHM, alle sind jetzt EINES – da ist nur noch Gottes Goldene Fülle, die strömt.

52 Wir Kinder der Unendlichkeit

Seht, wie groß die Liebe ist,
die der Vater uns
geschenkt hat: Wir heißen »Kinder Gottes«
und wir sind es.

1. Brief des Johannes 3.1

Nun, da er, der Mensch, sich zur Gänze hingegeben hat, eins wurde mit dem weißen Licht der Transzendenz, mit bunten kosmischen Weiten und mit dem Schwarz der Immanenz und er frei und unbeschwert im neuen, goldenen Bewusstsein fliegt, darin schwebt, hat sich auch der letzte Rest eines Empfindens von Getrenntsein verflüchtigt. Was immer er wahrnimmt, ist göttlicher Geist: Idee und gleichzeitig physischer Ausdruck dieser Idee, ebenso nicht-körperlich wie körperlich-fest, Form und zugleich Leere als Abwesenheit von Form – doch immer untrennbares lichtvolles Sein.

— · —

Und so kann er jetzt auch die ursprüngliche Idee, Gottes großen Gedanken, darin erkennen, weshalb er und all die anderen Kinder der Unendlichkeit – WIR! – auf diese Erde gekommen sind. Damit genau *dieser* Traum Wirklichkeit werden kann: der Traum von einer scheinbar von ihrem Ursprung abgespaltenen physischen Welt, von zersplittertem Licht und einsamen Gestalten, herumirrend durch Unbewusstheit, Dunkelheit und Tod. Um dann, als erwachende Götterfunken inmitten dieser Dunkelheit, allmählich das innere Licht aufstrahlen zu lassen, um mit diesem die Menschen, die sie – WIR! – ja selber sind, vom Tod zum ewigen Leben zu führen. Und schließlich eine Neue Erde zu erschaffen, die zugleich ein Neuer Himmel sein wird, und damit doch sehr dem Ausgangspunkt dieser Reise der Kinder der Unendlichkeit ähnelt, den keines von ihnen in Wirklichkeit je verließ. Weil es nie eine Trennung vom göttlichen Ursprung gab, weder Mangel noch Tod, keine Suche und auch kein Finden. Denn wie könnte man je von dem getrennt sein, was man doch selber ist, und von dem, was man liebt?

— · —

Alles – das offenbart sich ihm, dem Menschen, jetzt wie in einer weiten abschließenden Schau –, wonach er je gesucht hatte, ist und war schon immer in ihm, *ist* und *war er selbst:* Er ist diese zarte Wolke der Unendlichkeit, der ganze Kosmos und alles Leben darin; es gab niemals ein Universum außerhalb von ihm, sondern nur eine raum-zeitliche Ausdehnung im eigenen ewigen Sein. So wurde eine ganze Welt erschaffen, nur um ihn und die anderen Kinder der Unendlichkeit erkennen zu lassen, wer sie – WIR! – in Wirklichkeit sind. Und dann, aus freien Stücken und voller Freude, zu ihrer Göttlichkeit heimzukehren... Wenn alle Menschen sich wieder als Kinder Gottes erkennen, werden alle erlöst sein und mit ihnen die Schöpfung, die ganze Welt. Und jene Vision, die er, der Mensch, am Anfang seiner Reise hatte – oder war es am Anfang irgendeines Buches? –, dass die Menschheit zusammen mit ihrer Erde auferstehen und eine neue Schöpfung beginnen wird, wird dann Realität.

— · —

Wenn somit das große Mysterium des Erden-Daseins vollständig durchlebt sein wird, werden die Kinder der Unendlichkeit – WIR! – das irdische Leben als kosmisches Fest feiern. Und es wird sie – UNS! – von da an nur *ein* Gebot noch leiten: das der Liebe. Sie werden nie mehr vergessen, wer sie sind und ihr ewiges Geborgensein in Gott. Freudig werden sie nach Seinem Willen erschaffen, was immer Er durch sie erschaffen will. Denn Schöpfer zu sein, ist erst dann möglich, wenn man uneingeschränkt liebt.

Die noch Schlafenden aber werden er und die anderen – WIR! – zärtlich wecken, wenn die Zeit dafür gekommen ist: »Wachet auf, wachet auf, das Licht ist da!« Woraufhin diese sich staunend auf einer Neuen Erde wiederfinden werden, die in ihrer Lieblichkeit so unermesslich ist, dass das Glück sich in Abertausend glänzenden Augen widerspiegeln und die Erde aufstrahlen wird wie ein neugeborener Stern. Und welch unvergleichliche Wonne wird es sein, mit dem freien Fluss des Lebens zu strömen! In ihn einzutauchen bis auf den Grund, ihn auszukosten bis zur vollendeten Fülle, um sich gleich darauf wieder aus ihm zu erheben und sich in die nächste Woge dieses unendlichen göttlichen Ozeans zu stürzen – bis in alle Ewigkeit. Denn »seine Verheißung an uns ist das ewige Leben« (1 Joh 2.25).

Epilog Sonnenpriester

Sonnenlicht durchrinnt seine Adern, er hebt seine Hände zum Himmel empor – und singt...

Nachwort

Dieses Buch ist in den Jahren 2021 bis 2023 entstanden. Bereits damals gab es Krisen genug, die die Menschheit plagten, aber es war noch nicht das Schreckgespenst eines dritten Weltkriegs oder gar eines finalen Atomkriegs am Horizont heraufgezogen. Auch wurde seither noch deutlicher, wie sehr grundlegende ethische Werte und unsere Würde und Freiheit als Menschen bedroht sind durch ein rein materialistisches Weltverständnis und eine forcierte Digitalisierung der Welt mit ihrer Fremdsteuerung und damit Fremdkontrolle. Nicht weniger beängstigend sind die zahllosen Lügen, Manipulationen und Manipulationsversuche, die Tag für Tag ans Licht dringen: eine scheinbar düstere und bedrohliche Zeit.

Und dennoch handelt das vorliegende Buch von einem neuen Bewusstsein, das zur Erde hereinströmt, ist positiv gestimmt und hoffnungsfroh. Wie passt das zusammen? Der große indische Weise Sri Aurobindo, der zeit seines Lebens an der Verwirklichung dieses neuen Bewusstseins auf Erden mitarbeitete, nannte dieses – in Anlehnung an den Rigveda – das »Wahrheitsbewusstsein«. Denn es bringe überall dort, wo es wirke, die Wahrheit ans Licht. Und niemand könne abschätzen, was geschehen werde, wenn es auf Erden Fuß zu fassen beginne. Nun, was dieses neue Bewusstsein alles bewirkt, erleben wir jetzt! Nur hatten wir spirituell orientierten Menschen, ich eingeschlossen, wohl eher beseligende Wahrheiten im Sinn, die sich dann offenbaren würden... Aber höchste göttliche Wahrheit ist immer beseligend, da wahr, uns Menschen jedoch zunächst nicht zugänglich. So mögen diese Turbulenzen und Kämpfe, die sich zurzeit auf unserem Planeten abspielen, Ausdruck eines immensen Reinigungs- und Transformationsprozesses sein, der alles hinwegfegt, was noch nicht dieser höchsten Wahrheit entspricht – mit all seiner Hoffnung, aber auch all seinen Gefahren.

In der Anthroposophie heißt es, dass die Menschheit seit geraumer Zeit dabei ist, die Schwelle zur geistigen Welt zu überschreiten. Auch bei dieser Sichtweise des aktuellen Geschehens geht es um ein neues Bewusstsein, das sich offenbart: das Bewusstsein der Einheit und Ganzheit, das für uns bisher jenseits dieser Schwelle lag. Die Schwelle ließ sich nur individuell überschreiten, im Vorgang unseres physischen Todes. Jetzt überschreiten wir sie, wie es aussieht, kollektiv. Und da wundert es schon weniger, dass wir derzeit Todesprozesse und ein Absterben und Loslassen von alten Strukturen durchleben und durchleiden, von denen noch keiner von uns weiß, wie sie ausgehen werden... Bleiben wir dennoch zuversichtlich! Hierfür mag dieses Buch eine Stütze sein. Denn vielleicht ist es gerade diese vertrauensvolle Grundstimmung, die sich aus der Gewissheit einer über allem waltenden göttlichen Allmacht speist, die wir in der jetzigen und der kommenden Zeit am allernötigsten brauchen. Und ebenso Menschen, die bereit sind, sich mutig den Turbulenzen des neuen Bewusstseins hinzugeben, dem Geist der Wahrheit verpflichtet, der allein zu Freiheit und, darüber hinaus, zur Liebe führt.

Bilbliografie

Davis, Roy E.: *Wahrheitsstudien,* Bad Homburg Verlag CSA, 1979.

Ein Kurs in Wundern, Freiburg i. Br.: Greuthof Verlag, 2016, www.greuthof.de.

Ferger, Yvonne: *Das Feuer der Erde: Ein spirituelles Lesebuch,* Schalksmühle: Pomaska-Brand Verlag, 2023.

Goddard, Neville und David Daddeh: *Bewusstsein ist die einzige Realität: Das Lebenswerk des Neville Goddard,* Amazon Fulfillment, 2019.

Goldsmith, Joel S.: *Auf dem Unendlichen Weg,* Gelnhausen: Heinrich Schwab Verlag, 1966, www.heinrichschwabverlag.de

Goldsmith, Joel S.: *Der Donner der Stille,* Argenbühl-Eglofstal: Heinrich Schwab Verlag, 2012.

Goldsmith, Joel S.: *Ein Intervall in der Ewigkeit,* Band 1, Argenbühl-Eglofstal: Heinrich Schwab Verlag, 2009

Goldsmith, Joel S.: *Ein Intervall in der Ewigkeit,* Band 2, Argenbühl-Eglofstal: Heinrich Schwab Verlag, 2010.

Goldsmith, Joel S.: *Die Kunst der Meditation,* Argenbühl-Eglofstal: Heinrich Schwab Verlag, 2013.

Goldsmith, Joel S.: *Der Mensch ist nicht zum Weinen geboren,* Argenbühl-Eglofstal: Heinrich Schwab Verlag, 2021.

Goldsmith, Joel S.: *Das mystische Ich,* Argenbühl-Eglofstal: Heinrich Schwab Verlag, 2016.

Goldsmith, Joel S.: *Der Weg zum Unendlichen,* Gelnhausen: Heinrich Schwab Verlag, 1966.

Goldsmith, Joel S.: *Die Welt ist neu,* Argenbühl-Eglofstal: Heinrich Schwab Verlag, 2015.

Gorman, Paul: »Die Kunst des Seins 2« auf der Homepage »Der Unendliche Weg«.

Gorman, Paul F.: "The Miracle Self", zitiert nach *EinsSein – Der Unendliche Weg,* Heft 5, 2022.

Gorman, Paul F.: "One", zitiert nach *EinsSein – Der Unendliche Weg,* Heft 5, 2021.

Satprem: *Der Aufstand der Erde,* Paris: Institut für Evolutionsforschung, und Einsiedeln: Daimon Verlag, 1993.

Satprem: *Evolution II,* Einsiedeln: Institut für Evolutionsforschung und Daimon Verlag, 1993.

Satprem: *Mutter oder: Der Göttliche Materialismus,* Band 1, Gladenbach: Hinder und Deelmann, 1992.

Satprem: *Sri Aurobindo oder Das Abenteuer des Bewusstseins,* Gladenbach: Hinder und Deelmann, 1998.

Satprem: *Die Tragödie der Erde,* Paris: Institut für Evolutionsforschung, 1999.

Satprem: *Der Veda und die Bestimmung des Menschen,* Paris: Institut für Evolutionsforschung, 1996.

Shinn, Florence S.: *Das Lebensspiel und seine Regeln,* Engerwitzdorf / Mittertreffling: Freya Verlag, 1992–2021.

Sri Aurobindo: *Essays über die Gita,* Gladenbach: Hinder und Deelmann, 1992.

Sri Aurobindo: *Das Geheimnis des Veda,* Gladenbach: Verlag Hinder und Deelmann, 1987.

Sri Aurobindo: *Das Göttliche Leben,* Band 1, Gladenbach: Hinder und Deelmann, 1991.

Sri Aurobindo: *Das Göttliche Leben,* Band 2, Gladenbach: Hinder und Deelmann, 1991.

Sri Aurobindo: *Der Integrale Yoga,* Hamburg: Rowohlt Taschenbuch Verlag, 1957.

Sri Aurobindo: *Die Offenbarung des Supramentalen,* Pondicherry: Sri Aurobindo Ashram, 1969 / 1987.

Sri Aurobindo: *Savitri,* Pondicherry: Sri Aurobindo Ashram, 2005.

Sri Aurobindo: *Stufen der Vollendung,* Weilheim, Oberbayern: Otto Wilhelm Barth Verlag, 1972.

Sri Aurobindo: *Die Stunde Gottes,* Pondicherry: Sri Aurobindo Ashram, 1991.

Sri Aurobindo: *Die Synthese des Yoga,* Gladenbach: Hinder und Deelmann, 1976.

Vrekham, Georges van: *Sri Aurobindo und die Transformation der Welt,* Grafing: Aquamarin Verlag, 2019.

Weber, George: *Das Universum im Menschen – Der Mensch im Universum,* Argenbühl-Eglofstal: Heinrich Schwab Verlag, 2005.

Über die Autorin

Yvonne Ferger, 1960 in Mainz geboren, ist Diplom-Psychologin, approbierte Psychotherapeutin und freischaffende Autorin und lebt in der Pfalz. Ihr spiritueller Hintergrund sind der Integrale Yoga des indischen Yogins und Philosophen Sri Aurobindo, der als einer der bedeutendsten Wegbereiter des neuen Bewusstseins gilt, der Unendliche Weg des US-amerikanischen christlichen Mystikers Joel S. Goldsmith sowie die anthroposophisch orientierte Geisteswissenschaft des Sehers und Weisen Rudolf Steiner. Sie publiziert regelmäßig im spirituellen Magazin *Visionen* sowie in der Zeitschrift *Yoga aktuell.* Ihr erstes Buch erschien 2023 unter dem Titel *Das Feuer der Erde: Ein spirituelles Lesebuch* im Pomaska-Brand Verlag. Yvonne Fergers Texte und Bücher handeln von Werden und Wandel und vom ewigen Sein: dem Abenteuer des Menschen im Anblick der Unendlichkeit.

Der Chalice Verlag widmet sich
der Publikation von wertvollen Texten
aus verschiedenen spirituellen Traditionen

Unser gesamtes aktuelles Verlagsprogramm sowie
weiterführende Textbeiträge, Audioaufnahmen und Videos
finden Sie auf unserer Webseite

chalice.de

Wie Sie unsere Arbeit unterstützen können

Gute Bücher mit anspruchsvoller Literatur zu machen,
ist heutzutage ein steiniges Unterfangen, besonders
für kleine Verlage, die knappe finanzielle Mittel
mit umso mehr Herzblut wettmachen müssen.
Wir sind ein nicht-profitorientierter Kleinverlag,
arbeiten für weniger als ein Taschengeld und reinvestieren
alle unsere Erträge in neue Buchprojekte

Wenn Sie den Chalice Verlag unterstützen möchten,
freuen wir uns natürlich über jeden Kauf und
jede Weiterempfehlung der von uns verlegten Bücher.
Falls Sie uns eine Zuwendung zukommen lassen möchten,
die uns neue Buchprojekte ermöglichen hilft und
unsere Verlagsarbeit fördert, danken wir Ihnen
von Herzen

Unsere Bankverbindung:
Iban-Nr. DE89 3545 0000 1150 0050 54
Unser PayPal-Konto: kontakt@chalice-verlag.com

Chalice Verlag

Welch eminente Bedeutung Pflanzen für intakte Ökosysteme und unser globales Klima haben, weiß heute jedes Kind; ihre medizinischen Heilkräfte kennt und nutzt die Menschheit seit Urzeiten. Doch die moderne Wissenschaft tut sich noch immer schwer damit, die richtigen Fragen zu stellen bei der Erforschung der Pflanzenwelt, ihrer erstaunlichen Wirkungsweise, Kommunikation und Intelligenz. Der bekannte Pflanzenheilkundler und Bestsellerautor Buhner sagt: Für das Verständnis dieser Zusammenhänge können wir uns nicht allein auf die linearen Analysen unseres Gehirns verlassen, wir brauchen vor allem eine direkte Wahrnehmung der Natur. Die dafür prädestinierten Organe sind unsere Sinne und unser Herz. Wie wir lernen können, uns von der Wirklichkeit der Welt berühren zu lassen und ihre Bedeutungen zu verstehen, indem wir unsere Sinneswahrnehmung schärfen und unsere Gefühlsempfindungen ernst nehmen, erklärt er in diesem einzigartigen Buch. Mit einer spannenden Zusammenfassung neuster Erkenntnisse über die Synchronisation von Herz- und Gehirnaktivitäten, mit Erfahrungsbeispielen aus seiner langen Heilpraxis, mit einer Fülle wundervoller Zitate großer Naturpoeten – von Paracelsus über Goethe, Henry David Thoreau, Luther Burbank, George Washington Carver und Masanobu Fukuoka bis zu Robert Bly – sowie mit konkreten Übungsanleitungen zeigt uns der Autor, wie wir in der Wildheit der Welt die richtige Medizin finden gegen die Krankheit unserer anthropozentristischen Gegenwart: Mitgefühl, Verständnis, Ganzheit, Liebe.

ISBN 978-3-942914-56-7
442 Seiten · 30 Abbildungen

Die Menschheit hat sich in eine globale Krise apokalyptischen Ausmaßes manövriert. Oberflächlich betrachtet sind deren Ursachen ökologischer, technischer, wirtschaftlicher, politischer und sozialer Natur; in Wirklichkeit jedoch entspringen sie der schleichenden Verkümmerung unserer moralischen, geistigen wie auch spirituellen Vitalität. Für Vimala Thakar (1923–2009), die indische Philosophin, Mystikerin und sozialrevolutionäre Aktivistin, ist daher ein ganzheitlicher Ansatz in unserem Leben und Handeln dringender als jemals zuvor in der Geschichte. Das trennende Entweder-oder von spirituellem Eremitentum und sozialem Aktivismus sollte einem holistischen Verständnis der existenziellen Fragen weichen, wenn wir auf unserem Planeten friedvoller, kreativer und nachhaltiger zusammenleben wollen. Die Lehren der indischen Freiheitskämpfer Mahatma Gandhi und Vinoba Bhave sowie des spirituellen Philosophen Jiddu Krishnamurti weiterentwickelnd, weist die Autorin in diesem aufrüttelnden Buch konkrete Wege zur einzig erfolgversprechenden, weil tatsächlich vollständigen Revolution des Menschen: der ganzheitlichen. Die neuen Kapitel, die sie uns aufzuschlagen einlädt, heißen: In Einheit wachsen, die innere Freiheit zu uns einladen, für Liebe und Vertrauen offen werden, die Kraft der Wahrheit freisetzen, alternative Lebensweisen begründen, den Mythos der nationalen Souveränität entlarven, die Erde achten, die Jugend fördern, soziale Verantwortung übernehmen und somit in Einheit leben.

ISBN 978-3-942914-60-4

260 Seiten

Ein Schatz tiefer Einsichten aus spiritueller Perspektive in das große Mysterium des Atems. Inspirierende Vorträge, praktische Übungsanleitungen und eine Auswahl poetischer Texte aus unterschiedlichsten Traditionen laden uns ein, den Atem als Wunder auf vielen Ebenen zu erforschen.

Was ist dieser Atem? Welche Bedeutung liegt in diesem Leben spendenden Geheimnis? Wie wichtig ist das bewusste Atmen für echte spirituelle Transformation? Was sagt uns die Tatsache, dass unser Leben all seine Möglichkeiten zwischen einem Einatmen und einem Ausatmen entfaltet? Wie hängt das alles mit dem Rhythmus des Universums und der Zeit zusammen? Welche Rolle spielt der Atem im »Werden des Seins« aus dem immerwährenden »Schoß des Augenblicks«? Wie können wir Nahrung einatmen und sie ins alchimistische Exilier destillieren, das wir für die nachhaltige Verwandlung unseres Lebens brauchen? Wie können wir ausatmen, um die Atmosphäre in einem Raum oder in einer Situation zu verändern, in Verantwortung für unsere Mitmenschen und für die »kommende Welt«? Was könnte es bedeuten, dass Jesus »auf dem Wasser wandelte« und dass »Atem und Geist eins sind«? Welches ist die innere spirituelle Beziehung zwischen Maria, Jesus, dem Geist Gottes, *rūḥ Allāh,* und Christus?

Vor dem Hintergrund seines lebenslangen Studiums der inneren Essenz der Sufi-Lehren liefert uns der Autor Gedankenanstöße und praktische Tipps zur Atemarbeit in unserem Alltag.

ISBN 978-3-942914-09-3
172 Seiten

Wie leben wir *richtig*, sodass wir unser körperliches, geistiges und seelisches Daseinspotenzial verwirklichen und mit unserer Umwelt, unseren Mitmenschen und uns selbst in Achtsamkeit und Mitgefühl umgehen und Sinn und Zweck unseres Lebens auf der Erde erfüllen können? Der Shivapuri Baba, einer der beeindruckendsten Menschen des 19. und 20. Jahrhunderts, der ein salomonisches Alter von 137 Jahren erreichte, lehrte das Prinzip des »Rechten Lebens«, das in seinen Grundlagen bestechend einfach und problemlos übertragbar ist auf jede Epoche, Gesellschaft, Kultur und Religion. Nachdem er 24 Jahre (!) in absoluter Einsamkeit im indischen Dschungel gelebt, danach auf seiner Pilgerreise 40 Jahre lang (!) den ganzen Erdball zu Fuß (!) umrundet und zahlreiche historische Persönlichkeiten wie Königin Victoria, George Bernhard Shaw oder Theodore Roosevelt beraten hatte, ließ er sich 1926 in Nepal nieder, wo er die Erkenntnisse seiner Erfahrung der spirituellen Verwirklichung lehrte. Obschon bereits zu Lebzeiten als großer Heiliger verehrt, lehnte er jeglichen Kult um seine Person vehement ab. Auf seine Bitte, seine Lehre der drei Disziplinen Rechten Lebens für die moderne Welt einfach und verständlich darzulegen, schrieb John G. Bennett diesen Klassiker der spirituellen Literatur: eine praktische Anleitung, wie wir – egal in welcher religiösen Tradition wir zuHause sind – die richtigen Prioritäten setzen, ganzheitlich leben und zu Selbsterkenntnis und zur Schau Gottes gelangen können.

ISBN 978-3-942914-26-0
240 Seiten

Der Begriff der »Non-Dualität« erlebt seit einiger Zeit eine Hochkonjunktur. Ursprünglich aus fernöstlichen Geistestraditionen abstammend, wird er auch im westlichen Diskurs immer hörbarer verhandelt, obwohl seine Bedeutung alles andere als augenfällig ist. In diesem Buch lotet die Theologin und spirituelle Lehrerin Cynthia Bourgeault die Möglichkeiten aus zu einem modernen Verständnis und zur praktischen Einübung eines non-dualen In-der-Welt-Seins auf Grundlagen der kontemplativen Weisheitstraditionen des Christentums wie auch des Sufismus. Aus den Einsichten schöpfend von geistigen Klassikern wie dem Autor der *Wolke des Nichtwissens* oder Jakob Böhme sowie von neuzeitlichen Philosophen und Mystikern wie G.I. Gurdjieff, Thomas Merton, Teilhard de Chardin, Thomas Keating oder Ken Wilber, erklärt die Autorin non-duales Bewusstsein als offenen Geist, objektloses Gewahrsein, klares Sehen, Widerspruchstoleranz und vor allem als Unvoreingenommenheit. Die acht Lektionen im Übungsteil des Buches zeigen anschaulich und praktisch, wie wir diese erstrebenswerten Eigenschaften mittels innerer Arbeit wecken und kultivieren können, sodass wir sie schließlich umzuwandeln vermögen in mitfühlendes geschicktes Handeln für eine Erde und eine Menschheit, die unserer bewussten Liebe so dringend bedürfen. »Wahrscheinlich sind Sanftheit und Harmonie das Bedeutendste, was wir unserem Planeten im Moment schenken können – schon einfach dadurch, dass wir ein anständiger Mensch sind.«

ISBN 978-3-942914-68-0
167 Seiten

Das auf den abgelegenen Aleuteninseln beheimatete indigene Volk der Unangan lebte über Jahrtausende in wertschätzendem Respekt vor der wilden Natur der Beringsee zwischen Sibirien und Alaska, bevor es zuerst von russischen Pelzhändlern und anschließend von der Regierung der USA zweihundert Jahre lang grausam unterdrückt und zum Abschlachten der wertvollen Seerobbenbestände gezwungen wurde. Die faszinierende Lebensgeschichte eines seiner Anführer erzählt vom erfolgreichen Freiheitskampf gegen kolonialistische Ausbeutung, von der Heilung transgenerationaler Traumata und von der Bewahrung spiritueller und kultureller Traditionen. Ihre Weisheit und ihr ganzheitliches Verständnis von »Mutter Natur« stehen als unschätzbare Wegweiser da in unserer Zeit der globalen ökologischen Krise und politisch-ideologischen Zerrissenheit. Dabei spricht der Autor auch Fragen an, die im radikalisierten Diskurs gerne verdrängt werden: etwa über die Vereinbarkeit von Tierschutz und traditionellen indigenen Lebensweisen oder über die Arroganz der modernen Wissenschaft gegenüber den intuitiven Erkenntnissen von Naturvölkern. Ein Mut machendes, humorvoll geschriebenes Buch über die Weisheit indigener Ältester, die verstanden haben, dass Umweltzerstörung und Artensterben, Verantwortungslosigkeit und Profitgier, Rassismus und Kriege nichts anderes widerspiegeln als unsere krankhafte innere Trennung zwischen Herz und Verstand, Körper und Geist, männlichen und weiblichen Prinzipien sowie zwischen Profanem und Heiligem.

ISBN 978-3-942914-63-5
226 Seiten

Eine den Zeitgeist bedienende Trivialtheologie sowie ein vom Publikumsschwund verängstigtes Kirchenmarketing interpretieren die Gleichnisse und Wunder Jesu zunehmend unter politischen, sozialen und moralischen Gesichtspunkten. Damit berauben sie die christlichen Grundbotschaften ihres revolutionären, zutiefst spirituellen Gehalts und werfen deren unschätzbaren »Perlen vor die Säue«. Dieses Buch des Neurologen und Psychiaters Maurice Nicoll (Schüler von C.G. Jung und G.I. Gurdjieff und dessen Lehre des Vierten Weges oder »inneren Christentums«) rückt den geistig-psychologischen Kern dessen, was Jesus gelehrt hat, wieder in den gebührenden Fokus. Die wichtigsten Gleichnisse und deren zentralen Begriffe und Figuren – wie die Liebe, die Hochzeit, die Versuchung, die Wahrheit, das Gute, die Gerechtigkeit, die Rechtschaffenheit, die Klugheit, das Gebet, der Weinberg, der Glaube, das Himmelreich, die Wiedergeburt zum neuen Menschen oder Simon Petrus, Maria Magdalena und Judas Ischariot – werden hier mit einem tiefgreifenden Verständnis ihrer inneren Bedeutung so überraschend wie brillant erklärt. Nicht zuletzt die schöne Übersetzung aus dem Englischen, besorgt von Ernst Friedrich Schumacher (dem deutschen Ökonomen, »geistigen Vater« der Europäischen Währungsunion und Autor des Bestsellers *Small Is Beautiful*), machen dieses Buch zu einem Aufklärungswerk für alle, egal welchen Glaubens, die verstehen wollen, was Christus gelehrt hat.

ISBN 978-3-942914-05-5

208 Seiten